河出文庫

ブラームス

吉田秀和

河出書房新社

ブラームス

◉

目次

ブラームス

ブラームスと私たち

今年五月（七日）はヨハンネス・ブラームスの生誕百五十年に当たる。百五十年といわれてもピンと来ないが、これを五十年遡《さかのぼ》ってみると、一九三三年。それはナチの政権掌握の年であり、日本も軍国主義はなやかな時代になる。当時大学生だった私はブラームス生誕百年のことなんか、考えてもみなかった。

それより私のいまだに忘れられないのは一九四七年のこと。敗戦後の日本では著作権のある外国の作品の演奏が禁じられたことがある。あるいは、戦時中はどさくさにまぎれて著作権料などろくに払わなくてもすんだのが、敗戦と共にそのとりたてが始まった。そうなると、当時の日本に音楽著作権料を支払う外貨の余裕などなく、したがって実質上禁止も同じになったのだったのかもしれない。

それが一九四七年になると、ブラームスは死後五十年で著作権がなくなり、自由に演奏してよろしいということになった。こんなわけでN響か東響か忘れたが、定期演奏会でひさびさにきくブラームスの交響曲を満喫しながら、私は前に、来る会も来る会も彼の音が聞こえない管弦楽団の演奏なんて何ともの足りないものかと、自分で自分に確かめたのを覚えている。と同時に、私には、今年死後五十年というのは、あの髭面の男が、ついこの間まで地上にいたことを意味するわけだと、かえってそのため彼の存在が身近に思われてきたのだった。この感じは今も忘れられない。それなのに、今度は生誕百五十年といわれても、それをどう受け取ってよいか、とまどってしまう。五十年は思いのほか短かった。だが百五十年は長い。私の生活の実感のはるか彼方にある。

ブラームスは近いのか、遠いのか。

ブラームスは百五十年前、北ドイツのハンブルクに生まれ、ヴィーンで死んだ。ハンブルクはエルベ河口、中世以来の由緒ある大商業貿易都市で、風光明媚の自然に囲まれ、街のたたずまいの端麗で知られる。だが、気候にめぐまれず、一年中雨が降りやすく、湿度が高い。人々は理性的で勤勉で秩序を重んじるが、どちらかというと気むずかしい。少なくとも感情を露《あら》わに示すのを好まず、乾いた印象を与える。そういう土地柄に生まれ、ブラームスは若い時から南の国への憧れに導かれ、ドイツ各地で転々したあと、ヴィーンに定住した。

一生独身だったが、烈《はげ》しい恋に、何度もくりかえし、身を焼いた。

知的に潔癖で、自己批判に厳しく、論理と良心にかなわない頁は一頁たりと残すまいという創作態度を持ち続けながら、六十四年の生涯に四曲の交響曲、四曲の協奏曲、数多くのピアノ曲、もっとたくさんの声楽曲などを書き残した。

ブラームスの音楽は、豊潤な三和音の響きを土台とした歌のような主題に始まり、陰影にみちた曲折をたどりながら前進するのを特徴とするが、そこにはいつも「愛の歌」あるいは「愛の憧れ」が秘められていた。「愛」といってもいろいろだ。炎のように烈しく燃え上がるものから、柔らかで深い母の胸に帰ってゆく夢のような子守り唄的なものに至るまで。いや、晩年には「死」さえ愛そうと苦闘した跡がある。

かつてフランスの監督ルイ・マルが『恋人たち』という映画で、ブラームスの第一弦楽六重奏を、思いっきり高らかに、延々と、鳴らし続けてみせたことがあるけれど、あれは賢明な選択、正確なブラームス解釈だった。立木でふちどられた広大な庭園の中で、夏の夜露にぬれた芝の上を思いっきりかけめぐる恋する女をめぐって、あすこで鳴っていたのはBG（音楽の伴奏）ではない。匂うような夜の沈黙の中で、音楽の精が踊る、その音だった。

ブラームスにはまた、熾烈な情念が、あちこちで障害にぶつかりながら、反転、逆流しながら、進む音楽も珍しくない。第一ピアノ協奏曲とか、第一交響曲とか、この種の曲は、ブラームスという火山から噴き出した熔岩の流れのようなもので、荒々しい迫力をもつ一方で、不思議と整然たる構成感を与える芸術であった。

彼は第一交響曲を書くのに十何年もかかった。仕上がった時、音楽家はすでに四十歳を越していたが、この曲で彼の中の何かが大きくふっきれたと見える。そのあと、彼の音楽は、同じ愛の旋律をもとにしてはいても、前のような一直線に突き進もうという切迫感より、むしろ、明るくて、のびのびと横にひろがる余裕をもったものに変わる。第二交響曲、ヴァイオリン協奏曲、第二ピアノ協奏曲といった名作がつぎつぎと生まれたのは、この時期に当たる。作風の円熟、形式の安定、暢達《ちょうたつ》の筆遣いから明朗にして充実した音楽が豊かに流れ出る。四十歳代いっぱい、夏のさかりの壮年期。ブラームスに珍しく、長調の大作が並ぶのも、この時である。

というのも、ブラームスは、十九世紀の音楽家の中では、特に短調の曲の多い人であって、たしか、統計をとると短調の曲が、長調の曲より、多かったはずである。たとえば四曲の交響曲をとってみれば、最初と最後が短調で、中間の二曲は長調なのだが、その中の第三番は長調ではじまるけれど、終わりは短調。その上、いかにも勇壮に開始された曲でありながら、奇妙に回顧的で諦観的に結ばれる。いわば両棲動物なのである。四つあるどの楽章もみな*p*か*pp*で終わるというのも、交響曲の全歴史を通じても類をみない書き方だったろう。同じ短調といっても、若い時のは激情的で興奮状態ないしは悲愴味の勝った短調であったが、今いった壮年の一時期をすぎたあとのそれは、次第にもの憂げな風情から、諦念の影を深く宿した暗いものへと変わってゆく。

以上をまとめてみれば、ブラームスの創作は、春の激情から夏の充溢、そうして、そのあと秋が深まり冬に変わってゆくように、憂愁、悲哀、諦観といった経過をたどってゆく。もちろん、私は概略で語ってはいるのだが、それにしても、こういった四季の歩みさながらの、ブラームスの創作の力点の転移は、私の知る限り、西洋の音楽家には、ほかにあまり類のないもののように思われる。私たちはとかく、自然の循環がそうである以上、また人の一生もこう移り変わる以上、創造の歩みもそうなるのが当然のように思いがちだが、必ずしもそうではない。むしろ、違う方が多い。

とにかく、ブラームスの音楽は、五十歳代で秋の季節に移り、ついで六十歳代の冬が来る。数々の室内楽の名作はその秋の実りであり、彼最高の創作の一つ第四交響曲は秋から冬への時を刻む指標だった。

そうして冬が来る。その冬が産んだのは、比類のない孤独の歌『クラリネット五重奏』であり、作曲者自身「私の苦悩の子守り唄」と呼んだピアノ小品集、それから死と直面し、その死を愛そうと努め、苦しんだ音楽『四つの厳粛な歌』などであった。

以上、私の寸描したこの音楽家の作品の多くは、今でも生き続け、世界中でさかんに演奏されている。とすれば、百五十年は長くも短くもない。今、私たちの生きているこの時間の一部にすぎないのだろう。

（一九八三年五月二十三日）

ブラームス
――He aged fast but died slowly――

1

ブラームスのリートを数曲聴いたあとで、シューベルトのそれを聴くと、その良さがひときわ印象的だ。ブラームスの歌は、重厚で充実した響きがあっても、結局、どこまでも地上をはいまわっているような動きを脱しない。それに反しシューベルトのは、単純なくせに、何と変化に富んでいることだろう。要するに、あちらには陶酔と抑制があるのに対して、こちらには自由があるのである。

ブラームスの《クラリネット五重奏曲》と、モーツァルトの同じ編成の曲を、続けて聴いたことがあるかしら？

何という違いだろう！　この「神のようなモーツァルト」にだって、ブラームスの曲の場合と同じくらいの悲しみが宿っている。あれは、ちっとも明るくなんてない。むしろ、人間存在の実在的な悲しみは、モーツァルトのほうにこそ、たっぷりある。だが、それでいて、これは、どこまでも純粋で、澄んでいる。いや、だから悲しいのである。それに比べて、ブラームスの曲からは、はっきりと悲哀と諦念が伝わってくる。この諦念の憂鬱と悲哀は、つくりものではない。だが、ブラームスは、その諦念と悲哀を背景に、そこから音楽をつくった。

モーツァルトの神性にも、シューベルトの天才にも、とうてい及びがたいブラームス。そのことは、彼自身が誰よりも知っていた。ある時代以後、彼は、いつも言っていたらしい、「神々の時代は終わった」。私たち人間は、せめて自分の良心に恥じないよう正確に仕事をするほかない」。あるいは「今日の私たちには、モーツァルトのように美しく書くのは不可能になった。私たちにできるのは、せめて、彼と同じように、まじり気なしに（純潔に）書くようにつとめることだ」。あるいは「私たちの作品が聴かれるのは、モーツァルトのような人の音楽のすばらしさが、みんなに本当にわかっていないからだ」

自分の作品を、実にいろいろな言いまわしでもって「くだらないもの」「ちっぽけなもの」と呼ぶのは、彼の常套句だった。多くの人びとは、それを冗談ととった。

私は、そうではないと思う。あれは彼の冗談にまぎらわした本音だった。もちろん、

《第二ピアノ協奏曲》のような巨大な作品を「ein ganz Kleines Klavierkonzert mit einem ganz leichten kleinen Scherzo」（とてもちっちゃな、やさしいスケルツォをもった、とてもちっちゃなピアノ協奏曲）（エリーザベト・フォン・ヘルツォーゲンベルク宛の手紙の中で。このブラームスの最も親密な女友達の一人については、あとでまたふれることになるだろう）と呼んだりしているのは、すでに、コケットリーをまじえた、冗談と見てよいだろう。しかし、彼が、自作についてはいつも、この種の冗談なしにいられなかったという事実がすでに、この習慣の、対他人との関係から生まれてきたものでなくて、自分ひとりと向きあっているとき、くり返し彼を襲った考えに根ざしていることを示しているといってはいけないだろうか。

そうなのだ。ブラームスには、自作を、つまりは自分を正確に評価する絶対の必要があった。自分について、思い違いを許してはならない理由があったのである。しかし、芸術の創造は、そういう冷厳な自己評価だけから生まれてくるはずはない。そのうえ、ブラームスにも自分の情熱に対して耽溺的にのめりこんでゆく性向は、人並みにあった。彼といえども、遅く生まれてきたロマン主義者ではあったにせよ、結局は黄色いチョッキと青い上衣（フロック）を着た青年（ヴェルター）と無縁な人物ではなかったのだし。

だが、そういった一般論としてではなく、彼には、自分と厳しく戦わなければならない彼独自の理由があった。

音楽家ブラームスを考えるには、どうしても、このことを無視してはならない。むしろ、この自分と戦うこと、自分の中にあって燃えさかる何ものかを抑圧するために全力をあげて、それと戦うこと。芸術家ブラームスは、そこから誕生する。

これは、モーツァルトやシューベルトのように、「神のような」資質に恵まれた芸術家と彼とを分ける決定的な標識である。

では、ブラームスは、その戦いに勝ったか？　何をもって、私は勝ちといい負けというのか？　勝ったり負けたりしたようである。だが、何をもって、私は勝ちといい負けというのか？

ブラームスの音楽に関心のある人なら、誰でも知っているように、彼は、一八三三年五月七日、ハンブルクの貧しい音楽家の家庭に生まれた。音楽の才能は、彼の場合も早くから現れた。私は思うのだが、およそ歴史に残るような音楽家は、すべて、神童というか、ごく幼い時から、音楽に特別の才能を示したのではないだろうか？　もし、そうでないとしたら、そのときは、まわりの人びとが、あまりにも子供の示す才能に対し無関心だったり無知だったりしたために、気づくのが遅かったというだけのことではないだろうか？

いずれにしろ、ヨハンネス・ブラームスは、六歳のとき、音楽に対し才能のあることを、父に実証してみせた。ある時、彼がアパートの部屋の窓から外を眺めていると、父が後ろでピアノで音を出した。ヨハンネスが、その音を一つ一つ正確に言い当てたので、「父は最初、少年が横目をつかって当て推量しているものと思い、息子を叱った。しかし、父は、前に教えた音階を息子が完全に覚えているのを、間もなく知ったのだった」（門馬直美『ブラームス』音楽之友社）。

あとは、おきまりの順序を経て、才能の異常に豊かな少年は、父親、それから近くの先生といった人たちのコースをたちまち卒業してしまって、町一番の大先生の手元で、教育されることになる。そうして「十歳の時は、父親の主催した演奏会で、ベートーヴェンの《五重奏曲》やモーツァルトの《四重奏曲》のピアノを受けもつほどになった」（門馬直美、前掲書）。

そこで少年は、もう一つ上の大先生のマルクスゼンに、ピアノのほかに理論や作曲も教えこまれる。えらい先生は、彼に、当世流行の音楽でなくて、バッハ、モーツァルト、ベートーヴェンといった最高の音楽を手本にして、厳しい教育をほどこした。これがどれだけ彼の進路を決めるうえで役立ったか、今ではみんなが知っている。

少年はまた、一三歳のとき、貧しい家計を助けるために、酒場や食堂やダンス・ホールなどでピアノを弾くようになる。

のしかかってくる貧困との戦いはきびしいものだった。後半のブラームスに、小市民的趣味への共感が垣間見られるにしても、そこには切実な理由があった。

世界に名だたる北欧の港町ハンブルクの酒場。安酒と安い食べものの匂いがいっぱいに襲いかかるうえに、安タバコの煙りがもうもうと立ち込め、あたりもろくに見えないようなところで、ピアノを弾いている一三歳の少年。そのそばでは、酔って御機嫌の船員たちが床をいっぱいに踏み鳴らしてダンスをする。裸も同然の女たちを相手に。彼は「そうしたところから呼び出しがあれば、夜中でもすぐ出かけなければならなかった」(門馬直美、前掲書)。あんまり、ひどいので、父の知人で郊外に住む人が、少年を、夏の休みに自分の家にひきとってくれたこともあった。それは一四歳と一五歳の夏だった。そこには、同じ年ごろの娘がいて、ヨハンネスは、よくその少女とあたりの草原に行って、歩いたり、横になったりして歌を歌ったり、本を読んだりした。少女の名はエリーザベト。愛称は「リースヒェン」。ドイツ人には、珍しくない、少年時の思い出。ヨハンネスが圧倒的多数のドイツ人と違ったのは、そのあいまに、彼が、「村の青年たちに頼まれて、合唱の指揮をしたり、彼らのために民謡を編曲したり作曲したりした」ことである。少年は、リースヒェンと手をつないで、森に出かけたりするかたわらで、それを、なかなか、見事にやってのけたのだった。

やわらかい髪と深い青い瞳の色をもった一三歳の少年が、深夜、酒とタバコと汗と、そのほかのさまざまな臭いでいっぱいの酒場やキャバレーの中でピアノを弾いているかたわらを、裸の女たちが歩いたり、坐ったり、踊ったりしていたという事実。ブラームスを考えるとき、これは忘れないようにしておいたほうがよいのではないか。

それは、ブラームスの父親が二四歳のとき、一七歳も年上の女性と結婚したこと。ヨハンネス・ブラームスは、その結婚から生まれた三人の子供の真中にあたり、母親が四三歳か四歳のときに生まれたという事実と同じくらい、彼の履歴の中で風変わりで、しかも、重要な点なのだから。

それから、一八五三年。二〇歳になったヨハンネスはハンガリー＝ジプシー出身のヴァイオリニストのレメーニとともに、演奏旅行に出発する。終生の親交を結ぶにいたったヨアヒムを知ったのも、彼の紹介でリストを訪問したのも、この年のことである。

それから、その年デュッセルドルフにシューマン家を訪れて、シューマン夫妻、つまりローベルトとクララの知遇を得たのも、同じ年の九月の末のことである。

シューマン夫妻の前で、彼は二曲の《ピアノ・ソナタ》（のち作品一および二として出版されたもの）と《スケルツォ》（作品四）、それから歌曲などを弾いた。ローベルトとクララは、そこに新しい天才の出現を聴きとり、狂喜した。ヨハンネスも、彼らの芸術的な理解、共感、高い評価と、それに劣らず、この家庭の雰囲気にすっかり魅了された。シューマンは、当時ドイツをはじめヨーロッパで指導的位置にいた少数の音楽家の一人だったというだけでなく、人柄と教養の点でも、ずばぬけた人物だった。ローベルトのかたわらには、彼の青春と創造のすべての源泉になった愛の対象、クララがいた。

クララは、単にピアノの大家であり、音楽的にも高い才能をもっていたというだけでなく、知性、教養、美貌を兼ね備えた女性だった。当時三四歳の匂うような女ざかり。その物腰。立居振舞い。その声。彼女のすべてが、ヨハンネスには、その名のように、まぶしいほどの〝光の女性〟だった。

一三歳のときから、酔って奇声を発する女性たちと、ほとんど肌と肌を接して生きなければならなかったヨハンネスにとって、二〇歳という年に、初めてぶつかったこの女性は、彼が、これまで見知ってきたのとは、まるで別世界の住人のように違って見えた。彼女はまた、彼が物心ついたときには、すでに五〇歳に届く年になっていた母親、しかし彼が一生やさしい愛で考えていた母親とも、まるで違っていた女性の姿だった。もっとも、この母親は、父親に比べると、れっきとした家柄の出で、はるかに教養も高く、ことにドイツ文学に通じており、病弱だったが、常識にも富んでいたといわれる。ただ彼女は、「背丈が低く見栄えがせず、年よりじみていて、足が悪く、動作も活潑でなかった」(門馬直美、前掲書)。ヨハンネスはそのどこを継承したのだろうか？　若いころの彼の写真は、私たちがとかく鬚だらけの大きな顔と肥満した身体つきの男としてなじんでいるヨハンネス・ブラームスが、かつては、秀でた額と、房々した髪（たぶんそれはブロンド、といってもあの光る黄金色のそれでなく、むしろ栗色に近いブロンドだったろう）と、見事な鼻と、伏目がちの目と、形の良い口といった典型的な北ドイツ人の顔、幼い面影の少し残った、天使のように美しい横顔をもった少青年であったことを証拠だてている。だが、その彼にして、唯一の傷は、背の低いことだったといわれる。それが、この音楽家にとって、かなり長い間、コンプレックスの一つの種になったという（Burnett James, *Brahms*）。二歳年上の姉のことは、よく知らない。しかし、彼女が、両親より、クララに近かった、と想像する材料は、私には、一度もぶつかったことがない（不思議な因縁で、彼女もまた、四〇歳のとき、二〇歳年長の男性と結婚した。それは父が死ぬ前の年に当たるのだが、その間に父親は、五九歳で今度は一八歳年下の女性と再婚していたのだった。こうして、ブラームスの一家では、いつも年齢の点で、奇妙に差の開いた結婚が行なわれていた。単なる偶然か、それとも、何か理由があるのか？）

いずれにしろ、シューマン家の手厚いもてなしと、彼らのつくり出す芸術的人間的雰囲気につつまれたヨハンネスは、一一月のはじめまで、その土地にとどまった。

とにかく、シューマンの推薦で、青年の作品はつぎつぎと出版されることになる。さらにシューマンの有名な論文による紹介も加わって、世間的にも大いに認められ、演奏に、作曲に、ブラームスの人生は、順風をうけた帆船のように快調に前進しだす。

そのとき、大きな悲劇が起こった。

翌年、《第四交響曲ニ短調》の演奏を聴きにヨハンネスがハノーファーでシューマン家の人びととおちあってから、一カ月もたたない二月二七日、ローベルト・シューマンはライン川に投身自殺をはかる。

2

これも、みんなが知っている昔話である。

しかし、ハイネではないが、どんなありふれた悲劇だろうと、その当事者にとっては、笑いごとではない。心は真二つに割れてしまう。

精神科の病院に収容されていったローベルトには、クララも面会に行けない。六人の幼い子供たちをかかえ、そのうえ身重の女性ひとりの肩に、負担のすべてがふりかかってくる。

美しい髪と青く澄んだ目をした青年、ヨハンネスが、とるものもとりあえず、やってくる。クララを慰め、子供たちの面倒を見るのを助け、病院への見舞を引き受ける。

要するに、大きな不幸に見舞われた母子の家庭にとって、父親代わりから子守、走り使いのすべてにわたって、彼は奉仕する。やがて、分娩をすませ、気をとりなおしたクララが、一家を支えるためにも欠かせない演奏旅行に出かけるようになってからは、その留守番もする。

青年はその間に、作曲もする。そのとき書かれた作品で、最初のものが、どうやら作品一〇の四曲の《バラード》らしい。

この曲を、まだ聴いたことがないという方々には、ぜひ一聴をおすすめする。ここに、ブラームスが流した最初の血にいろどられた作品があるのである。しかもこの曲は、ついに、終生ブラームスを離れず、最晩年の作品一一六から一一九にいたるピアノ小品集にまでつながる血脈をつくりだすことになる。

ブラームスのピアノ曲は、大きくいって、つぎのように区分される。

(1)最初期の作品一、二、五のソナタ群。これは、すべて一九歳から二〇歳にかけて作曲された。そうして、ブラームスは、生涯、二度とこのジャンルには手をつけなかった。ローベルト・シューマンが「待ち望んでいた天才がここにいる」と叫んだのも、主として、これらの曲を聴いてのことだ。

(2)《ヘンデル変奏曲》と《パガニーニ変奏曲》(それぞれ作品二四と三五)を中心とする変奏とピアノの技巧の大成であり、総決算である作品の生まれた時期。これは一八六一年から六三年にいたる。前から、ほぼ一〇年の後の話である。人生の夏に当たる。

(3)《第二ピアノ協奏曲》(作品八三)。第二期の成果を踏まえて、夏の盛りから秋にかけて、人生の最高潮の内容を、豊かに、大きな広がりをもって、堂々と展開したもの。これは一八八一年、四八歳の折に完成されているが、それまでに、《第一交響曲》《第二交響曲》《ヴァイオリン協奏曲》などをつぎつぎに発表した作曲家は、名声のうえでも、押しも押されもせぬ大家になりきっていた。

(4)作品一一六から一一九にいたる一連の小品集。これは、前より、また一〇年ほどすぎた一八九二年のこと。五九歳の作曲家は、その二年前、一八九〇年に《弦楽五重奏曲第二番ト長調》(作品一一一)を長い苦労の末仕上げると、もう、制作はやめて、静かに余生を送りたいと言い出し、遺言状の作成まで準備しだした。

ブラームスのピアノ曲の作曲は、この一群をもって終わる。とともに、あとはもう、彼には二曲の《クラリネット・ソナタ》《四つの厳粛な歌》らの書かれた、四年あまりの生命が残るだけだった。

以上の四つの時期の間にも、作品七六の《小品集》と七九の《二つのラプソディー》がはさまる。それから特に、《第一ピアノ協奏曲》は、単にブラームスの代表的大作というだけでなく、人生のうえからも重要な一里塚である。しかし、この曲が仕上がるまでには、長い歴史があった。そうして、この根は、すでにシューマンの悲劇からほど遠くないところにあった。それから、ブラームスはまた、ピアノを含んだ重要な室内楽を数多く書いた。ブラームスのピアノを論ずるときは、それらをまったく無視するわけにはいかないのである。しかし、それは、また、別の話としよう。

私が、ここで考えるのは、年表でないことはもちろん、ブラームスの創造の種々相でもないのだ。神性をもった天才ではなかったこの人の創造の根本に刻みこまれているまったく彼独自のものである刻印を読みわける作業である。十分に明らかにするまでいかなくとも、その努力をしてみたいのである。

で、私見によれば、作品一〇こそ、その後ブラームスの生涯の課題となったものとのふれあいから、あるいは対決から、生まれてきた最初の印をおびた音楽なのである。ここに含まれた四曲は、もうソナタといった大形式の作曲、ベートーヴェンから継承することを宣言した青年の堂々たる旗印といった類《たぐい》の作品ではない。それは、ハイドンやモーツァルトからも、ベートーヴェンやシューベルトからも、それからバッハからも——ということは、ブラームスにとって、さしあたり神々であった大作曲家たちのそれとは違う源泉から流れ出た音楽だった。私のこういうのは、何も、彼らが《バラード》という題名の曲を書かなかったからではない。これが、まさに人間的な、あまりにも人間的な源泉から生まれたものであり、しかもその源泉は、地下の深いところにあるからである。その水は黯《くろ》く、澄んでいるとは、義理にもいえない。

作品一〇の四曲は、それぞれ独立した小品だが、同時にニ短調、ニ長調、ロ短調、ロ長調という組織立った調性で書き連ねられている。そうして、〈第一曲〉と〈第二曲〉の間には、楽想の関連がある。

〈第一曲〉は、また題辞として「エドワルト」という名が記されている。これは、ゲーテの先輩格にあたり、十九世紀ロマン派の指導的役割を演じたヘルダーの蒐集した諸民族の声という民謡集というか、韻文によるメルヒェン集の中にあるスコットランドのバラードに由来する表題である。バラードは、母親と血にまみれた刀をもって帰ってきた息子との問答の体をなしている。母親が聞く「お前の刀についている血のりはどうしたの?」「鷲を殺したのです」「鷲の血はそんなに赤くない」「馬を殺したのです」「お前の馬は年をとっていて、殺す必要なんてなかった」「おお、おとうさんを殺してきたんです、お母さん」「じゃ、その償いに何をするの?」「大地に足の安まるところはないから、河を越えて遠くにゆきます」「じゃ、お前の妻や子供はどうするの?」「世界は大きい。彼らは乞食になればよい。私はもう二度と会わない」「じゃ、お前の大事なお母さんはどうするの、エドワルト?」「あんたには呪いと地獄の火を望む。お母さん。あんたがこれをすすめたんだ、おー、おー」

要するに、父親殺しのバラードである。息子の手にした刀が血にまみれているのは、父親を殺したからであり、息子は、母親がそれを教唆したのだ、という。

恩人ローベルト・シューマンを精神病院に見舞い、残されたクララと子供たちの救助に全力をあげてつくしている最中、ヨハンネス・ブラームスが、まず最初に作曲したのが、この残忍な物語によるバラードだったというのは、何を意味するのだろう？

どうして、選りに選って、そんな残忍な話を、このとき、とりあげたのか？　この作品一〇の一、ニ短調の曲が、ヨハンネス青年の手に握りしめられた血ぬりの刀だって？　では、彼は、誰を殺したのか？

いうまでもない、ローベルト・シューマンをである！　では、その妻クララは、ヨハンネスの母に当たるということになるのだろうか？

近親相姦の禁忌。その恐れ。しかし、その禁忌の意識が強くなればなるほど、その制圧が加われば加わるほど、それに向かう衝動は強くなる。ここでは、愛と性とは互いに反比例する力の関係にたつ。それが芸術創造への意欲を高め、それを生みだす内的な必要を、よりいっそう緊張力に富んだ、密度の高いものにする。

これは、現代では、どんな人間も知っている、フロイトの精神分析の公理のようなものである。私は、別にフロイト理論の熱心なる信奉者ではない。ブラームスの作品一〇にはじまる作曲を考えるにあたって、こんな話を持ち出すなんて悪趣味もはなはだしい。しかし私たちはこの理論をまったく無視してしまってよいのだろうか？

もしも、これが、ブラームスの芸術創造のあり方を、根本的に決定してしまったといってよいとしたら？　ブラームスのクララに対する愛と罪の意識のはげしさには、年月とともに、あるいは生活とともに、変化があり、増減があったかもしれない。しかし、基本では、もう変わることはなかったとしたら、どうなるか？[1]一八五三年の秋から五四年の冬から春にかけて、つまり二〇歳の後半から二一歳になるかならぬの間に、ブラームスの芸術的生涯は決定した。ブラームスの生を追うのは、このコンプレックスの軌道を見ることに帰着する。

もちろん、このキリストに最も愛された使徒、愛と叡智とのシンボルである福音書の使徒から名をとったこのヨハンネス青年がローベルトを手にかけたというのではない。彼の意識の底で、そう告白しないではいられない何かが激しく揺れていたというのである。その中では、ことがらはおそらく逆の経過をとったのであって、自分の母親に対する愛が、父親の抹殺を招来したのではないかという恐れが、彼を襲ったのだ。だが、たとえ父は死んでも、母への愛は許されない。

かつてハンブルクの酒場やキャバレーで働いていたとき、すぐそばを通ってゆく裸の女たちを見ながら、強烈にそちらにひかれる力と、それに従うことを自分に禁じる力との共存が、少年の心の底に、たとえ自分で十分に気がつかなくてもあったに相違なかった。そうして、かつての暗黒と悪臭と騒音の中の女性から離れて、やっと光の女性《クララ》の存在を経験して、半年もしない今、彼は、自分の光明であるものは、自分に禁じられたものにほかならないという事実に直面した。

その禁じられた光に向かって、ヨハンネスの魂ははげしくはばたきながら、飛翔しようとすると同時に、光への憧れが強まれば強まるほど、罪の意識が彼をとりまき、責めたてる。

それを「音」にするのは、二一歳の青年音楽家にはもう、ベートーヴェンから学んだ「ソナタ」といった形式では、不可能だった。彼はソナタの衣装を脱いで「バラード」を書く。それは、彼の心の中に燃えるものにぴったり即応したものでなければならない。作品一〇の一の〈エドワルト〉は、そこに盛られるべき「内容」に最もふさわしい形体を求めて、生涯を通じて、妥協を排し、苛責のない闘争を行なうことになるヨハンネス・ブラームスの、最初の記念すべき作品だった。

ブラームスを、何の「内容」もない、純粋音楽の代表者のように考える人は、考え違いをしているのだ。ブラームスには、「言うべきこと」をもった作品がいくつもある。そうして、その中の、また、いくつかは、今見ているように、リスト顔まけの「標題音楽」でさえあった。

作品一〇の一は、ニ短調のアンダンテで、子供に問いかける母親と、ポコ・ピウ・モッソ変ロ長調で答える息子の問答を主体にして書かれ、問いと答えのやりとりが二

［譜例1］

度現れる。はじめの五小節では3度をもたないドミナンテがしきりと使用され、三回くり返されるe－aの5度下行の飛躍が、母の内心の不気味さを暗示しているかのようだ。それに対し息子の答えは、変ロ長調で始まるが、さかんに経過的に転調しつづけて、安定することがない。そのうえ、二度くり返されるフレーズが、前と後とで二拍ずれて出現するが、拍節とリズムが食い違い、ますます不安定さをます。いわば、いっている言葉は同じでも、顔の表情に違いがあるとでもいったふうに［譜例1］。

この問答が、息子の答えだけ、少し変化されて、くり返されたあと、アレグロ・マ・ノン・トロッポの中間部に入ると、三連符の切迫した音型を加えて、曲想ははげしく、痛烈なグランディオーゾ*ff*にまで高まってゆく。そのクライマックスでは、右手と左手の両端の音が、六オクターヴ半まで広がってしまうが、これはベートーヴェンの後期ソナタの手法を想い出させる（あるいはリスト？）。

そこから、また、最初の部分にあった息子のフレーズが、変ロ長調でもどってくる。しかし、最初は音域は高く、音も強化されている。表情もペザンテに変わり、前のいわば平静を装った、回避的なものではなく、興奮をそのまま残した口調である。だが、それが一巡したあと、音は、出だしの音域に戻り、さらに、ポコ・ア・ポコ・リテヌート・エ・ディミヌエンドとなり、ついに*pp*のリテヌートまで落ち込んでしまう。ここで、テンポ・プリモ――つまり最初のアンダンテが、はじめて戻ってくる。母親のあの質問のフレーズ。だが、*p*のソット・ヴォーチェで右手が語るのに対し、左手は、以前の強いオクターヴの動きと違って、新しい休止符をはさんだスタッカートの三連符の音型を交えるようになる。*pp*。ディミヌエンド・マ・センプレ・イン・テンポで、終わりに向かって進み、ついに曲はヴエールでもかぶされたように終わってしまう。

くり返すが、これは純然たる標題音楽の手法で書かれた曲である。上出来とは言えないかもしれないが、言わんとするところは聴く者に十分に伝わる。

〈第二曲〉はニ長調になるが、同じくアンダンテで、おまけに主題となる楽想は、〈第一曲〉のそれと近親というほかないほど似ている。ただし、こちらでは、出だしがfis－a－fisの3度と6度の交代という、ブラームスに非常によく見られる音程で成り立っているうえに、このf－a－fはfrei aber froh（自由〔ひとり身〕だが、明るく）という、彼の生涯口ぐせのように言っていたモットーの音名化のはしりとなっている（一体ブラームスはいつから、このモットーを口にしだしたのだろう？）〔譜例2〕。そのうえ、第二の楽想が、また、アレグロ・ノン・トロッポであり、三連符のかわりに

[譜例 2]

八分音符になってはいるが、〈第一曲〉の中間部と同じように、和音の連打をもっていて、それでたたみかけるようにリズムを刻みながら、一つのクライマックスにもってゆく。これも〈第一曲〉と共通している。ただ、そのあと、〈第二曲〉では、さらにモルト・スタッカート・エ・レッジェッロのロ長調の中間部がくる。表情記号どおりの軽くて、やわらかなそよ風にのった想い出の息吹きのような楽段である。それがすむと、第二の楽想、第一のそれという具合に、はじめとは逆の順序で、前に戻ってゆく。図式化すれば、ＡＢＣＢＡとでもいった形ということになる。

ここでも、曲は、そっと姿を消して終わるのだが、それはエスプレッシーヴォ、ドルチェのあと、センプレ・リテヌート・エ・ディミヌエンドから*pp*という具合であり、結果、〈第一曲〉の不気味な烈しい、思いつめたような表情に比べ、ここには、倦怠と気安さがある。

〈第三曲〉はインテルメッツォ。アレグロ、ロ短調となっているが、八分の六拍子のスケルツォ的な曲想である。ここでは、トリオに当たる中間部で、出てくる和音がすべて基本位置の三和音である点が珍しい。教会旋法ではないが古い音楽を聴いているようであり、鐘《カリヨン》の音楽のようである。いずれにせよ、完全に印象派風に書かれ、ドビュッシーを先取りしている。このあと、スケルツォの主要部がやや変形されて再現されたあと、一〇小節のコーダがつくが、これまた、トリオのとき聴いた和音の柱からなっている。しかし、ここでは、dis－fis－aとh－dis－fisの二つの和音しかなく、これが三回交代して、終止となる。この手法も完全に印象派であって、古くて、しかもまったく新しい響きの音楽をつくるところの、正真正銘のブラームスが、ここにいるわけである。

ブラームスは保守的だったが、反動的では、まったくなかった。彼は、古い音楽を熱愛したが、それは、彼には、新しいものより新しく響いたのだった。それについては、いずれまた、立ち戻ってくるけれども、とにかく、これは、その点でも、記憶すべき小品である。

〈第四曲〉は、〈第三曲〉がロ短調で始まりロ長調の主和音の第二転回（fis－h－dis－fis）で終わったとこから始まる。というのは、第一小節はロ短調、第二小節はロ長調と、同じ和音の短調と長調を直接ならべて交代させながら始まるということである。

この曲は、アンダンテ・コン・モトに戻り、全四曲のうちでいちばん長く、やわらかく夢みるような音型をはてしなくくり返す点と、中間部での肉感的な響きへの耽溺とで、ローベルト・シューマンを強く思い出さずにおかない。もともと粘液質で徘徊趣味的なシューマンの一面を、ブラームス風に、さらに濃厚にしたといってもよいかもしれない。と同時に、ブラームスの、これも一生ついてまわった、子守歌的雰囲気の最も顕著にみられる曲である。〈第一曲〉と〈第二曲〉が、主題のうえで親近性があったのに比べてこの〈第四曲〉は、〈第三曲〉の行動的なスケルツォに対し、耽溺的夢想形の音楽として、一対をなすといってもよいかもしれない。しかし私は、これら四曲をまとめて、そこにソナタといわないまでも、組曲風の統一性を見ようというのは、当たらないと思う。ブラームスは各曲に独立した番号をふったのだ。これらは、せいぜいゆるやかにまとめられた、一人の作曲家の四つの違う面である。ちょうど晩年の幻想的な小品集たちがそうであったのと同じように。

以上が、作品一〇の四曲の《バラード》であった。ソナタではない。情趣と曲想と詩味の点で、標題音楽的あるいは抒情的小品集である。

だが、〈第一曲〉に比べて、あとの三曲は、中性的というか、中立的というか、表現の生々しさを回避して、抑制して発言するという趣がどこかににじみ出ている。ブラームスは、こののちも、ときどき、この特性をはっきり出さずに灰色の中立地帯にとじこもろうとする性格を見せることが多くなる。そうして、その上に霞がかかったような哀愁が漂う。

諦念？　省察？　静観？　とにかく、この点でも、この四つの小品からなる作品一〇は、《ピアノ・ソナタ》たちよりも、はるかにブラームスの展開の先につながったものということができるのである。

しかし、私は先まわりしすぎた。若いブラームスには、まだ正面から立ち向かうべき課題があった。

3

ローベルト・シューマンが、夜となく昼となく、耳からはなれない「天使の賛美歌」を歌う声から逃れようとして、ライン河に投身したのは、一八五四年二月も終わりの深夜のことだった。そのときは救助され、家に運ばれたけれども、神経の異常は一向に良くならないので、一週間後の三月四日、自分から望んで、エンデニヒの精神病院に入っていった。以後、一八五六年七月二九日にやっとそこから出たのだが、「それはデュッセルドルフの墓地に向かうためであった」（ブリュイール『ブラームス』本田脩訳、白水社）。

このことがヨハンネスの責任だったろうか？　そんなことは考えられない。人間の考え方の中には、原因から結果が起こるというのでなくて、ある結果が生まれたあとで、「もしかしたら、これがあったために、ああなったのでは？」と時間を逆にさかのぼって追及せずにいられないという、一つのパターンがある。

ローベルトの病気を聞いて、ヨハンネスがとるものもとりあえず、シューマン家にかけつけたことは前に書いた。そうして、ローベルトがはじめのうちは一向にクララのことを口にせず、会いたがらないので——それがどんなにクララを悲しませたか！二人の間にある熱烈で真実な愛が残したものはこれ？——病人を見舞い、家族との間の連絡をするのも、ヨハンネスの仕事になる。彼はまた病人に宛てて、心のこもった手紙を何通も書いている。

「この夏は、奥さまのそばでたいそう快適にすごしましたが、その節はいつも奥さまとごいっしょで、非常に心おどる思いでした。ぼくはあのかたを賛美し、愛する術《すべ》を学んだのです。それゆえ、今のぼくには、あのかた無しにはすべてが凍てつくように思われます。ぼくの願いはただ一つ、またあのかたにお会いしたいということです」（ブリュイール、前掲書。以下の一連の引用は、すべて同書の本田脩氏の翻訳をほぼ忠実に写させていただく）。

これは一八五四年一二月末の手紙。

その一方で、ヨハンネスはクララ宛、手紙を書く。書かずにはいられない想いに追いたてられている二一歳と何カ月かの青年の手紙を書く（そのころのクララは、頻繁に演奏旅行に出ていた。病人への仕送りと多くの子供たちをかかえて生きるために）。「毎朝ぼくに『おはよう』と電報を打ってくださいませんか？……あなたなしにはこれ以上長く耐えられそうにありません」（一八五四年一〇月）。

「死ぬほどあなたを愛していますと、文字に書くのでなくて、今日、ぼく自身の口からあなたに申しあげるのを神が許したまわんことを！　ぼくは、あなたにぼくの涙をお伝えすることしかできません」（同一一月）。

「あなたを思い、あなたのお手紙を読みかえし、あなたの写真を眺める以外に、何にも手につきません。いったいぼくをどうなさったのでしょうか？」（一八五五年一月）。

「お手紙がこれほどの悦びをぼくに与えてくださったのは珍しいことです。ぼくの心には強すぎるくらいあなたの存在が感じられます。なんとぼくを幸福にしてくださったのでしょう！」（同三月）。

「どれほど、あなたにお会いしたく思っていることか！……どんな物音を聞いても窓辺にかけよります。あなたのことばかり思いつづけているのです。おねがいですから、ぼくを忘れないでください」（同五月）。

「毎日お手紙をさし上げます」（同六月）。


この文通が四〇年以上続いたのである!!　ブラームスの音楽を思うとき、このことを忘れていいはずはない。私は、最近になってやっと、このことの意味を感じるようになった。それは何も芸術作品がすべて、その作者の伝記的事実から割り出して解釈されるべきだということではない。作品と作者の間には、一線がある。しかし「作品」

は作者なしに生まれたのではないのである。

このことに私を気づかせた一つの機縁とは、シューマンの作品を調べていたころ、リストがある弟子宛に書いた手紙がたまたま目に入ったときだった。リストはこう言っている。

「私には、あなただけじゃない！　みんながこの曲の第一楽章について、まったく間違ったコンセプションを抱いているような気がする。ご存じのように、シューマンは、この曲を特に私のために書いてくれたのだし、現に私は彼の前で演奏するよろこびをもった。これはベートーヴェンにふさわしい、気高い作品です。しかし、みんな、この開始の楽章をあまりにも力強いスタイルで弾きすぎる。これは、何よりもまず、夢みるような——シューマンが言ったドイツ語を使えば träumerisch な音楽であり、騒がしく、重い音楽とは全然逆なものなのです。だからといって、まるで情熱なしに弾くべきだと言っているのじゃない。たしかにこの中には、あちらこちら、力強い演奏を要求する個所がある。しかし、楽章の全体の輪郭は、ふつうやられているより、もっと夢みるような性格を保存しているのです……」

そうして、リストはこうつけ加えていた。

「この曲を書いたのは、あのやさしい無口な夢想家だったことを忘れないように」と。

一度でもこれを読んだものは、あの《ハ長調幻想曲》をリストの言うような「夢み心地」のヴェールのないところで想像するのは不可能にならないだろうか？　で、ブラームスは？　ブラームスは、やさしい無口な夢想家どころでなかった。彼は、北ドイツ生まれの重厚な、無骨な、しかし、その表面の下に熱烈な魂をもっている青年だった。クララに宛てた手紙は、それをまず十分以上に語っている。その人の音楽が、どうしてアカデミックな「絶対音楽」でありうるのだろうか？　そういうことはありえない。しかし、うっかりすると、そう思えるものが、彼の音楽にあることも事実である。

なぜ？

ヨハンネスの求愛に対するクララの反応は、曖昧である。少なくとも、後世の目にはそう見える。ヨハンネスとクララの四〇年にわたる往復書簡集には、いくつかの欠落したページがあるが、その大部分は、クララが自分の手紙を即刻破棄するようヨハンネスに望んだからである〔「この手紙はすぐ燃やしてください。そうでないと、今後はもうお手紙をさしあげません」（一八五四年一一月）〕。

と同時に、こうして欠落したページのかわりに、私たちは、ヨハンネスの燃え上がれば上がるほど、せき止められ、どうしても目標に達しないひたむきな情熱の噴出の昇華されたものとしての、作品を与えられることになる。恋に狂う青年が、みんな、大芸術家になったわけでないことは、私のいうまでもないことだが、ブラームスの場合は、定石どおりのことが出現する。彼の作品は、驚くほど長くつづき、そうして魂の深層にまで及んだ恋愛の体験と切っても切りはなせない。

しかも、そこから何という量と質の作品が生まれたことだろう。

数えきれないほどの声楽曲、つまり合唱とそれから歌曲（ブラームスは Lied und Gesang と呼びわけるのを好んだ）を別としても（それがまた、実は音楽の宝庫なのだが）、クララへの思慕と直接結びつけるほかないものだけでも、《第一ピアノ協奏曲》《第三ピアノ四重奏曲ハ短調》《ピアノ五重奏曲》《第一交響曲》がある。これらはどれもブラームス一代の代表作である。

と同時に、これらの作品を通じて、一つの顕著な特徴は、どれもが、現在私たちの知っている形をとるまでに、何回も書き換えられたこと。それも楽器の編成の点でも何度も変更されている点である。人びとは、これはブラームスがまだ多くの楽器の組み合わせに習熟していなかったからだと言ってきた。原因はそれだけだったろうか？《第一ピアノ協奏曲》でいえば、これははじめ四楽章形式の二台のピアノ連弾曲として着想され、ついで交響曲に書きあらためる努力がさんざん行なわれた末、ついに断念されて協奏曲となった。初演のときからピアノと管弦楽のための交響曲と呼ぶ人があったそうだが、そういう感想をもつ人は今に至るまで絶えないかもしれない。

いずれにしても、この曲は、はじめの二台のピアノのソナタとしては一応、一八五四年四月九日に書きあげられていた。ということは、前出に見るようにシューマンの発病と入院に直接続く期間にであるし、おそらく、ヨハンネスはクララと二人で弾くことを考えていたのではないか、と想像することも許されないわけではないだろう(2)。だが、もっと疑う余地なく明らかなことは、この曲が暗く重々しい悲劇的なアクセントに満ちていることであり、したがって、これはローベルト・シューマンの悲劇のショックのもとで構想されたものだというカルベックの説は、あまり抵抗なく受け入れられる（彼の解釈はあまりにも十九世紀的標題楽的な流儀による説明につきすぎている点で、私にはわからないものがあるのだけれども。ブリュイール、前掲書九一ページ参照）。

ともあれ、はじめの構想での第二楽章の〈スケルツォ・マーカブレ〉はのち《ドイツ語によるレクイエム》の第二楽章（〈人はみな草のごとく、その栄華はみな草の花のごとし〉以下のテクストによる楽章）にまわされ、それと第三楽章のアンダンテのかわりに、新しく中間楽章としてあのコラール風の歩みでもって始まる印象的なアダージョが書かれ、そうして、最初の「勝利のフィナーレは《第一交響曲》のフィナーレとなり」（ブリュイール、前掲書）、かわりにアレグロ・ノン・トロッポの若々しい舞踏のリズムで開始されるロンドが新しくつけ加えられることになった。ここでは冒頭の楽章を引き継いで、ニ短調の悲劇が再びたっぷり聴かされたところで〈クワジ・ファンタジア〉の短いカデンツァがはさまり、そのあとはややとってつけたような長調のコーダで全曲が結ばれることになっている。このコーダはかなり長い部分ではあるけれども、「勝利」からはかなり遠いものとしか感じられない。長調になってからの新しいホルンで出てくるふしは、ロンドの主題ともまた第一楽章のへ長調の副主題（スコア一五七小節。最初ピアノのポコ・ピウ・モデラートで出てくる）、それから第二楽章の主題とも関係がある。そのあと一段落して、モルト・モッソになってのオーボエで出てくる一六分音符のふしも、ロンド主題と密接に結ばれていて、こういう点、ブラームスの多楽章形式の楽曲をつくるうえでの緊密な構成に対する要求が、もう生得といってもよいほどに早くから発達していたことがわかる［譜例3］。もっとも、そんなことは、すでに彼の最初期に書かれた作品に属す《ピアノ・ソナタ》に見られたことで、今さら言うまでもない。ただ、私は、作品一あるいは五のソナタでの、いわゆる循環作法の用例があまりにも有名なので、もうふれまいと思っていたから、これまで、それについての注意を促す機会をもたずにきた。しかし、ブラームスについて語って、それにふれないことは不可能である。読者には、いずれたっぷりつきあっていただくことになるだろう。

　この曲がヨハンネスへのシューマンの悲劇の反映であるというのが素直に受けとれ

[譜例 3]

①

②

③

④

⑤

⑥

①，②は第１楽章から，③は第２楽章，④は第３楽章，
⑤，⑥は第３楽章のコーダから．

るのも、どんな人が聴いても、ここには激越な興奮（第一楽章）と、それから、あるものへの畏敬の念に満ちた回顧的なやさしさ（第二楽章）と、そうして最後に舞踏的アクセントを通過しての祝福への意欲とが認められるからだが、それにしても、終楽章での祝福――といっても悪ければ、少なくとも、悲劇の宥和といったジェスチュアは、完全に私たちを説得できない。私の言っているのは、純粋に作曲としての成功不成功についてではない。こういうプログラム的な考慮を別としても、《ニ短調の協奏曲》（第一番）をニ長調のコーダで結ぶのはモーツァルトの傑作という古典的な例もあり、構成家ブラームスの最初からの構想にあったと考えることだって、たとえ、この曲が二台のピアノのためのソナタとして出発した当時として考えても、けっして不自然ではない。そのうえ、コーダの楽想はいま見てきたように、終楽章は当然のこと、全楽章の主要な主題や副主題との関連から、十分論理的なつながりをもってひき出されてきたものなのだ。

ところで、四年間かかって、つまり一八五八年になってついに完成したこの作品は、(3)一八五九年一月ハノーファーで作曲者自身を独奏者として初演され、ついで五日後、今度はライプツィヒのゲヴァントハウスの音楽会で同じブラームスの手で弾かれたのだが、これはさんざんの不成功に終わった。しかもそれは、ブラームス自身のその直後の手紙によると、聴衆ばかりでなく、音楽家仲間でも同じ冷淡さで迎えられたらしいのである。ブラームスの手紙[4]には、「失敗にへこたれない」という言葉も見えるが、しかし、このライプツィヒでの不評に彼の心は深く傷ついたらしい。傷は、この曲が、彼にとって最も神聖な思い出の二人の人間と分かちがたく結びついたものだっただけになおさら深かった。ブラームスは、「私はこの失敗で反省することによって力を得る」と書いた。これは当時は完全に意識されてなかったかもしれないが、今後の彼の行き方の根本を語るモットーとなったといってもよいだろう。

ブラームスは、しだいに自発的な創意によるだけでなく、むしろ反省によって得られた力を絶対に手放すことをしない芸術家になってゆく。

4

作品一〇のピアノのための《バラード》が音楽家ブラームスの根本を考えるうえで見逃すことのできない一里塚だったにせよ、現在あまり弾かれないのは、それ相応の理由があるからだが、作品一五の《ニ短調ピアノ協奏曲》（第一番）は、この人間の内的なものの全域を揺るがす記念碑的な作品だった。彼が全生命を注ぎ込んで仕上げた最初の大作だったし、この仕事をすることによって、彼自身も大きく成長した。

と同時に、それまでの見苦しいまでに張りつめられ、一つの悲劇的で巨大な重圧の下にいるという意識から、ある種の解放感が――といっても、それは、あくまで一つの解放であって、最終的決定的なものとはならないだろう。そういうものは、ついにブラームスにはやってこなかった——まるで一つの熟した果実が木から離れ落ちたような具合に、行なわれたことを物語っている。

この《ピアノ協奏曲》の仕上げおよび初演と前後して、ブラームスはゲッティンゲンの大学教授の娘のアガーテ・フォン・ジーボルトと恋愛関係に入ったらしいことが記録されてくる。この恋愛は、翌年ブラームスをクララが訪問してきたとき（ブラームスは一八五七年からデトモルトの宮廷楽長として勤務するようになっていた）ふたりの逢引きの現場を見て、そのままものも言わず、荷物をとりまとめ突然出発してしまうという出来事にぶつかり、それを契機として——たぶん——解消してしまった。けれども、ヨハンネスが「ヨアヒムがアマティのヴァイオリンの第一弦にたとえた美声の持ち主」（ブリュイール、前掲書）のためにいくつもの美しい歌を書き、彼女の瞳を見つめ、「とびいろ」の絹のような髪を愛撫することに楽しみを覚えたという事実は消しがたく残っている。

こうして、以後ブラームスのまわりには、しばしば、若くて美しい女性の影がつきまとうことになる。いや、彼はいつだって恋をしていたといってもよいのではないか。そのなかでもエリーザベト・フォン・ヘルツォーゲンベルクは、格別に重要な存在となるだろう。しかし肝心なことは、ブラームスが恋するとき、そこにいつもクララの影があるということである。そうしてエリーザベトが格別に重要な位置を占めるのも、それは彼女が、第二のクララ、あるいはクララの分身であるからなのである。そのことは、のち、どうしてもふれなければならないときがくる。

ところで、アガーテとの恋愛とともに起こった重要なことは、ブラームスの作曲が、おびただしい数の独唱および合唱といった声楽曲と、それから室内楽とに向けて集中されてくることである。これは、記念碑的大作、芸術家の精神と魂の全領域に浸透し、互いに作用しないでは創造できないような、そういう「全体的作品」の仕事に従事してきたあとの、一つの反動であり、今や作曲家の関心が、魂の内奥から外に向けての熱烈にして大規模な噴出というのとは逆に、外から内に向けて、より親密で求心的で、しかもより感覚的に柔軟なものへ指向した現れということができるだろう。

そうして、これはまた、ブラームスが、バロックから音楽の歴史を遡及して、さらにルネサンスのア・カペラ合唱曲の響きと線の誘導の魅力に夢中になった時期でもあるのだ。

ブラームスという音楽家は、自分の時代の音楽よりも、過去の音楽のほうが好きだったのである。これは、彼が保守的な人間であったとか反動的な芸術家だったとかいうことよりも——二十世紀になってからも、アルノルト・シェーンベルクが、ブラームスがいかに進歩的な作曲家だったかを、彼一流の反駁を許さない戦闘的な調子で、十分に説得性のある論理をもって展開している(5)——もっと根源的な感性と知性のあり方として、あった事実なのである。どうして人は、自分と同時代のものをより親密に感じ、過去のものに疎隔感を覚えるべきものときまっているのだろうか？　今のものより古いもののほうが、ぴったりするという人間はいるものだ。

しかし、その人が過去のものを愛玩するだけでなくて、自分でも物をつくり出す立場にいる人、つくり出さずにいられない人ということになると、それだけではすまないことになる。私はブラームスが過去に逃避したかったとは考えない。そういうことを考える前に、ブラームスのように、非常に貧しい家庭から出て、自分の才能——才能とは「忍耐と勤勉」にほかならないと、ブラームスは言ったに違いない——によって、社会を一歩一歩よじのぼってくることに成功した人間が、冒険ぎらいで万事について堅実さを尊び、変化を避けて安全を望むという意味での十九世紀の典型的な市民としての保守性をいつの間にか身につけるようになったのは、むしろあたりまえだと考えるのではなかろうか？

それは彼の作風にまで認められる。つまり、ブラームスにとって、現在は未知のものをもっているという点では不安を与えてやまない何ものかなのだ。それにひきかえ、過去は、すでに出来上がってしまったもののもつ安定性があった。(6)

ヨハンネスがあんなに烈しい渇《かつ》えをもってクララを愛慕したという事実の中にも、彼が自分よりよほど年上で、教養もより高く、精神的にもはるかに成熟し、趣味のうえでもすでに出来上がっていたクララにかくもひきつけられたという事実の中にも、単なる母性的なものへの憧れといったものを遠く越えて「完成されたもの」の姿への抑えがたい欲求がみられる。これは、若い女性のはるかに年上の男性への思慕という形の愛もあるのであって、この愛にも「完成されたもの」への接近の望みが見られるのではなかろうか。ブラームスは、のち、こういう形で何人かの女性をひきつけることになる。と同時に、今日に至るまで彼の音楽が多くの聴き手をもっているのも、そこにこの「より成熟したもの」「完成された姿」への憧れと愛着に通じるものが働いているからだと考えることができないだろうか？　そこでは彼の音楽は今度は「父なるもの」のシンボルになってきているのだ。彼の最も安定した円熟期の作品、《ヴァイオリン協奏曲》とか《第二ピアノ協奏曲》とか《第二交響曲》とかいったものは、そういう魅力で生きているのではないだろうか？　厚い暖かい父親の胸の音楽。

ところで、ローベルトの悲劇とクララへの思いと切りはなせない形で結びついた作品の系列は、この間の合唱曲や室内楽への指向によって、終わったわけではない。彼の精神に与えられた深い震駭《しんがい》の傷、彼の魂のすべてをひたす愛の炎が、いやされたり消えたりする日はないのである。それは、作品一八の《弦楽六重奏曲》（第一番）、あるいは作品三四の《ピアノ五重奏曲》、それから作品五一の《弦楽四重奏曲》(第一番、第二番)らの作品の中のパテティックなアクセントとなって、私たちの心を打つ。そうして、《ハ短調の交響曲》(第一番)が書かれたのは、この種のアクセントのクライマックスとしてだ。

この交響曲もまた完成までに長い年月を要した。またしてもブリュイールから借用すれば、「ブラームスがベートーヴェンの墓石の上からペンをとりあげ、これをみずから《第一交響曲》のために使用したのは、一八六二年ごろのことである。このころ、第一楽章はシューマンの悲劇の影響の下に構想された。……一方、他の三つの楽章は、実に一八七四―六年にやっと書きあげられた」(ブリュイール、前掲書一九二～九三ページ)。ここには自分より大きな母胎への思慕と格闘がある。それはまたモデルがシューマンの音楽から、再びベートーヴェンのより巨大で堅牢とした構築物への転換ともつながってゆく過程でもあった?

何だって、この交響曲のフィナーレは、あの二台のピアノのためのソナタ――のちにニ短調の《ピアノ協奏曲》(第一番)となったソナタの「勝利のフィナーレ」を移したものではなかったのか? ブリュイール自身がそう書いていたのではなかったか?

ブリュイールは続けて、この交響曲について、「第一楽章の展開部の主要な音細胞

[譜例4]

ⓐ ⓑ

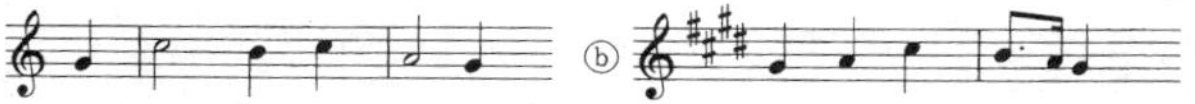

となる暗い〈ウン・ポコ・ソステヌート〉が曲の頭におかれた。この〈ウン・ポコ・ソステヌート〉の部分は交響曲の第一楽章の土台となっているばかりか、後続の諸楽章の中にも断片的に現れ、たえず回想される。そして、もの悲しくも甘美な〈ハ長調〉で、終楽章の〈ピウ・アレグロ〉は結ばれる」と書いている（ブリュイール、前掲書一九三ページ）。だが、私たちには、違った道を通って、この交響曲の成立をあとづけてみることも可能なはずである。第一、先にふれたように、ブリュイール自身が、カルベックの説を引用し、《第一交響曲》のフィナーレは、《二台のピアノのソナタ》のそれをもってきたのだと言っていたのだから。

　私が、こういうことを思うのは、この交響曲を聴いて、私の耳がつかまえた小さなヒントによる。それは、いつだったか、何回目かこの交響曲を聴いていたある日、私は、終楽章の主要主題が出てきた途端、「何だ、これは第二楽章アンダンテ・ソステヌートで聴いたふしではないか」と気がついたのだ。今までは、とかくベートーヴェンの《第九交響曲》の〈歓喜による頌歌〉の主題との類似ということばかりに気をとられていたのに、そんなことより、もっと手近かのところにあったのだ。このふしは[譜例4]。

　このⓐが、第四楽章の頭につけられたアダージョの導入の最初に出てく

［譜例5］

るのは、言うまでもない。二回。ただしともに短調の形で［譜例5のⓐとⓑ］。そうして、第一、第二のヴァイオリンのオクターヴのユニゾンで奏されるⓐに対し、同じとき、フルート、オーボエ、ファゴットの木管群が三オクターヴにわたりユニゾンで奏するのが［譜例5のⓒ］である（ⓑは導入の第一三～四小節で出てくる）。

これが聴きとれれば、第三楽章のウン・ポコ・アレグレット・エ・グラツィオーソの変イ長調の軽い舞曲風の音楽の主題も、単にそれが第一～五小節と第六～一〇小節との間に反行関係（転回）があるという照応のおもしろさ（対位法家ブラームスの機智に満ちた謎あそび）というだけでなく、これが、第二楽章に劣らず終楽章の主題と緊密に結びついたものだということもわかってくる［譜例5のⓓ］。

あとは、第一楽章。いまの第三楽章の反行の遊戯を、今度は終楽章の主題――つまり、この大交響曲のすべての主題的楽想の母胎であるものに適用してみる［ⓑ］。

［譜例6］

そうして、これと第一楽章のアレグロの主要主題ⓒに比較してみる。

するとつぎのような関係がわかってくる［譜例6］。このⓒの結びの括弧でくくった部分は、第一楽章で頻出し和音の中核をなす減七の和音をなしているということが。

この第一楽章主要主題と終楽章のそれとの関係は直接耳で聴いてあきらかなものとは必ずしもいえないという点は、私も同意しよう。しかし、だからといって、この関係を否定することはできない。まして、終楽章と第二、第三楽章、つまり、ブリュイールのいう「一八七四年から七六年にやっと書きあげられた三つの楽章」の主題間の親近関係はいちど気がつけば、もう聴き逃すことがむずかしくなる。そうなると、また、この終楽章――かつて《二台のピアノのソナタ》のとき「勝利のフィナーレ」と呼ばれたものをブラームスがここに移してきたということの記録を新しい意味にあてはめて読むことができるようになる。そうして、また、この終楽章と第一楽章をつなぐものとして、新しく、第一楽章冒頭にあらためて書き添えられた〈ウン・ポコ・ソステヌート〉の暗い導入部の意味をもう一度ふりかえってみることが可能になる。つまり、この導入の冒頭の音階を上昇してゆく弦楽部と、下降してゆく木管部との緊張が、新しく終楽章との連関［譜例5の©］から解釈し直される［譜例7］。

あと、この導入部の諸動機を四つの楽章の楽想との関連で検討する仕事は、もう省略させていただこう。とにかくこう見てくると、例の終楽章の主題が《第九》のそれを連想さすという話などは、まったくとるにたりない偶発的な些事でしかないことになる。ブラームスは、もちろん、それを十分に心得ていた。

そうして、最後に、終楽章の導入から、主要部に入る前の、〈ピウ・アンダンテ〉のホルンの信号のような動機を確かめてみることが、一つの喜びとなる。

ブリュイールは「この交響曲は——精神的には——ひとりの女性に捧げられた」と言って、この終楽章のアレグロの入りのホルンのモティーフを引用し、それには「高き山上、深い谷あいより、僕はあなたに千回ものお祝いの挨拶をおくります」という言葉をつけることができるという。それは、一八六八年九月、ブラームスがクララに送った手紙の一節であり、ブラームスはこのホルンのふしを、実際に山上で聴いた牧人の信号からとったといわれる。それに間違いはないのだろう。しかし、このふしと、

[譜例7]

[譜例8]

あの主要主題――もう私たちは、これをこの交響曲におけるあらゆる主題を生みだした「母」なる主題と呼んでもいいのではないだろうか？――とのもつ親近性にも一点の疑いはないのである［譜例8］。

　この曲を書いて挨拶を送るとしたら、それはクララ――この光明の女性――以上にふさわしい人がいるはずはなかった。曲のすべてが、この女性への思いから生まれたのではなかったろうか？　ブラームスは、ここに全力を傾ける。そうして、このホルンの信号の出現は、劇的標題楽的音楽家としてのブラームスのいくつかの高度に輝かしい成就の中でも、その最も忘れがたいものとなった、といってよいだろう（私は、演奏を聴くとき、しばしばもの足りなく思うのだが、この「挨拶」は、ほかの楽器がすべて*pp*で奏せられる中で、ホルンだけがセンプレ・エ・パッショナートの*f*で演奏するのである。これは同じふしがホルンからフルートに移されても同じなのだ。この挨拶には、必死なものがある。それとほかのあらゆる楽器の*pp*の静寂との対比。これはいつも十分に表現されているとは限らない)。

ところで、以上を整理すると、《第一交響曲》の成立については、つぎのような年代記が想定できる。最初にフィナーレがあった。しかし、これはまだ一つの交響曲のそれになるかどうかははっきりしない。ただ、それは「勝利のフィナーレ」つまり、暗い戦いののちの明るい前進を意味しえた。ついで、第一楽章が構想された。そのとき、この第一楽章は悲劇的な、苦闘と苦悶をくぐりぬける性格であることから、かつての《二台のピアノのソナタ》のフィナーレとの結びつきが考えられた。ハ短調の第一楽章が書かれた(それがこの時点で完成されていたと考える必要はない)。しばらくして、フィナーレを母胎として、第二、第三楽章が書かれた。そのときまでに、第一楽章は導入部をもち、それによって、残りの楽章との結びつきはより顕在化してきた。最後に、フィナーレのための導入部が書かれ、ついに、曲の精神的中核であったクララへの遠い山からの愛の呼びかけが形となって現れた。

私はこう推理する。

この交響曲では、このほかにもブラームスを考えるうえで重要ないくつかの特質を指摘することができるわけだが、私はそのうち、今は二つだけ、ふれるにとどめる。一つは、四つの楽章の調性の配置が、ハ(短)調――ホ(長)調――変イ(長)調――ハ(短)調――ハ(長)調という具合[7]に、長3度ずつ上昇する配分になっていること。この3度の親近性での作曲は、すでにベートーヴェンに見られたものであり、ブラームスはそれからヒントを受けたに違いない。しかも、それがどんなに深いところまでゆくことになるかは、おいおい見てゆくことにしよう。少なくとも私にはブラームスを調べてゆく過程で非常に興味を唆《そそ》られた点となった。

もう一つは、この交響曲に見られたように、ほとんどフィナーレから遡って作曲されたといってもおかしくないような事情が、ほかの多楽章形式の楽曲、それも大規模な作品によく見られるようになること。むしろ、これがブラームスの作曲の一、つのパターンと見てもよいかもしれないほどであること。そこから、ブラームスにおける交響作品をはじめとする多楽章作品において、フィナーレが、しばしば、重量感があり、ときには重すぎるほどに感じられるほどだということが生まれてくる。これも、ベートーヴェンの作曲から受けた影響の、ブラームスにおける現れ方の一つと考えられるのだが、要するに大がかりで複雑なソナタ形式の第一楽章のあと、抒情的ないし歌謡的な緩徐楽章、それから軽い踊るようなリズムをもつ間奏曲(ときには、子守歌のような)第三楽章という中間楽章のあとにくる終楽章について、ブラームスが出した一つの典型的な解答が、この「重いフィナーレ」であるように、私には思われるのである。ブラームスは、いつも重いフィナーレを書いたわけではない。だが、少なくとも交響曲では、四つが四つとも、フィナーレは重い。

5

《第一交響曲》の完成が長い年月と、何度かの、しかも根本的な書き換えののちに生まれた作品であったのに反して、その完成の翌年（つまり一八七七年、ブラームス四四歳のとき）に書かれた《第二交響曲》は、ほぼ二カ月ほどで出来上がってしまった。これまで見てきた《第一ピアノ協奏曲》や《第一交響曲》といった特別に苦労した作品と比べるだけでなく――おそらく、ブラームスの大作の中で、これは、ほとんど「一息に」といってもよいほどの短期間に書きあげられた最初の曲といってもよいのかもしれない。しかも、この交響曲は、ブラームスから生まれた四人の姉妹たちの中で、最も長い交響曲でもあるのである。この二つの事実は、私には、昔からどうしても偶然の符号とは思われなかった。では、どうしてこういうことになったか？

この曲は、昔から、私があらゆるブラームスの音楽の中で最も好きなものの一つだった。いまどうして、これが好きだったかと振り返ってみると、それは私が、ここに、伸び伸びと流れてやまない解放感の明るさ、生き生きとした豊かさを感じていたからだったような気がする。「ブラームスによる最も〝自発性にとんだ〟音楽の典型がここにある」といってもよいだろう。彼の大作の中でも、この曲は、つくられたというより、全体が一つとして最初から構想されたという感じの最も強いものといってもよい。その点でもこれは、特に苦労のあとの著しい《第一交響曲》とは極度に対立する。あるいは「何かが終わった」のではあるまいか？《第一交響曲》と《第二交響曲》の間には、この両者を隔てる何かがあった、といってもよい。今度、久しぶりにブラームスの音楽をつぎつぎと聴きかえ、その中のいくつかの曲について、じっくり考えてみるうちに、私が昔からもっていた以上の印象を、もう少し具体的に音楽に即しながら、検討することができた。

まず、そのことから書いておこう。

ヨハンネスは、一八七七年の夏の休みはペルチャッハのヴェルター湖のほとりですごした。ヴェルター湖といっても、ゲーテの例のヴェルターとは違い、こちらはWörtherである。あのあわれなWertherとよく似たようで、しかし、違う。そのことにまで何かの意味を探る必要はない。日本語でカナ書きするから同じようになってしまうのだ。しかし、ブラームスが、《ピアノ四重奏曲ハ短調》(第三番作品六〇)について、友人に「頭にピストルの弾をぶちこむ男の気持もこんなものだと思ってくれたまえ」といった注釈を書き込んだ手紙を書いていることは忘れてはいけないだろう。当時は、もうヴェルターに関する青年男女の熱狂的流行は消えていたのだが、ブラームスには、まだ、こんな冗談を言わずにすまされぬものが残っていたのである。この曲も、一八五四年に着手されたにもかかわらず、全曲が書き上がったのが一八七五年。つまり、これもまた、《第一ピアノ協奏曲》《第一交響曲》なみの「多年の辛苦、研鑽の結晶」なのである。

そのブラームスの休暇先を訪れたクララ・シューマン（またしても!!）は、友人宛の手紙の中で、ブラームスが大変上機嫌であること、ここは本当にすばらしい田舎であることを書いた末に、ブラームスが、新しい交響曲を一つ、ニ長調で書きあげてしまっていること――少なくとも頭の中で、いや、第一楽章は事実上すでに書きあげられていることなどを報告している。ブラームス自身も、ハンスリックに宛てて、こう書いている。「ここでは旋律がこんなふうにたくさん生まれてくるので、ぼくは散歩のとき、それを踏みつぶさないよう気をつけないといけない」と。

私は、こちらの手紙のほうは、これまでもたびたび引用してきたジョゼ・ブリュイールの『ブラームス』の中で見受けたのだが（前掲書、一九八〜九九ページ）、ブリュイールは、これにつづいて、「実際、彼はそこから最も豊麗な旋律を摘みとったのである。彼の交響曲のなかで、これほど旋律の豊かなものはないし、また『音楽は単に美しいだけでは十分ではない。同時に楽しくなくてはならない』というラヴェルの言葉を、この曲ほど思い出させてくれるものはない」とつけ加えている。

ブラームスは、ペルチャッハのヴェルター湖畔の美しい自然の中から、最も豊麗な旋律を摘みとった。

そう、この曲のいたるところに旋律があり、それらは豊麗をきわめ、しかも、曲全体は美しいと同じくらい楽しい（これはブラームスでは、いつも起こるとは限らないことだ）。同年の暮はやくも、ヴィーンで行なわれた初演は大成功だったのも当然だ。また、人びとがここに牧歌的なものを感じとって、ベートーヴェンの《第六》になぞらえて、この交響曲を「パストラール」と呼んできたことも、抵抗なしに受けとることができる。特にまた、《第一交響曲》をベートーヴェンの九曲のあとを引き継いだ「第一〇」と呼んだり、このあとの《第三交響曲》をブラームスの「エロイカ」と呼んだりするこじつけに比べれば、この曲の与える印象がどんなに素直に聴衆たちに伝わってゆく性格のものかがよくわかるのである。ブラームスの友人で、この音楽家についての最初の伝記作家のひとりとなった医者のテオドーア・ビルロートも、この曲の下書きを見て、根本的に牧歌的な性格のものであることをすぐに聴きとった一人で、「ここには、抜けるような青い空がある。泉から水がほとばしり、ふんだんな日射しと、木陰の涼しい気配がある。ヴェルター湖畔はよほど素敵なところに違いない。もしオーケストレーションが渋すぎなければ、ヴィーンっ子たちも、この曲から発散される実に独特なよろこびを感じとること受け合いだ」と作曲者に返事している。一体にブラームスは作曲がある程度進むと、多かれ少なかれ書きあがった原稿を友人たちに送って、その意見を聞くのが慣例だったようだが、その彼と友人たちとの間で交わされた手紙を読んでいて、当時の音楽好きの医者とか弁護士とかいった人々の音楽的素養が、いかに高かったかに、私は強い感銘を受けないわけにいかなかった。こういう高さは、今日ではもう失われてしまったのではないかと思うが、十九世紀後葉のドイツ・オーストリア文化圏の中で中流の市民たちの間には、人もあろうにブラームスのように批評的意識の発達した作曲家を相手に、堂々と自分の意見を書き送るのに何ら躊躇する必要のない人々がいたのである。と同時に、ブラームスが、また、そういう人々を必要としていたのも見逃すことができない。クララ・シューマン、ヨーゼフ・ヨアヒムの二人は特に彼の一生にわたる重要な相談相手だったが、この二人は音楽の歴史に永遠に名を残した一流の音楽家である。だが、そういった大家たちでなく、たとえば、素人歌手だったエリーザベト・フォン・ヘルツォーゲンベルクとその夫のような人も、クララやヨアヒムと少しも劣らない信頼をこの大音楽家からうけ、また事実、その信頼に十分値するだけの内容のある返事を、いつもしていたのである。それだけでなく、彼らはまた、ブラームスと一緒に室内楽を、家庭で、合奏したり、彼の伴奏で書き上げられたばかりの歌曲を歌ってみせたりしていたのだった。独唱曲、それから例の《愛の歌のワルツ》をはじめとするすぐれた重唱曲の数々を、その場で、歌って——そのうえで、自分の意見を言うことができたのである。

そこから、私たちは、いろいろなことを考えることができる。だが、ここではただ一つ、ブラームスの音楽には、演奏会で多くの人々に聴かせるのと、本当に気心の知れた、音楽的感受性を具えた人々との内輪の集まりの中で、みんなで音楽をやる楽しみのために書かれたものとがあったことを、指摘しておこう。

「音楽を聴く耳と心をもちあわせている市民たち」のための音楽。十九世紀の中欧にこういうものが生まれ、ブラームスのはその典型的音楽の一つだった。シューベルト、メンデルスゾーン、シューマンらのもそういう部類に属するのだろうが、そのなかで、私は、ブラームスをとりまく市民たちが、いちばん音楽的教養が高かったような気がする。

いずれにせよ、これらの音楽を愛する中欧の市民たちのもっている雰囲気は、リストを囲む、伯爵夫人だとか公爵夫人だとかのサークルとも、あるいはヴァーグナーをとりまくニーチェ、ボードレールといったヨーロッパきっての最高級の近代の芸術的知的世界の天才たち、それからナポレオン三世や新興ドイツ帝国の象徴であるビスマルクといったヨーロッパ諸国の王侯貴族中でも屈指の実力者たちを筆頭とする政界社交界の有力者たち、それからはイギリス人チェンバレンにみられるような頑固で残酷な差別論者その他のいかがわしいインテリゲンチャたちからなる世界とも、著しく性質の違うものだった。それに、選りぬきの仲間といて、しかもその人たちにさえ心をあかしたことのなかったらしいショパンの、もう一つ別の世界。もう一つ、ヴェルディを核とするイタリア人たちの世界。ロシアの音楽家たちとそのパトロンたち。こう考えてくると、十九世紀のヨーロッパにおける音楽と社会とのかかわりあいは、今から考えてみると、目もくらむような構造の多様性と深層性をもっていたに違いないのである。

6

ところで、ブラームスの《第二交響曲》。これが牧歌的な印象を与えるということは――あるいはブリュイールの言うように「これほど旋律が豊かなものもないし、美しいばかりでなく楽しい音楽だ」ということは、何も、この交響曲が、前にみた《第一交響曲》とは逆に、構造的に、あまり緊密でない抒情美一点張りの作り方がされているということにはならない。

そうでないどころか、およそその逆なのである。この《第二交響曲》ほど、ブラームスの「作曲家」としてのすぐれた、そうして独特な性質を典型的に現しているものは、例が少ないくらいなのである。

　人々はよく、曲中いたるところ抒情美のあふれみなぎる音楽というと、その反面、抒情性のために構造にとかく難のあるものというふうに受け取りがちである。シューベルトはその犠牲の最も顕著なものだろうし、ショパンとシューマンがともに小品の天才で、「大曲はいつも失敗していたのも、彼らの色彩に満ちた旋律あふれる心情の抒情のあまりの美しさのゆえんだ」等々というのが、ある種の解説の紋切り型になっている。

　そうではないのである。シューベルトについて、シューマンについては、前に少し書いた。ショパンについては、いつかやってみたいと思う（シューベルトについては『吉田秀和作曲家論集』第二巻に、シューマンについては『同』第四巻に、ショパンについては『同』第三巻に、それぞれ収録）。これらロマン主義音楽家たちこそ、音楽についての新しい構造の可能性を求め、また事実、発見した天才たちだったのである。抒情美と構造性は相排除しあうどころか、そのどちらも一つの音楽の生命と精神と感覚をつくるうえでの分けることのできない要素なのだ。ただ彼らは、それぞれの音楽にぴったりあう形で、解決を発見したのである。それは、たとえば、ベートーヴェンの形とは違っていたにすぎない。

　ブラームスの場合にも同じである。しかもこの交響曲におけるほど、ブラームスが長大な交響的作品の統一と総合に成功したことはなかったといってもよいくらいである。あるいはブラームスが完全さに最も近づいたのが、この作品だったといってもよい。この交響曲では、全四楽章のあらゆる主題たちが、一つの根本的楽想から生まれてきているのだが、それと同時に、その主題の形のとり方がまったく自然であって、何らの作為も感じさせない点、それからもう一つ、全体が完全にとけあって、一つのものになっている点でも、この交響曲は、範例にとってもよいほどの完成度に達しているのである。

それも全体が一つになるよう、あとからまとめられたのでなくて、最初から一つのものとして構想され、それが時間の中でおのずから展開していった。その軌道が、この交響曲なのである。

アラン・ウォーカーは『音楽評論の解剖』の中で（原書三六ページ）"Brahms was, in fact, the first great composer to unite his contrasts in public, as it were. His liking for openly proclaiming his themes' pedigree set in motion a trend which had repercussions down to Schoenberg and beyond"と言っているが、その最上の見本が、この交響曲なのである。

ヴェルター湖畔の田舎道を歩きながらブラームスが、「あまりたくさん、あっちにもこっちにも見つかるので、踏みつぶさないよう気をつけなければならない」といった、その限りない野辺の花たち、それは実は、彼の中で、根本動機から、終わることがないかのようにつぎつぎと咲いてくる花のような旋律のことだったのだが、それがつぎつぎと有機的に一体をなしつつ彼の胸中に広がるので、ブラームスは有頂天になりながら、「踏みつぶさないよう」気をつけて歩いた。その彼の散歩のあとが、この交響曲の作曲なのである。

ここでは、あらゆる主題は、同一の根からつぎつぎと開花する。

その数多い花の中でブラームスがおいた最も原型に近いものは、終楽章の冒頭である（《第一交響曲》や《第一ピアノ協奏曲》で見たことだが、ブラームスでは、終楽章は、必ずしもいつも、第一楽章から書いてきた末、最終におかれたものとは限らない。それはベートーヴェンのやり方である。ベートーヴェンが、長い間スケッチをとっていたのは周知のとおりだが、いったんそれが終わると、あとは、第一楽章から順に書いてゆくのが通例であったようだ。しかし、ブラームスでは、これまでみられた例、それからこの《第二交響曲》、それから現在までのところ、私が確実だと思っている例でいえば《第四交響曲》、こういった作品の場合は、フィナーレから書き出したように思われる）。

《第二交響曲》における各楽章の主題の連関というと――ウォーカーもそのひとりであるが――、これまで多くの人びとは第一楽章の第一主題を根本に据えるのが普通であった。すると以下のようになる［譜例9］。

［譜例９］

［譜例10］

［譜例11］

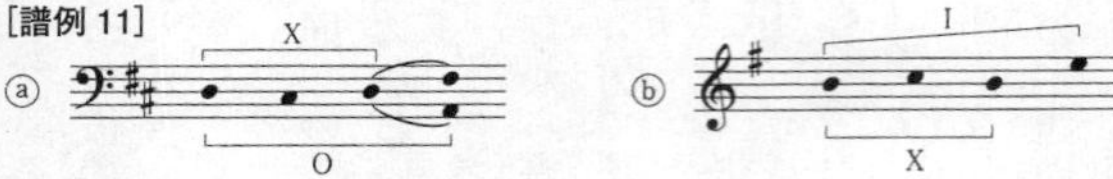

この旋律を音程関係で分析すると、半音（短２度）の上下と、上昇３度および下降４度からなっているわけだが、ブラームスは、これらのプリミティヴといってもよいような音程関係を駆使して、そこから、この長大な交響曲の全体を展開してゆく。

たとえば、第三楽章のアレグレット・グラツィオーソ。これを開始するあのオーボエのやや哀愁をおびた、しかも、おどけたようなところもある旋律は、［譜例９］に見たものとは、バラとカキツバタが違うほどにも違い、関係がないかのようにみえる［譜例10］。

しかし、両者は実は、原型とその反行（転回）の関係にあることは、つぎの表にはっきり出てくる［譜例11のⓐとⓑ］。

[譜例12]

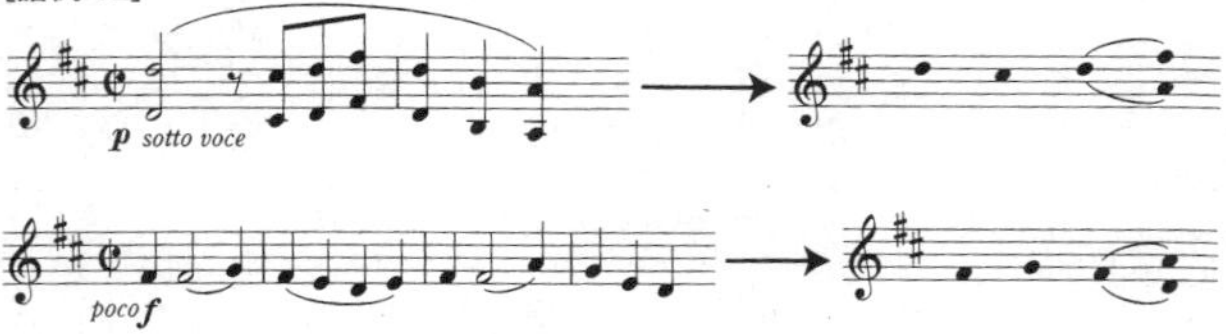

同じ統一的な力は、第四楽章にも一貫して働いているのであって、その第一、第二主題は、お互いの間で対立していると同時に、原型［譜例11のⓐ］とその反行の関係［譜例11のⓑ］にある［譜例12］。

「短小な動機を綴りあわせて、長大で複合的な構造にもってゆく点で、ブラームスは特に驚くべき才腕を発揮したのだが、それはひとりブラームスにとってだけでなく、音楽形式の歴史上、記念碑的業績というべきものだ」とウォーカーは言っている。事実、この曲では、主題だけでなく、エピソードや橋渡しの経過的楽想の隅々にいたるまで、いたるところに、その適例がみられる［譜例13］。

それにこれは、第二楽章の推移部のごく目立たない部分にまで及んでもいる［譜例14］。

ウォーカーは、この一連の分析的な観測の結びとして、「ブラームスは、彼の動機的変奏を非常な手腕をもって開陳している。これは、ほかの人たちの場合に、conscious uncertainty（意識するあまりの不確かさ）に導く例が多すぎるのだが、ブラームスの場合はunconscious certainty（無意識の確実さ）でもって駆使されている」と言っている。その通りであろう。

シェーンベルクの言うように「本当の作曲家というものは、あれこれの主題を寄せ集めて合成（compose）するのではなくて、曲全体をつくるのである。リンゴの花の中には、蕾のときからして、そのあらゆる細部にわたって将来のすべてが、すでに現存しているのであって、あとは、それが成熟し、成長し、リンゴの実になり、リンゴの木になり、そうしてまた再生力を蓄えるというだけの話なのだ。同じように本当の作曲家の音楽的構想というものも、彼の生産するものの全体を含むところの、たった一つの行為にすぎない」のである。

だが、私は、前にちょっとふれたように、この交響曲でも、構成は、終楽章から見ていったほうが、もっと有機的に捉えやすいのではないかと思う。たしかに原動機としては、ウォーカーも言うように、半音の上下と、3度、4度の昇降があるのだが、ブラームスはそこからもっと長い旋律的なものを着想した。というよりも、むしろ、長い旋律の息づかいがあり、そこからこの半音（短2度）の往復と、3度、4度が、原動機として帰納されてくるというように言いたいのである。

楽譜で示してみよう［譜例15］。

[譜例 13]

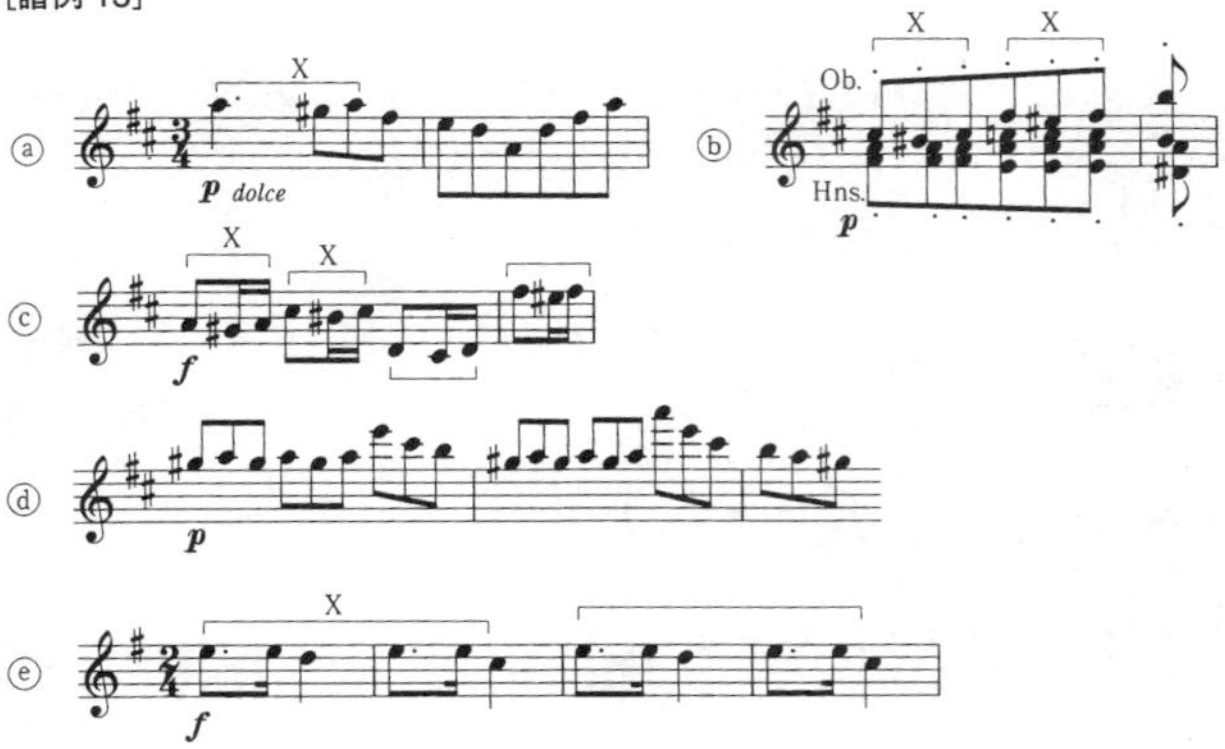

[譜例 14]

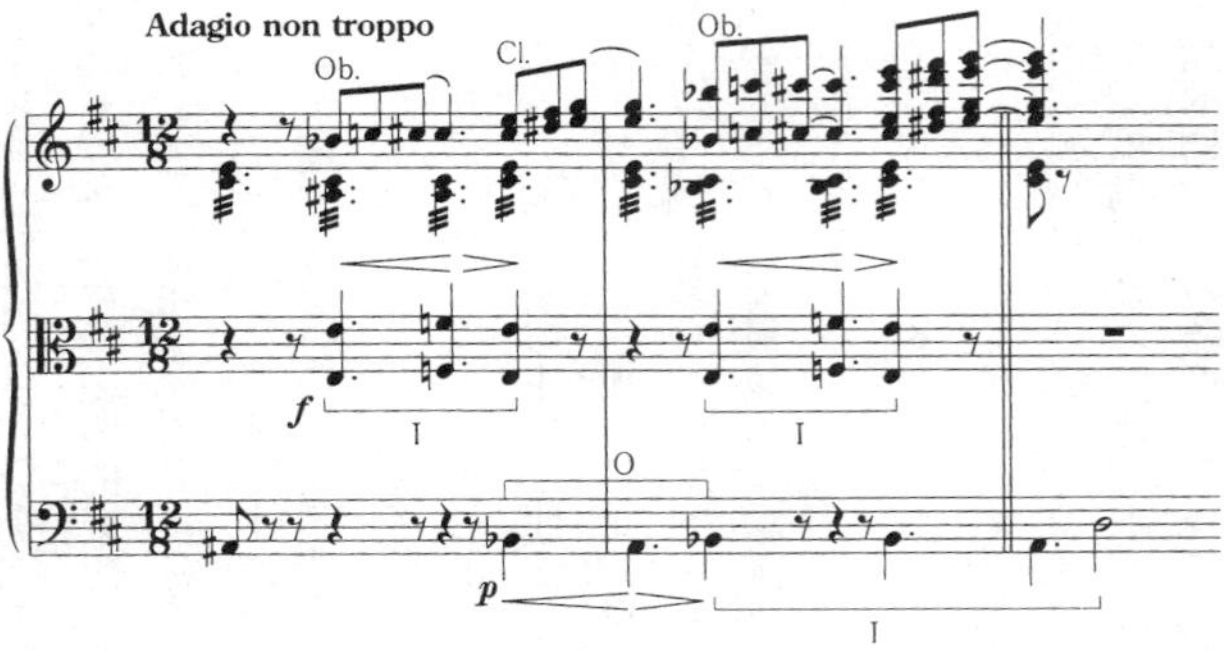

［譜例15］

このうち、［譜例15のA］は終楽章の冒頭主題であり、各楽章の主題的楽想の関連を知るうえに、これがモデルとして役立つ。［譜例15のB］はそこから誘導されてきた第一楽章の主要主題。［譜例15のC］は第一楽章の推移（第一、第二主題の間を橋渡しする楽想）であり、これは以上に明らかなように、第一、第四の両楽章の主要主題から誘導される。［譜例15のD］は第一楽章の第二主題で、いま見た［譜例15のC］の楽想から導き出されたもの。そうして最後の［譜例15のE］は第二楽章の主題である。

この第二楽章は、曲頭の原動機を出発点として、そこから各主題が、それぞれ紡ぎだされたとするウォーカー流の考え方だと、主題的にみて、原動機との関連が求めにくくなって、理論的に一つの弱点となっていた。ウォ

［譜例 16］

ーカーは、だから、［譜例14］の例で見たように、楽章のなか、目立たないところに、原動機の半音の往復があるのを見つけだしてきたのだった。たしかに、その通りであるが、主題とのつながりはこれによって出てこない。しかし、ここにとった表で見てくると、その関係が現れてくる。それとともに、こうして見てくると、終楽章の主要主題の旋律のうち、ほかの楽想には適用されなかった最後の数小節が、ここに初めて使われているという点も、私の興味をそそるのである。

　ところで、以上は、各楽章のいわば表側にあった主題的楽想だけであった。このほかに、もう一種の主題的連関が見出される。それは、ウォーカーの指摘だと、原動機の音程関係の反行（転回）形として、捉えられるものである。これを、私の分析にあてはめて、表にしてみよう［譜例16］。

　この［譜例16のA］は終楽章の主題（二分音符）とその反行（転回、四分音符）の音型。［譜例16のB］

はその［譜例16のA］から得られたもので、終楽章の第二主題（本来はイ長調。それを移調した）。［譜例16のC］は第三楽章、アレグレット・グラツィオーソの主題である。

この表を見れば、四つの楽章の主要主題や、副主題、推移楽想等の間の緊密な関連は、一目瞭然だろう。その中で、第一の群［譜例15］は終楽章の主要主題から直接導き出されている。第二の群［譜例16］は、その反行（これはその形では曲に現れない）から織りだされたものである。

もう一つ気がつく重要な特徴は、この基本の主題旋律のペンタトニックな性格であって、おそらく、このことが、この曲に牧歌的な印象を与える大きな理由になっているのだろう。

7

ペルチャッハのヴェルター湖畔での夏の休暇は、こうしてブラームスにとって記念すべきものとなる。彼には珍しい速さで作曲された《第二交響曲》の全体にみなぎる、満ち足りた、明るい感じは、《第二交響曲》のような傑作を書き上げたという事実とならんで、いやそれ以上に、彼の心の最も深いところで、何かが呪縛から解き放たれたことを物語っているように、私には思われる。しかもこれが、クララ・シューマンをわざわざ招いた夏休みの中で、実現したというのに、私は、もう一度注目する。

二人の間に、何か決定的なことがあったのではないか。それが何であるか、私は、まだ、具体的に語るだけの用意はないが。

このことを、また、別の面から見ることも、もちろん可能である。ブラームスはこの一八七七年にひきつづき、その翌年も、翌々年の夏も、同じペルチャッハに出かけているのであるが、その三年の間に、いくつも重要な作品が生まれた。まず、一八七七年では、《第二交響曲》の前に《新・愛の歌のワルツ》（作品六五のａ）が生まれていた（前にふれたように、この《愛の歌のワルツ》と《新・愛の歌のワルツ》の両曲集がエリーザベト・フォン・ヘルツォーゲンベルクと新しく始まった交際と関係がなかったとは考えられない）。それから翌一八七八年には、ブラームスの唯一の《ヴァイオリン協奏曲》（作品七七）が書かれ、つづく一八七九年には《ヴァイオリン・ソナタ第一番ト長調》と、ピアノのための《二つのラプソディー》（作品七九）が生まれた（私は、このほか、多くの歌曲が書かれているのには一切ふれないけれども、それらはまた、純粋に音楽的な見地から見てのことはいうまでもないとして、ブラームスの心的精神的歴史の軌道を照射するものとしても重要なドキュメントの宝庫である）。

ところで、このペルチャッハの三つの夏休みの収穫の中で、私は、《ヴァイオリン協奏曲》にふれずにゆくことはできない。この曲も、また、私がブラームスで最も愛し、飽きることなく、くり返し聴いてきた音楽に属する。

私は、今度ブラームスについてのこの小論を書くまで、なぜ自分が《第二交響曲》とこの協奏曲を特に愛しているのかについて、別に考えてみようとしたことがなかった。ただ、これらの二曲こそ、ブラームスの人間的にも、芸術的にも、芸術的にも力の充実しきった、そうして最も安定した形で成熟を示す傑作という点で共通するといったことを、ぼんやり感じていたにすぎなかった。

しかし、改めて《第二交響曲》について考えをまとめてゆくうちに、私には、このともにニ長調で書かれた作品の間には、まるで瓜二つといってよいほどの緊密な関係があったということが自然と分かってきた。

一八七九年のはじめにこの協奏曲が、ライプツィヒで初演されて何週間も経過しないうちにヴィーンで再演されたとき、それを聴いたハンスリックは「ベートーヴェンとメンデルスゾーンの同種の作品が現れて以来、この種のすべての最も重要なものといってよかろう」と書いた。そうして、歴史は、このときのハンスリックのなかば予言的な判断の正しさを立証してきた。

ブラームスがこの協奏曲を書くに当たって、青年時代から無二の親友で、このころはすでに押しも押されもせぬヴァイオリンの大家と目されていたヨーゼフ・ヨアヒムに逐一意見を求めながら仕事をしたことは周知のことである。事実また、作曲家は、はじめからこのヴァイオリンの名手に演奏さすことを念頭においていたのだから、彼が協奏曲の着想をもったとき、まずヨアヒム宛に手紙を出したのも当然のことである。一八七八年八月二二日、彼は書いた。「ところで、こうして書きあげた今になって、パートだけ送ってみたところで、君としてもどうにもできないのではないかと気がついたし、もちろん、私は君に直してほしいのだ。ということは、君はまったく忌憚のないところ――あんまりよく書けていた音楽だから、つい敬意を表してとか、このぶんでは苦労してみるに値しまいとか、そういった種類の言いわけは一切なしに、やってくれないか。『むずかしい』『具合よくない』『不可能』といったことを、書き添えてくれるだけでも結構。全曲は四楽章からできている。私は、おしまいからまず書き出した……」

またしてもフィナーレがまっさきに書かれた！　前に《第一交響曲》や《第一ピアノ協奏曲》を見たときも指摘したが、ブラームスの大形式の楽曲では――終楽章から書き出したか否かは別としても――終楽章に大きな比重のかけてある点が、一つの特徴といってよい。フィナーレが、少なくとも、第一楽章に匹敵するだけの重要性をもつようになったこと。これは彼が新しく音楽につけ加えた独創である。ベートーヴェンに《第五交響曲》《月光ソナタ》といった前例があるとはいえ、それは曲の終わりに向けてクレッシェンド、緊張の高まり、あるいは劇の大団円としての終楽章の意義だった。ブラームスのような意味での重要性をもった曲の構成は、やはりいわゆる後期のベートーヴェンにいたるまで見られなかったといってよいのではなかろうか？作品一〇六の《ハンマークラヴィーア・ソナタ》《第九交響曲》、それから原形での（つまり大フーガを終楽章としたときの）作品一三〇の《弦楽四重奏曲》（第一三番）のことを私は考えているのだが。

ところで、ブラームスは書き進めてゆくうち、中間の二つの楽章――スケルツォと緩徐楽章をはずしてしまった。たしかビルロートだったかが、この二つの楽章がのちの《第二ピアノ協奏曲》に用いられたと書いていたはずだ。そうして、ブラームスは、そのかわりに「情けないアダージョ」を書き加えた。

そのために、完成が遅れたという事情もあったのかもしれない。《ヴァイオリン協奏曲》が書き上げられたのは《第二交響曲》の翌年一八七八年に当たる。しかし、前述のように、この協奏曲の着想は一八七七年の秋であり、その翌年にかけて執筆された。その間にブラームスは、ヨアヒムに独奏のパートを書き送って、遠慮会釈のない批判と訂正を依頼するところまでいっていたのである。ということは、この作曲の時期が《第二交響曲》と並行していたということになる。

ヴェルター湖畔の野原で、ブラームスが摘んだ豊麗な旋律の花は、すべてが《第二交響曲》の花籠におさめられたわけではなかった。いや、こんな曖昧な言い方は避けよう。ブラームスは、同じ根から、この二つの、最も明るくて豊麗な大作を書きあげたのだった。《ヴァイオリン協奏曲》の主題についてみれば、それが《第二交響曲》と姉妹関係に立っているのは疑いようがない［譜例17］。

この［譜例17］のAからFまでは第一楽章の主要な主題と副次的な主題たちである。［譜例17のA］は第一主題。これが《第二交響曲》の同じ第一楽章第一主題［譜例15のB］とどんなに同質のものかは、ことわるまでもないだろう。ただし、協奏曲のそれは完全に主三和音の分散和音であって、交響曲の、ことに冒頭のあのd－cis－dという半音の出始めを欠いている。それでいて、のちに、協奏曲の第一楽章でこの音型がどんなに活躍するかは、つづく［譜例17のC、D、E、F］等に明らかだ。そのうち［譜例17のD］は第二主題であり、［譜例17のF］は展開部で、ヴァイオリン・ソロが、主題の断片を奏するトゥッティに対し、そのうえで変奏曲音型でつきあっている部分からとったものである。これが同時に［譜例13のⓒ、ⓓ］に相当するものであることは、［譜例17］でのCとEの重音が同じく［譜例13のⓑ］と照応することと同じく、ことわるまでもないだろう。

［譜例17のG］は、これに反し、終楽章の第一主題である。この旋律の骨組みを［譜例17のH］に書いてみたが、それが第一楽章の主要主題と同じ、三和音のアルペッジ

ヨを骨子としたものにすぎないのは、これもあえてことわるまでもないだろう。と同時に、この音型は、《ヴァイオリン協奏曲》の全曲を通じて一貫する旋律の生命がいかに3度の動きを核としたものであるかを、これ以上ありえないほど鮮明に示している。全曲を通じて旋律の流れを荷なっているものは3度であって、その間で第三小節と第四小節の間と、第五小節とつぎの小節の間との二回にわたって起こる4度の跳躍、それから第四〜五小節と第七〜八小節の間に見られる6度の跳躍（つまり3度の転回）との二つが、この旋律に終止形風の緊張を形成するのは、ちょうど第一楽章の第一主題の第六小節の第二拍と第三拍の間で起こる6度、それにつづく2度がかもし出すのと同じ機能を与えられている。

また、［譜例17のB］は［譜例17のA］、つまり第一楽章第一主題の終楽節であるが、この旋律的動きが3度の順次進行の反復にすぎず、その間に4度と6度をまじえているという点で、［譜例17のG］とまったく同じものだということも、ここまでくると、もうあまりにも明白で、ことわるまでもなくなってしまう。と同時に、この旋律が、どんなに《第二交響曲》の主要旋律――最も手近かなのは終楽章の主題、つまり［譜例15のA］と近親関係にあるかもおのずから聴こえてくるはずだ。［譜例17のB］の第一三小節以下の反復的な動きのくだりは特に耳につく。

最後に、第二楽章を聴き直してみよう。ブラームスが、あとで書き加えた、「情け

[譜例 17]

ないアダージョ」を。「情けない《アルム》」というのは、もちろんブラームス一流の反語であって、ヴァイオリン協奏曲として破天荒といってもよいだろう長大な両端楽章にはさまれて、オーボエの独奏を中心とした木管合奏で始まるこの楽章が珠玉のような小品であることはみんな知っている。これは《第二交響曲》の緩徐楽章同様、全体との関連がややわかりにくいかもしれない。しかし実は、この主題もまた主三和音（ここはヘ長調なのでf－a－c）の分散和音にほかならないことに気づけば、あとはすぐにのみこめるはずである。旋律の核はド・ミ・ソの三音以外の何ものでもないのである［譜例18のA］。

このふしは、いかにもブラームスらしいふしである。ブラームスの旋律は3度を重ねたものからあまり離れない。のち、彼は、この旋律を歌曲に適用した。作品九四の《五つの歌曲》の第四曲〈サッフォー風のオード〉がそれであり、これもまた彼の最も広く愛される歌となった［譜例18のB］（これもまた原調はニ長調だった）。ついでに言っておけば、《第二交響曲》第一楽章の第二主題は、これまた有名な、あまりにも有名な《ブラームスの子守歌》（作品四九の四）と酷似していることは、すでに気がつかれた方も多かったかもしれないが、それが指摘されているのを読むことは案外ないものである。この子守歌は民謡に起源があるらしいが、四分の三拍子であること、そうして《第二交響曲》の第一楽章もまた四分の三拍子で書かれ、ブラームスがこの交

[譜例 18]

響曲について「陽気で、小さくて、ほとんどどういうこともない作品、要するに一対のワルツからなるものです」（第一楽章のほか、第三楽章も四分の三拍子である）と言っていること、そうして最後に《子守歌》については、この歌の魅力の最大の一つが、旋律とシンコペーションをなしながらワルツのリズムを刻むピアノ声部の存在にあること（ブラームスは友人のひとりに、この伴奏の旋律がワルツを暗示したものであることを指摘した。マックス・フリートレンダー『ブラームスの歌曲』一九二二年）、以上を考えあわせると、作曲者が、この二つの曲の共通性について意識してなかったと考えることはむずかしいのである。とくに《子守歌》は発表当時から爆発的成功をおさめ、作曲者自身少々いやけがさしたくらいのベスト・セラーとして知らぬもののない歌になってしまっていたのだから。

いまさらとも思うが、子守歌の冒頭と、そのオリジナルの民謡のそれを［譜例19のA、B］として掲げておく。［譜例15のD］と比較してみることもおすすめする。

[譜例 19]

〈サッフォー風のオード〉でも、ピアノ伴奏が歌の旋律に対し、シンコペーションで交錯したリズムを作っていた。こういう例はブラームスに著しく目につく。ということは、さすがの大作曲家ブラームスをもってしても、一種のマニエリスムに堕するのは避けがたかったということになろう。そうして、この3度を核とする旋律の形式は、ブラームスに頻出するところの最も顕著な特徴の一つといってよい。

あるいは、これはこう考えるのが最も正しいのかもしれない。つまり、ブラームスは単純きわまりない3度をつかって、くり返し多くの旋律をつくりだし、その多くは、旋律としての魅力があまりにも豊かなため、類型化の危険にもかかわらず、今日に至るまで世界中の人びとに愛されてきたのだ、と。ブラームスに限らない、3度で旋律を書いた作曲家は世界中にどのくらいいたかわからない。ブラームスは、そのなかで抜群の成果をあげた人なのだ。

8

といっても、ブラームスにおける3度の意義は旋律をつくるうえでの技法といったところに終わるものではなかった。《ヴァイオリン協奏曲》でいえば、この3度を核とした歩みは、《第二交響曲》の場合同様、ここでもペンタトニックの旋律の優位をつくりだし、それがこのときにも、曲の全体に牧歌的なのびやかさと明るい豊かさをつくりだす結果になったのだが、ブラームスの作品のすべてが《第二交響曲》や《ヴァイオリン協奏曲》のように明るいわけではないことはいうまでもない。

では、3度は捨てられたのか？　そうではない。ということは、「ブラームスの3度」には、もっと多層的な意味があったということにならないわけにいかないだろう。

では、何がどうなったのか？

《第二交響曲》にもどると、この交響曲の四つの楽章は、（Ⅰ）アレグロ・ノン・トロッポ、ニ長調、（Ⅱ）アダージョ・ノン・トロッポ、ロ長調、（Ⅲ）アレグレット・グラツィオーソ、ト長調、（Ⅳ）アレグロ・コン・スピーリト、ニ長調という組み合わせになっていたのだが、調性のうえで見ると、D－H－Gと長3度ずつおりてきたあとで、最後にDに戻って結ばれるというふうに配置されていることに気がつく。念のために《第一交響曲》を思い出すと、あすこではハ短調、ホ長調、変イ長調、ハ短調、ハ長調という配置であった。つまり、Cを基点に、上に長3度、それから下に長3度と移った末に、またCに戻ったわけである。この両者から導き出されることは、どちらも長3度の関係によって動いているという点である。しかも、《第一》に比べて、《第二》ではその移動の方向が一方に集中し、より徹底している。

では《第三》、《第四》の交響曲ではどうなっているか？　もうこの二曲について、これまでのようにゆっくり分析を進めていく余裕はなくなったし、読者もすでにいくつかの実例によって、私の考え方になじまれたと信じるので、簡単に述べさせていただく。

まず《第三交響曲》。これは第一楽章はアレグロ・コン・ブリオ、ヘ長調。ただし、第二主題はイ長調、つまり上に長3度とったもの。第二楽章はアンダンテ、ハ長調。ここではじめて古典的な属音関係が出てくる。第三楽章ではポコ・アレグレット、ハ短調。これは前者の同名短調。第四楽章はアレグロ、ヘ短調。終わりにいってヘ長調に変わる。以上のようになっていて、前二曲とは非常に趣が違っている。しかし、これをもう少し詳しく見ることにして、楽譜で図表的に表すと左のようになる［譜例20］。［譜例20］のAは第一楽章第一主題。Bはその音程関係を抽出し、Cでその反行（転回）をつくると、このBとCは単に第一主題の旋律とバスの形そのままになるだけでなく、この両者が集まって、第一楽章の導入の二小節の和音が得られることになる。

[譜例 20]

この場合、Cのほうがフルートで旋律をうけもち、Bはファゴットによりバスにまわる。そうしてDは終楽章の主要主題であるが、これがCから生まれたことは一目瞭然である。つぎの[譜例21]は副次的な主題に見られる関係。Aは第一楽章の第一主題の原型とその逆行（鏡状）を綴ったもの（まんなかのFを軸として、最初のCに向かって戻る、といってもよい）。Bは終楽章の第二主題（再現部でのそれ）。Cはそれをイ長調に移調したもの。Dは第一楽章の第二主題。これがCから出たことが疑問の余地なく映し出されてくる。Eは第三楽章の主題。ただし、原曲ではハ短調のものを、わかりやすいよう嬰へ短調に移調した。

《第一交響曲》のときも、長調と短調との組み合わせ（転回によって、長3度が短6度になること）はすでに経験済みだが、それはこの《第三交響曲》ではいっそう中心的役割を与えられる。ここでは《譜例20のBとC》下行の長調と上行の短調とが同時に組み合わされて、導入の二つの和音をつくるわけだが、これがこの交響曲の根本を決定する土台になっている。いかにブラームスが、この長3度と短6度の関係を意識して作曲したかということは、導入の和音が絶対的明確さで示している［譜例22］。

と同時に第三小節から始まる下行アルペッジョの旋律が、つぎの小節ですぐ半音下がってゆく点。つまり、和音としてとらえれば、これは、［譜例23］のようになる。ここに、この交響曲の生命の萌芽があるのである。半音下がってフラットになった音階の第6度。ブラームスには、このフラットへの傾斜が本質的に重要であり、それから抜け出すのは本当に大変なことなのだ。この《第三交響曲》については、F・A・Fの音が、それぞれドイツ語の frei aber froh（自由だが、快活）の音名にあたり、これは、ヨアヒムが愛用していたF・A・Eつまり frei aber einsam（自由だがひとりぼっち）へのアリュージョンをこめたものだという説がある（同じモットーが、ブラームスの《弦楽四重奏曲イ短調》（《第二番》作品五一の二）でも主題になっていた）。たぶん、そうなのであろう。しかし、私には、どうしてもこの曲が特に自由で快活なものとは聴こえてこない。まして、これがブラームスの「エロイカ」だというような説にはとてもついてゆかれない。たとえ、聴くたびに、冒頭の二つの和音が第一主題

[譜例 21]

A

B

C

D

E

[譜例 22]

[譜例 23]

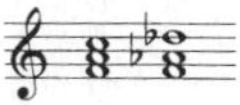

のF音に解決するときのすさまじいまでの緊張にうたれるにせよ。ブラームスの《第三》を「エロイカ」と呼ぶようなことは、ブラームスというと何でもベートーヴェンをひきあいに出したがった十九世紀のある時代の一部の人の悪い習慣であり、つまらぬ冗談だと思う。

しかし、この曲も含め、ブラームスにとって、ベートーヴェンとの関係が並々ならぬ重要性をもっていたことは否定できない。いや、それは、ブラームスの音楽の最も中核の部分にからむ問題なのである。というのは何も彼がロマン主義全盛の時代、小形式の抒情的作品や、あるいはリスト、ヴァーグナーらの新ドイツ楽派の標題楽や舞台音楽全盛の時代に、絶対音楽の砦を守り、大形式の純粋音楽の傑作を書いたというような、特に日本で流行の説に同意するからではない。かつては、私もそういうことを考えたが、今は賛成できない。シューベルト、シューマン、ショパンらのすぐれて抒情的な作品が形式、構成の点で難があるという前提そのものが、すでに何度も見てきたように、私には受け入れられないのだし、ブルックナーをさしおいて、ブラームスを、一口に絶対音楽の砦と呼びきるのも単純化しすぎた考え方だと思う。

ブラームスは、ベートーヴェンとはまるで違う。彼は十九世紀後半の市民社会におけるごく保守的な気質をもった市民的芸術家であって、ベートーヴェンのような人道主義的英雄的音楽家、あるいは革命的市民などではまったくなかった。

私の言うのは、そういう次元での話ではなくて、先ほどからずっと追求してきた「ブラームスの3度」の扱いこそ、彼とベートーヴェンを結びつける最大のきずなだと考えているのである。

9

それに入る前に、もう一つ、3度に関しての典型的な作品を、ごく簡単に見ておきたい。

それは彼の書いた交響曲の最終のものであり、ブラームス晩年の傑作である《第四交響曲》に見られる「3度」である。

以下、簡明直截に図表として書くことにする［譜例24］。

［譜例24のA］の第一楽章の第一主題であるが、見られるように完全な3度の連鎖から出来上がっている。それをいっそうわかりやすく図形化したのが［譜例24のB］。［譜例24のD］は人も知るとおり終楽章のシャコンヌの低音主題であるが、これは［譜例24のC］のそれぞれ三番目の音をとってつくられたものであり、［譜例24のC］は同じ終楽章の第二三二小節以下に出てくる3度の音列である。［譜例24のE］は第一楽章の第二主題で、これもシャコンヌの主題をパラフレーズしたものであることがわかる。

この交響曲については、ヴィーンの音楽学者でオルガニストのルドルフ・クライン

[譜例24]

がオーストリア音楽雑誌にきわめてすぐれた分析を発表しているので、詳細はそれに譲る(ルドルフ・クライン『ブラームスの《第四交響曲》のパッサカリアにおける二重構造技法』オーストリア音楽雑誌、一九七二年一二号。総じてクラインの分析は実に見事なもので、この小論を書くに当たって、私は非常な示唆を受けた。それに自分の考え方が私のひとり合点ではないと、非常に力づよく感じた)。見られるごとく徹底的な3度のくさりが見られ、それがまるで後年のシェーンベルクたちの音列作法のような手つきで展開さ

れたのが、この《第四交響曲》にほかならないのである。

こうして見てくると、ブラームスの交響曲は、四つが四つとも、ことに《第二番》以下のものは特に、「3度の音感」を中心的位置において、作曲されたものであるというほかかなくなってくる。しかも、三曲がそれぞれ多少ずつ、3度の意味と使い方のうえで、変化をもつ。

なぜ、こんなにも3度が徹底的にブラームスによって使用されたのか？——

ブラームスが、若いころハンガリーのジプシー系のヴァイオリニスト、レメーニの知遇を得て、職業的音楽家の広い世界に進出するきっかけをつかんだのは前に見た。ブラームスはレメーニとともに、ハンガリーにも足を入れ、ジプシーの音楽の雰囲気にもたっぷりつかった。彼の《ハンガリー舞曲》がその直接の所産であること、それから、重唱の歌曲《ジプシーの歌》以下、ブラームスには「ジプシーもの」が数多くある。そのジプシーの音楽を聴きまわっていたとき、ブラームスは下行する長3度が立てる響きについて、「音楽の最も胸うつ急所」といった言い方をしている。

この事実を、私たちは、ブラームスが生来下行長3度を好んでいたからこそ、ジプシーのそれを聴いて、なお感銘を受けたというふうに解釈することもできよう。しかしまた、いわゆる増2度を含んだ「ジプシー短調」なるものがあり、これは果たしてジプシー起源のものか、それともマジャールのものかの詮索は別としてこの音階には、二つの増2度（hとas、fisとesの間）が含まれているのは、［譜例25］に見るとおりである。

若いブラームスの耳には、この響きが終生拭うことのできないような強烈な印象を与えた。少なくとも、そう考えていけない理由は、さしあたり、私にはないように思われる。そうして、ここで生まれた下行長3度（cとas、gとesの間）は短調音階のときより、彼の心には、もっと痛切に響いた。彼は、レメーニと一緒に、各地を演奏してまわったころ、聴衆に求められて、チャルダシュその他を弾くレメーニのヴァイオリンに合わせてピアノを弾くのを大いに好んだという（ブリュイール、前掲書、三〇ページ）。

それにジプシーぶしは、ブラームスの熱愛していたシューベルトやハイドンの音楽を通じて、彼には親しいものだった。

だが、このほかにもう一つ、大きなきっかけがある。こちらはジプシーというような、やや「うさんくさい」由来のものではない。れっきとしたヨーロッパ系統の中心に位置している大音楽であり、近代のMusique savante の中でも最高のものの一つ、つまりベートーヴェンの音楽の中に見いだされる「3度」である。しかも、特に「後期」のベートーヴェンの音楽の中にある「3度」である。

［譜例25］

ブラームスは、作品一のソナタで、すでにベートーヴェンの《ハンマークラヴィーア・ソナタ》の出だしのリズムと音型をそのままとったことに見られるように、早いときから、ベートーヴェンの後期の作品を知っていた。しかし、《ハンマークラヴィーア・ソナタ》からブラームスが学んだものは、こういった冒頭の主題の引き写しといった表面的なものにとどまらなかった。

作品一〇六の《ハンマークラヴィーア・ソナタ》こそ、「3度の音楽」をモニュメンタルな規模で築きあげた大伽藍にほかならない。このソナタの詳しい分析は、この小論の枠にはおさまりきれるようなものではないので、ここでは大急ぎ、本論に関係するところだけにふれておくが、まず、このソナタは四楽章からなり、第一と第二楽章は変ロ長調だが、第三楽章の長大な緩徐楽章は嬰ヘ短調という突飛な調性に移っている。しかし、これは変ト短調の同名異調的書き方なのであって、元来は変ロ長調に対する下行長3度のgesを主音としたものなのだ。そうして、このアダージョ・ソステヌートにつづく終楽章はまた変ロ長調に戻るのだが、この間に両楽章をつなぐ部分があり、そこでは、バスが3度ずつの下行を何回となくくり返すことによって成りたつ音楽がくり広げられるのである。

わかりやすく図表にすると、こうなる［譜例26］。気も遠くなるような3度の連鎖であり、その徹底性と偏執狂じみた執念深さにおいて、音楽の歴史にほかに比べるもの

[譜例26]

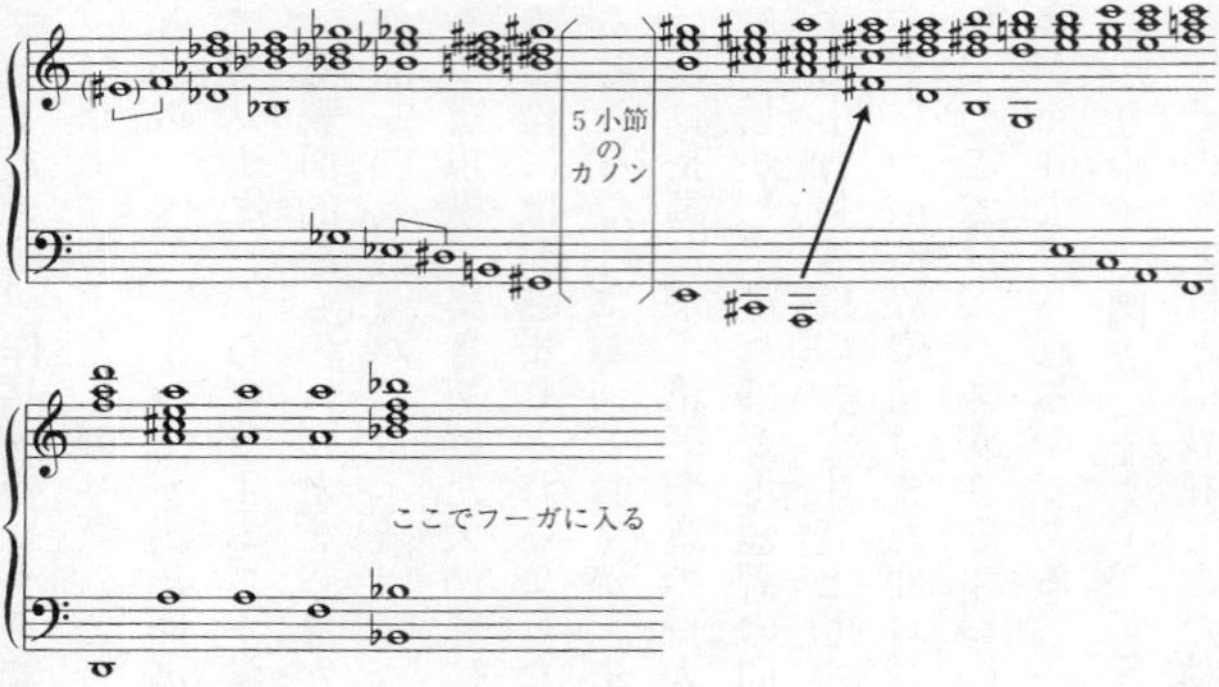

のないページとなっている。そのうえ、「3度」はフーガに入っても、なお止まず追求されるのだが、それはこのへんで打ち切って、第一楽章に戻りたい。第一楽章で注意をひくのは、まず第一主題が変ロ長調であるのに、第二主題はト長調で提示され、それから展開の部が変ホ長調で開始され、ロ長調にゆきつくという点である。つまり、ここでも長3度ずつの下行関係で調性が配置される。こうやっていった末、ロ長調に到達したわけだが、これは変ロ長調と半音のずれがある。ということは、3度ずつずらしてとってゆくと、出発点からみて半音ずれたところに到達するということであり、この半音のずれ、当時の西洋音楽の音感からいって、二つの音に許されるぎりぎりの不協和音の関係が生む緊張、これが、音楽を前進さす力になるということで

［譜例 27］

ある。
　それをこれ以上考えられないほど率直に、ぶっきら棒に提示しているのが、第二楽章の終わりで、この終わりから一七小節目から四小節目にいたる一三小節は、間に一個所、d－fisという動機が入るけれども、それを除けば、ほかに何もない、ただもう、b音とh音の衝突でできているのである［譜例27］。
　この音楽史上まったく比類を絶した巨大なソナタでは、全曲ことごとくが、3度関係での和声の動きに支配されているといってよいくらいなのだが、その詳細はここではとても語りきれない。(8)あとはもう一切のことに目をふさいで、ブラームスとの関係に注意を集中させよう。

今見たように3度の関係は、それを何回か重ねてゆくと、そこに主音と属音との関係とは違う緊張が生じてくるわけである。一方で3度の上行を重ねるのと、他方で下行を重ねるのと――たとえばcから出発するとしてc－e－g－hとゆくのと、c－a－fとゆくのと、という具合にとってゆくと、そこにhとfの増4度（いいかえれば、減5度）という不協和な関係が生まれてくる。ここではもう深入りしないが、《ヴァイオリン協奏曲》の場合も、これがあったのであって、そこに、この曲は、それまでの協奏曲、特にピアノと違ってヴァイオリンの独奏をもつ協奏曲に前例を見ないような大きな規模の広がりをもつ音楽とならなければならなくなるについては内的必然性があったのである。これは、ブラームスが大作を書こうという野心をもったといった種類の外面的な事情とはまったく違う次元のことなのである。むしろ、少し危険な言い方だが――というのは、まだ、これだけで十分に根拠づけられていないからだが――、それまでの音楽家たちが5度と4度を中心に――あるいは主音と属音による調性の変化によって――生まれた、緊張とその解決というダイナミズムを形式の軸にしていたのと違って、ベートーヴェンに始まりブラームスにおよぶロマン主義の音楽では、3度の転調をトニカ、ドミナンテと同じくらい重視したことから、形式ははるかに拡大しないわけにいかなくなったというほうが、まだ、事態の真実に近いのかもしれないのである。少なくとも、ベートーヴェンの「後期の作品」たち、それから今見てきたブラームスの大作などでは、3度の転調が、第一主題と第二主題の間に以前よりさらに重みをもった推移楽想の提示を必要とし、それから、第二主題のあとにもまた、より独立性の強い終止の楽想（古典的ソナタの提示部におけるコーデッタにあたる）を強く要求するように傾斜していった。

10

そのすべてが、ブラームスの場合、ベートーヴェンから引き継いだものだというのは一面的かもしれない。ブラームスには、バッハから得た対位法的ポリフォニーの思想も、深いところまで及んでいた。これは、何も無伴奏合唱曲や晩年のオルガン曲といった特殊な例を見るまでもない。例はごく早いころから見られ、作品五の《ピアノ・ソナタ第三番》での、あの精緻をきわめた主題の動機的処理、ことに拡大、縮小を縦横にまじえたリズム上の扱いは、その最も早いころの、そうして実に見事に成功した例といってよいだろう。そうして、こういうことを通して、ブラームスはバッハからさらに溯って古音楽の息吹きを求めていった。

ベートーヴェンから得たものということになると、これは交響曲や協奏曲といった大規模な構成の中での調性の配置云々といった次元だけでなく、さらに細部における音楽の流れ、特には和音のそれにまで及んでいた。この場合も特に「後期のベートーヴェン」に特性的な和声がブラームスの特別な関心をひいた。

それを今度は小さな曲の例で見てみよう。

一八七九年、《ヴァイオリン協奏曲》を発表した翌年の夏も、彼はペルチャッハに休暇を過ごしにいった。私たちは、《第二交響曲》の書かれた一八七七年から七九年にかけての三年間を、ブラームスのペルチャッハ時代と呼んでみることも可能だろう。というのも、七九年はまたあれほど仲のよかったヨアヒムとの関係がひどく悪化してしまった年で、不和は手のつけようのないところまでゆき、のち和解はしたものの、ついに往年の真率にして全面的な友情は帰ってこなかった。それとどう関係しているのか、ブラームスは、この年を最後にペルチャッハ行きをやめてしまうのである。《第三交響曲》は、このあと四年たった一八八三年に書かれることになる。その当時、ブラームスの精神状態は極度の depression の下にあり、「外面はみんなと一緒に冗談は言っているけれど、心の中ではもう笑うことなどまるでなくなったのだ」と親しい友人に打ち明けているくらいだった。そのせいか、この年の作品の目録には《第三交響曲》しか載っていない。

話が少しわき道にそれたが、私としては、このころから、ブラームスの精神状態が前とかなり変わってきたのではないかという感じをもっているのである。ブラームス当時五〇歳。そろそろ、秋の気配が濃く漂いだす。それは、この交響曲にも多分に反映しているのであって、活発に開始されるこの曲の四つの楽章が、すべてデクレッシエンドの*p*で終わっているのは、その最も表面的な目印である……。

一八七九年の夏の休暇に入る前の五月のこと、ブラームスは、のち作品八五の《六つの歌曲》として発表されたもののうち、〈第一〉、〈第二〉にあたる歌を書きあげた。詩はともにハイネの『帰郷』（Heimkehr）におさめられているもので、一方は、〈夏の夕べ〉（Sommerabend）もう一方は〈月影〉（Mondenschein）という題がついている。御承知の方もあろうと思うが、この二曲は、ともに変ロ長調四分の四拍子の「ゆっくりと」（langsam）として書かれているばかりでなく、歌のふしとそれに添って動く伴奏の対位線との両方にそっくり同じ旋律と音型が使われているのである。この対位旋律はとてもきれいに書かれており、ブラームスの声部誘導の書法の熟練と高い音楽性を遺憾なく示している。歌とピアノの上声部を、冒頭の四小節だけ、引用してみよう［譜例28］。

見られるように、ブラームスの得意の3度の動きを核とした旋律であり、分散和音の扱いを生命としたものだ。それにしても、もともと違う詩につけたものだし、この個所の歌詩も、もちろん、同じではない。どうして違う詩に同じ音楽をつけたか。ブ

[譜例 28]

ラームスは友人に、「詩は別でも、どっちの詩にも月の光が出てくるし、音楽家としては、きれいに書けた四行の音楽が、たった一度しか使えないなんて残念な話だ。少し変化をつければ、くり返し使ったって、何ら差し支えないのだから」と説明したという話が彼の親友だったマックス・カルベックの本に出てくる。いかにもブラームスらしい考え方である。ブラームスには、この種のことは、ほかにも、たとえば《雨の歌》のように、ほかにも例がないわけではない。

しかし私の興味の焦点は、この先にある。この一対の二番目の作品〈月影〉は、はじめに八小節の導入をつとめ、和声の不安な部分があり、そのあとに、今引いた、前曲と同じ旋律で書かれた一〇小節がくるのだが、それにさらに一〇小節の楽節が続く。ここの和声が、非常に印象的なのである。楽譜をそのまま引用するのも煩らわしいから、和声を和音にして図解してみると、こうなる［譜例29］。

和音の上に書き込んだのは、終わりから数えての小節の順である。

[譜例 29]

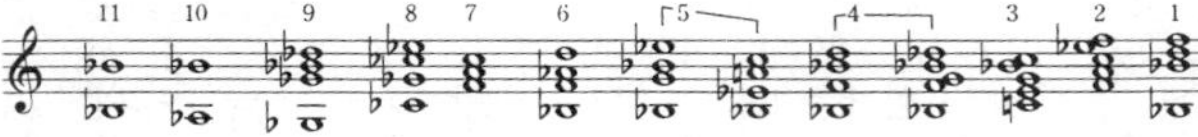

こうして、変ロ長調から変ト長調に急速に転調され、それからces、f、b、esにいったのち、ドミナントのfから再びb、つまり変ロ長調にもどる。そうすると、ここでも、まず下行長3度があり、そのあとは5度ずつ移ってゆくわけだが、ces（つまりh）とfとの間に減5度（増4度）のきしみが生まれる（終わりから第八と第七小節の間である）。しかし、この第一一小節から第八、第七小節にかけての和音の動き。これはベートーヴェンの後期の作品にみられる和声法の中でもとりわけ強い、場合によっては身の毛のよだつような印象を与える動きであった（シューマンは、ベートーヴェンのこの和声を「深淵が口を開く」といった言葉で呼んでいた）。ブラームスは、それを、この一見地味な小曲の中で使う。わずか数個の和声の動きであるが、強い印象を与え、一度それに気がついたものは、簡単に忘れることはできない。

と同時に、後期のベートーヴェンの《ミサ・ソレムニス》とか《第九交響曲》、あるいは四重奏曲やソナタのような作品の中での出来事としてでなく、わずか三〇小節たらずのピアノ伴奏の独唱歌曲の中で、同じような地すべりがあり「深淵」が開かれるのを体験するというのは、それだけ凄いようでもあり、しかし、どこかでout of placeという感じも与えかねない。それが、この〈月影〉のような例では、「場違い」という感じをまったく残さない。こういうところにも、私は、ブラームスの大家としての手腕を見るのである。

11

ブラームスの音楽というと、まず、私たちの頭に浮かぶのは、「秋の思い」であり、ヴィオラやクラリネットの渋い音色である。で、私たちは彼がやわらかで低い声の持ち主だったように思いがちだ。ところが、彼はむしろ甲《かん》高い声で話した。歌うときもアルトやバリトンではなかった。

ローベルト・シューマンとクララの孫にあたるフェルディナント・シューマンが、一八九四年ブラームスの外貌について、彼の日記の中に書き残しているところによると、当時六一歳の巨匠は、「もういくらか灰色になった髯を顔いっぱいにはやした、小柄な肥った紳士だ。その目は驚くほど独特な青みを帯びている。髪は、かなり長くうしろにのばし、カラーをおおっているが、揃って刈られて」いた(門馬直美、前掲書、一三七ページ)。

ブラームスは、若いときから髯があったわけではない。彼の二〇歳前後の写真が何枚か残っているが、それはみなまるで若い鷲のような誇りを秘めた内省的な深さと純潔さで飾られた美青年の肖像である。ただ、写真を見ただけではわからないのは彼の身長で、ブラームスはかなり背が低かった。リヒャルト・ヴァーグナーの身長については一六三センチという記録が残されているが、ブラームスもそれとほとんど同じだったらしい。一六三センチといえば、西洋人、それも北方系に属するドイツ人としてはかなり目立って低いほうである。ブラームスには、少年時以来ずっと女性に対するとき、何かあるコンプレックスがあった形跡が濃厚であるが、それはこのまれにみる美青年でありながら背の目立って低かったという事実と関連があるのかもしれない。しかし、「驚くべき青みを帯びた目」というのは、よほど美しかったのではなかろうか？　私も、かつて、あるドイツの男性で青い瞳がまるで宝石のような光を帯びているのを見て、思わず魅入られるような気になったことがある。

「どれほどあなたにお会いしたく思っていることか！　どんな物音を聞いても窓辺に駆け寄ります。あなたのことばかり思っているのです。お願いですから、ぼくを忘れないでください」（一八五五年五月）。

このクララ宛の手紙が書かれてから、一八九四年、クララの孫が前述の肖像をスケッチしたときまでの間に、四〇年という歳月が流れた。そうして、そのときになっても、ブラームスはクララへの憧れから完全に解放されてはいなかった。事実、フェルディナント・シューマンの日記の一節は、ヨハンネスがフランクフルトの家でクララと、そこに久しぶりに、ヨアヒムも加わり、三人で音楽を楽しむ最後の機会をもったときに書かれたものだった。ブラームスは仕上げたばかりの最晩年の作品《クラリネット・ソナタ》をクララに聴かせたいばかりにクラリネットの名手、ミュールフェルトをその席に呼び寄せた。「七五歳になったクララは、聴覚も衰えていたが、譜めくりを買ってでて、眼と心でブラームスの音楽を味わい、幸福感にひたった」（門馬直美、前掲書）。

しかし、この四〇年の間、ブラームスの身辺は何人かの女性の姿でいろどられている。

ゲッティンゲンの大学教授の娘で「曙のように麗しい」「アマティのヴァイオリンのような声をもつ」といわれたアガーテ・フォン・ジーボルト。彼女とは婚約までした間柄だったのに、ブラームスは旅先から、自分は創作生活を続けるためにいつまでも自由の身でいなければならないからという手紙を出して、彼女との関係を絶ちきった。無慚な話である。ただ、ここから彼女のために書かれたいくつかの歌曲のほかに――その中には、四分の三拍子が八分の六に移ってゆく作品四三の一の《永遠の愛》もある！――《弦楽六重奏曲》が作品一八の変ロ長調と作品三六のト長調との二曲が生まれた。恋愛小説というものがあるように、もし恋愛音楽と呼べるものがあるとすれば、この二曲はまさにその典型的なものだといってよい。それは一世紀以上たった今でも、すべての恋人たちの心をひき寄せるに足る。しかも、この二曲は、こんなに違うのに。

このアガーテとは一八五八年から翌年にかけての交際だった。

一八六九年の夏には、ローベルトとクララの三女ユーリエへの恋が来る。それは当時五〇歳になったクララには驚くべき不意討だったらしいが、ブラームスの心の中に起こったことは、クララを愛していることがユーリエへの恋の形をとったといってはいけないのだろうか？

「私の見てきたすべての存在を変貌させてしまう歳月の営みは、生きながらえているすべての女性たちを、私が記憶しているものとは、あまりにもちがうものにしてしまった。私は、自分でそこ〔この認識（吉田）〕に到達しなければならなくなったことに悩んだ。というのも、時間はすべてを変化させるけれども、私たちが彼らについてもっているイメージは変えないからである。私たちの思い出のなかであんなに新鮮さを残しているものが、実際の生活の中では、同じ年齢の存在の中に、つまりちがう人物の中に探すほか、二度と見いだされないことがわかってくる時、この存在の変質と追憶の不動性の対立ほど悩ましいものはないのである」（プルースト『失われし時を求めて』）。

恋に年齢はないけれども、すべての恋人は、年齢なしにありえない。ユーリエ・シユーマンはヨハンネスおじさんよりも若い伯爵を選び、同じ年のうちに結婚してしまう。この恋からは作品五二の《愛の歌のワルツ》が残った。しかし、この事実は、ブラームスが、クララのほかに何人もの女性たちを愛したとしても、それは、クララと完全に別のものとして愛したかどうかに疑問をさしはさむにたる鍵を与える。プルーストの言うように、若い日の恋人を絶えず愛しつづけようとするとき、彼はいやおうなしに別の女性の中に、それを求めなければならなかったのかもしれないのである。

12

一八七四年は、エリーザベト・フォン・ヘルツォーゲンベルクとの再会。彼女とは、彼は一八六三年三〇歳でヴィーンのジング・アカデミーの指揮者に就任したころ、相識《し》ったのだった。「彼女は当時一六歳。つまりジュリエットと同年だったが、ブラームスは自分に三〇歳のロメオを演ずる力があろうとは思わなかった」（ブリュイール、前掲書）。

それから一〇年経った一八七四年、二人は再会したが、このとき彼女はすでに結婚していた。「彼女がコジマあるいはマティルデでなかったように、ブラームスもヴァーグナーでなかった。彼は夫妻の友人にとどまった。だが、その友情には嫉妬の苦い味が伴った。彼は、仕事机の上の彼女の写真を絶えず眺めながら、ほとんど一作ごとに彼女の助言と批評を乞うた――クララの時と同じように。しかも、この仕事机の引き出しは、何度も開けられたが、そこには彼女の手紙の束がしまいこまれていたのだった」(ブリュイール、前掲書)。

エリーザベト・フォン・ヘルツォーゲンベルクの存在は、ブラームスの生涯と創作にとって、ほとんどクララに劣らない大きな役を演じた。いや、ブラームスは、しだいにこの二人の間にほとんど差別をおかなくなる。それについては、もう一度もどってこなければならないだろう。

ところで彼女には、かつては作品三五の《パガニーニ変奏曲》、それから再会後には作品七九の二曲の《ラプソディー》という具合に、ピアノ曲が献呈された。これは妙な選択ではなかろうか？　《パガニーニ変奏曲》は、もともとが名人芸の魔物のようなタウジッヒのために書かれたものである。ブラームスが、選りに選って、「知性と機智、才能と美、およそ妖精のようにあますところなく天分にみたされていた」(ブリュイール、前掲書）といわれる美女に、ピアノ演奏のメカニックな面を容赦なく最極端まで押し進めたような、手ごわい、無愛想な作品を捧げたというのは、どういうわけだろう？　これもブラームスの有名な悪ふざけの一つであったのだろうか？

彼女は、音楽のすべてについて並々ならぬ才能に恵まれていたにせよ、特に、歌についての敏感だった。そうして、ブラームスの伝記をひもとくと、必ず作品三二の《九つの歌曲と歌》は彼女によって霊感の与えられたものだという言葉にぶつかる。

　この九曲からなる歌曲集を要約して、ブラームスの歌曲について（いや、総じてドイツ歌曲について）の最もすぐれた研究家のひとり、マックス・フリートレンダーは「ここには、作曲家自身の人生経験の足跡が見られる。彼は、ひとりの美しい、デモーニッシュな女性の魅力から逃れようと試みるのだが、結局それに完全に降伏してしまうのだ」（M・フリートレンダー『ブラームスの歌曲』、一九二二年）と言っている。私も本当にそう思う。〈第一曲〉の、まるでシューベルト《冬の旅》の〈凍結〉を思わせる大きな悲劇的な開始。〈第二曲〉のレチタティーヴォとアリオーソの間を歌というよりも、迷っているような、しかも、まったく装飾のほどこされなくて表現がすべてであるような沈鬱さ。私は、その一曲一曲についてゆっくりとまってはいられないが、これが、評家のいうように、エリーザベトから霊感された曲たちだとすれば、ブラームスの芸術は、それによってまた一つの前進、いや深化をとげた、といってもよいと考える。

　ところで、この曲集の最後は、詩人のダウマーがゲーテの『西東詩篇』ばりにペルシアの詩人ハーフィスによって作詞した、ばらの園をゆく恋人を歌う曲である。〈わが女王、君はよろこびにみちて〉（Wie bist du, meine Königin）であって、これはブラームスの全歌曲を通じて、最も人気の高い歌であることはいうまでもない。事実、ここでは、すべてが馥郁たる香りと豊かな美の調べでないものはない。完全に均整のとれた節度と肉感的なまでに官能的な響きとが、こんなに見事に一体となった歌曲は、ほかにないのではないかと思われる。まるでヴァイオリン・ソロか何かのように歌声のオクターヴ上を滑ってゆくピアノの上声から、各節ごとに変化されてゆく結びのオーケストラのようなポリフォニックな書法の鮮かさ。冒頭を（小さな変化をつけて）くり返したあと、変ホ短調から始まる中間部は、これまで太陽のきらめいていたばらの園から突然陰影の多い庭に移ったときのような変化を作りだし、夢のような美しさをもつ。これもすべて三一歳の青年にしてすでに大家の風格を備えたブラームスの手腕を語らずにおかないが、私はさらにそのあとにくる最後の詩節と、「君の腕の中で私の生命を終えさせてほしい」のあと「君の腕の中ならば、たとえ臨終の苦しみがこの胸に吹きすさぼうと、死でさえも、歓喜にみちたものとなるのだ」に当たる部分で、音楽が一挙に別な軌道にのり移り、それからまた変ホ長調の終止形に向かってゆく結びの仕方に注目を促したい。以上の動きはすべてこのうえなく単純で、しかも表現的であり、多彩に描かれている。

その一つとして、各節の結びにくる「よろこびにみちて」(wonnevoll) の一言の扱いだけ見ても興趣はつきない［譜例30］。

ところで、この下降6度で旋律を終結さすというのは、ブラームスに頻発するもの

[譜例30]

で、すでに、この歌曲集作品三二の中でも、〈第五曲〉、〈第七曲〉がそうやって結ばれていた。それから作品六三の第三、五（これはクララの息子フェリックス・シューマンの詩による有名な歌〈わが恋は緑〉である）、第六、七曲がそうであり、その前の作品五八の第五、六、七、八曲もそうだった。そのほか、これ以外にも少なくない。したがって、この下行6度はブラームスの一種の常套手段とみてもよいのだが、実はそれ以上に深い意味をもったものなのである。そのことはのちにみることにするが。

13

エリーザベトには、ブラームスは、始終かつてクララにしたように、作品が書きあがるとそれを送って、意見を求めるのだった。その中には、見せられた相手にとって必ずしも楽ではない役割を負わせる結果になるようなこともあった。つまり、ブラームスは、あの歌曲集にみたような熾烈な恋を抱いていたにせよ、結局ヘルツォーゲンベルク夫妻とは終生の親友としてとどまり、その間別の女性が彼の生活をめぐって現れることをやめなかった。そうしてブラームスは、その女性たちのために書いた作品（というのは具体的には彼女たちが職業的音楽家であろうとなかろうと、いずれも美しい声と、それにプラス何ものかをもったところの「歌う女性」たちであり、ブラームスはその人たちに合わせて歌を書いたということにほかならないのだが）でさえ、この親友夫妻に送って、意見を求めることをやめなかった。そういうとき、エリーザベトは、必ずしも自己克服なしには、公正な意見を述べられなかったろう。しかしブラームスには依然それを彼女に求め、彼女はまたそれに応じることをやめなかった。それどころか、ブラームスがたまにそうしなかったときは、彼女は明らかに苦痛を覚えたのである。同じことはまた、クララにもあてはまる。クララは、ヨハンネスが、彼女だけでなく、いや、だんだん彼女をさしおいて、ヘルツォーゲンベルク夫妻に作品の草稿を送るのを見て、苦しんだ。時には、それが両人の間の不和の直接の争いの種になることもあった。それにもかかわらず、のち、その作品を聴いて、それが気に入ったときには、彼女はほかの何ものからも求められない深い満足感、幸福感を味わうのだった。

人間の不思議。いや、そんな漠然たることでなく、私には、ブラームスを調べているうちに、だんだんクララとエリーザベトが重なりあって見えてくる。ブラームスにとって、この二人は、二人であって、しかも一人だった。このことについては、あとでまた帰ってこなければならない。今は、先にゆこう。

一八八三年、ブラームスはヘルミーネ・シュピースを知る。彼女は、ブラームスの《美しきマゲローネからのロマンス》(作品三三)を初演したユリウス・シュトックハウゼンの弟子だった。読者は、あまりにも顔色のわるい酒場のピアノ弾きだった一四歳の少年に田舎の良い空気を吸わせてやろうと、父の友人から田舎に招かれたとき、そこの娘のリーザと手をつないでリューネブルクハイデの荒野を歩きまわった末、ヨハンネス少年が草原に腰をおろしてリースヒェンと頰を寄せあってティークの『美しきマゲローネ』を読んだことを忘れないでいるだろうか? その本には、こう書いてあった、「まことの愛は永く続き、愛らしく清らかな天上の愉楽はけっして消えることがない」と。ブラームスはのち、その『マゲローネ』からロマンスを選んで、一八六一年から六九年にかけて全一五曲を作曲したのだった。そこには、また、こうあった、「まことの愛は終わらず、必ず再会する」。

ところで、シュピースは単に魅惑的な微笑みをもつばかりでなく、暖かい豊かなアルトの持ち主だった。初めて彼女に会ったのは、親友の家でだったが、そのとき彼女は《甲斐なきセレナーデ》(作品八四の四)を歌った。「ブラームスはひと目で彼女が気に入り、歌の伴奏を買って出たほどだった」（ブリュイール、前掲書）。

彼女を識ったこの年は、また《第三交響曲》が生まれた年である。そうして翌年は作品九一、九四、九五、九六、九七の歌曲集が立て続けに書かれた。伝記作者たちは、また、《第二チェロ・ソナタ》《第二ヴァイオリン・ソナタ》《第三ピアノ三重奏曲》（各々作品九九、一〇〇、一〇一）それから作品一〇五、一〇六、一〇七の歌曲が生まれてきた一八八六年という年の豊かな実りについても、これがシュピースとの交友の幸福な光の下にあったと考えたがる。

この二人は「父と娘ほど年齢がちがっていたが（傍点吉田。ヨハンネスの父と姉の結婚を思い出す）、ハンブルクあたりでは、二人が早晩結婚するのではないかとさえ考えられていたくらいに、親しくつきあった。さらに、ブラームスは、機会をつくっては、何とかしてシュピースに会おうと努めさえした」（門馬直美、前掲書）。

そのうえ、この年の夏はブラームスにとって、恋のほかに、名誉にめぐまれた年であり、六月ケルンで開催されたライン音楽祭で、彼の《第二ピアノ協奏曲》が演奏され、リストのそれにまさる評判を得たのである。このあと、彼はライン河畔のリューデスハイムの友人の家に呼ばれたが、そこにはヘルミーネも招待されてきた。彼女は日記に書く。「ナイティンゲールが声いっぱい歌っているこの小さな楽園のなかで、比類ない音楽的感興のいく日が過ぎた。私は毎日、度を失うほど圧倒され、酔いしれ、

［譜例 31］

［譜例 32］

有頂天になった」（ブリュイール、前掲書）。

ブラームスの旋律に一段と豊麗甘美な趣が加わったのは、まさにこの一八八三年前後から八六年にかけてということがいえないだろうか？

それは、ある時は、まるでフランスのシャンソンのような甘さに近づく［譜例31］。

あるいは、R・シュトラウス（《ばらの騎士》）を先どりしているようなメランコリーと肉欲的な憧れ［譜例32］。

それから、まさに、有名であるべくして有名な、あふれるような旋律に飾られた《第二ヴァイオリン・ソナタ》（作品一〇〇）。いや、このソナタでの旋律は飾りではない。それはこの音楽の生命の中核そのものなのである。第一楽章の主要主題と副主題は、両方ともブラームスの歌曲の旋律と瓜二つだし、終楽章の主題たちも、また、作品六三の五の〈わが恋は緑〉や作品一〇五の四の〈墓地にて〉を思い出させずにおかない、とブリュイールは言っている。さらに彼はこう書く。「ここには幸福な憂愁といった雰囲気が漂っている……夏の終わりごろ（以上の三つの室内楽はこの夏に書かれた）、ヘルミーネは妹のミンナをつれてトゥーンにやってきた。ミンナは日記にこう書いている。『それは夏の終わりのある一日だった。開かれた窓から、太陽の金色の光が射しこんでいた。湖岸の花は水面へかしぎ、微風は私たちにすべての花の香りを運んできた』。ヘルミーネは歌った。あの新しい歌曲〈調べのように〉を……。日記はこう結ばれている。『月が湖の真上にのぼっていた。私たちが巨匠にさようならを言おうとしたとき、この湖を、光と音楽に満ちた小舟が一隻過ぎていった』」（ブリュイール、前掲書）。

作品九九、一〇〇、一〇一の三曲の室内楽は、この愛の夏の間に生まれたものだった。

知らない人もないと思うが、ブリュイールのいう〈調べのように〉（Wie Melodien Zieht es mir）、それから作品九七の五の歌曲〈早く来て〉（Komm bald）と《ヴァイオリン・ソナタ第二番》の第一楽章の主題たちを、思い出の手がかりのために引用しておこうか［譜例33］。

私は大切なことを書き落としてはならない。このソナタを聴いたときクララはこういった。「ヨハンネスのどの作品も、かつてこれほど私を有頂天にしたことはありません。ほんとうに幸福で、久しぶりに幸福感に浸っております」と。ブラームスの女性に向けた音楽は、それが真のものであればすべてクララに通じたのだった。

[譜例 33]

第1楽章第1主題

op.97の5、歌曲
(Komm bald)

第1楽章第2主題

op.105の1、歌曲 (Wie Melodien zieht es mir)

作品九七の五の歌曲は、ブラームスの伝記作者カルベックが、いかにこれが「美しく、才能に富んだシュピースに対する作曲家のやさしい思慕の念と深い関係のあるものか」を詳しく報告している（M. Kalbeck, *Brahms Biographie*）。この作品九七は全六曲がすべて女声用に書かれたものだった。

同じように《五つの歌曲》（作品一〇五）のほうも、はっきり低声（つまりアルトないしバリトン）用と表題にあることからも、これがはじめからシュピースのために書かれたことがわかる。といっても、〈早く来て〉が、ブリュイールの言うように「求愛」の歌だとすれば、こちらの歌曲集、ことに最初の二つの歌曲、つまり第一の〈調べのように〉と第二曲〈わがまどろみはいよいよ浅く〉の二曲は、ブラームスの心から生まれた最も内省的で、精神の沈潜した緊張度の高いものに属する。といっても、そこに底流するものは、憂愁であれ、哀調をおびた訴えであれ、すべては愛の心から生まれたものであることは、誰にも即座にわかる。

さきにふれたように〈調べのように〉のはじめが《ヴァイオリン・ソナタ第二番》の第一楽章の旋律になったとすれば、〈わがまどろみはいよいよ浅く〉のそれは、《第二ピアノ協奏曲》の緩徐楽章のあの甘美と憂愁を極めたチェロのソロで歌いだされる主題にほかにならないことは、いうまでもないだろう。

年来の心の友、エリーザベト・フォン・ヘルツォーゲンベルクは、この歌曲集についていて、いつものように原稿を作曲者から直接ではなくヘルミーネを経由して送られたのだった！　ブラームスという人は、ときどき、こういう無惨なことをしかねない人だった。しかしまた彼は、それだけ「友情」の真実を信じていた。私にはそうとしか考えられない。

エリーザベトは、この歌曲集について、作曲者にこう書いた。彼女の人柄と教養の並々でないことの一つの例として、少し長くなるが、彼女の手紙から重要な部分を引用してみる。

「ここで、ごめんを蒙《こうむ》って、シュピースさんの二つのアルト用歌曲〔ここには、軽い嫉妬の影がある？――吉田〕を書き写したこと、それから、二曲ともとても好きになったことを告白させていただきます。といっても先刻御承知の私の無礼ぶりに免じていただいて、二つばかりあえて申し上げさせてもらいますけれど——嬰ハ短調の歌曲〈わがまどろみはいよいよ浅く〉の中のいくつも続く四六の和音はあれでよろしいのでしょうか。特に第二節の結びで、ト長調、変ロ長調、変ニ長調と続くところは、ずっと四六の和音の連続ですけど、いままで、あなたのものでこういう例がありましたかしら? 私には、こんなひどい例は一つも思いあたりません。それに、私には、あの個所の憧れにかられたところでは、あなたが何か別の表現の仕方をさがしていらっしゃったのじゃないかという気がします。あなたのなさりたいことは、私にもはっきりわかります。しかし、あなたのなさり方は、いつものブラームスにふさわしい美しさがありません。そうして、私の中の何かが『痛い!』と声をあげるのです。こんなに美しくて、静かに暮れてゆくやわらかな歌曲のことを考えると、急に額を平手打ちするような書き方をなさる。本当にひどい方。奇妙に抽象的な歌詞をもったイ長調〈調べのように〉の中では旋律の暖かい流れがとてもうれしく、大好きで歌っています。でも、結びのところの曲がり角はとても骨が折れます。私は、結局それに慣れてしまい、自分がイ長調になってしまうまで、何度も歌ってきましたけれども、はじめのうちは、苦労するわりになかなかうまくゆきませんでした。私には、イ音がまだニ音の属音みたいに感じられるのです。ほかにもまだ歌曲を机の引き出しにしまって

いらっしゃる?〔前述のように、ブラームスの机の引き出しの中には、長い間、エリ
ーザベトからの手紙の束がしまってあった。彼女はそれを承知で、こういう謎ときめ
いた言い方をしたのかどうか?――吉田〕……ごめんなさい。あなたの歌が私をどん
なに幸福にするかは、よく御存知のとおりです」(一八八六年一二月)。
エリーザベトの指摘した四六の和音の連続は、作品一〇五の第二の終わりから一一小節目から第七小節の頭にいたるまでをさすのだ。私など、すでにこれに慣れてしまったためか、何の抵抗も感じさせられない。それどころか、急迫する呼吸のような、胸の底からつきあげてくるような、抑えても抑えきれない憧れの気持は、むしろ、この四六の和音の連鎖のほうが、言葉よりもずっとよく表現に成功していると言いたくなる。この和声の動きはまた、「私が血の気もうせ冷たくなったとき、五月のそよ風が吹く前に、森のつぐみが鳴く前に」からあとに続いて「あなたは私に、もう一度会いにこないの? 来て! おお、早く来て……」と切れ切れに歌われる旋律と一体になっているのであって、燃えあがる情熱が息をつまらせ、声をとめてしまったあと、「早く来て、早く」という言葉とともに、やっと、解放に導かれるのと、完全にとけあっているのである。

ブラームスとフォン・ヘルツォーゲンベルク夫妻との往復書簡は、私はまだ、フリートレンダーの前掲書に引用されたもの以外のほかには、あまりたくさん読んでいな

い。だが、この三人の間の往復書簡集はその内容の高さと彼らの間を流れる友情の機微を伝えるものとして、ヨハンネスとクララの往復書簡集とともに、人間ブラームスを知るうえで、欠くことのできない根本的資料に属するように、私には思われる。

14

しかし、ヨハンネスは今度も結局恋する女性と結ばれない。そうしてブラームスがかくも愛した、美しい暖かい声の陽気な歌手は、結婚して一年もたたぬうち一八九三年の二月に死んでしまった。[追記1]

一年といえば、その一年前の一八九二年の一月には、エリーザベトが死んでしまっていたのである。その前から彼らの交際はいくらか疎遠なものになりつつあったのだが、それでも彼はまだ晩年の最も特徴的な作品の一つ《三つのモテト》(作品一一〇)を彼女に贈っている。その少しあと、彼女はサン・レモで死んだ。前からすでに喘息と心臓病で衰弱していたのである。

クララとならんで最も身近に感じられ、生涯を通じて最も愛したこの女性の死を知らされたとき、彼は、その夫にこう書き送った。

「あなたは奥さんをなくされましたが、私のほうは彼女の死でどれだけのものを失ってしまったか。あなたにはとてもわかっていただけますまい」と。

彼女の親しい友人たちが、ベルリンで追悼式を計画したとき、共通の友人ハンス・フォン・ビューローは、故人がこよなく愛した《第一交響曲》を演奏することにした。しかし、ブラームスは彼女のために新しい作品を書くことを構想していた。「それは新たなレクイエムのような作品だった。最晩年の、あの最高の傑作《四つの厳粛な歌》はまさに彼女に対するこのような深い思いから生まれたのであり、夢想的な冥府からやって来たのではない」（ブリュイール、前掲書）。

ありようはブラームスにとって、死はその前からもう親しい友になりつつあったのだった。

一八九〇年の夏、ブラームスは、そのころ例年のように夏休みに出かけていたザルツブルク近郊の温泉地、イシュルにいる間に、《弦楽五重奏曲》の作曲に着手した。はじめは五番目の交響曲として構想したらしいのだが、結局それはあきらめて、五重奏になった。彼は全力をあげてこの完成につとめたが、思うように進まない。ブラームスは、自分の霊感の衰えを感じ、これで大作の作曲は打ち切りとしようと決意した。

そのころ彼がヴィーンの友人で音楽理論家でもあれば楽友会の司書でもあったマンディチェフスキー宛に書いた手紙が残っている。

「私は、最近、交響曲も含めていろいろと手をつけてみたが、どれもうまく進まない。もう年をとりすぎたと思うから、骨の折れるようなものは、これ以上書くまいと決心した。私は一生勤勉に働いてきたし、やることはもう十分にしつくしたと思う。今は、人に迷惑をかけずにすむ年になったのだから、平安を楽しんでもよかろうと考える」

これは一時の気まぐれではなかった。翌年第五八回の誕生日を同じイシュルで迎えた彼は、遺言状を書いて、それを楽譜出版者で彼の管財人のジムロック宛送った。五八歳で、彼は自分をもうすでに人生の創造から隠退するにふさわしい老人と見なしたのである。

ブラームスは早く年をとった。とりたかった。しかし死はなかなかやってこなかった。とても、作曲をやめて、隠退生活を楽しむような具合にはなれない。

15

翌年、マイニンゲンでクラリネットの名手、ミュールフェルトを知ったことにより、再び呼び覚まされた彼の創造欲は、彼を駆り立てて、その年から一八九四年にかけての間に、クラリネットを含む各種の室内楽を四曲書きあげさすことになる。また、エリーザベトの死んだ一八九二年には、ピアノのための小曲、作品一一六、一一七、一一八、一一九がつぎつぎとまとめられた。これらのピアノ小品とピアノ曲と《クラリネットと弦楽の五重奏曲》(作品一一五)が、ブラームスの創作の中でも、最も重要な位置を占めるものとなることは、私の改めて言うまでもないことだ。

しかし、その間にも、死の影は容赦なく彼に襲いかかる。一八九三年にシュピースが死んだあと、翌年の二月には外科の医者ですぐれた音楽通だった親友のビルロートが先立ってしまう。彼の熱烈な支持者で《第一交響曲》を第一〇と呼んだことによって後世までこの交響曲を誤解さすきっかけをつくったハンス・フォン・ビューローが死んだのも同じ月だった。そうして四月にはこれも親友で、ブラームスにとってはかけがえのない先蹤《せんしょう》だったヨーハン・ゼバスティアン・バッハの研究家として極度に重要なシュピッタがそのあとを追う。

その間、一八九一年からブラームスは、イタリア系のメゾ・ソプラノ歌手アリーチェ・バルビイとの濃厚な友情があったというが、それも一八九三年、彼女が結婚して歌手生活を隠退するとともに終わらざるをえなくなる。彼女の告別演奏会には、当時すでに公開の席での演奏をやめてしまっていたヨハンネス・ブラームス、この万人から尊敬される大作曲家で白髪の老人は、あえて伴奏者の役を買って出て、口さがないヴィーンっ子たちの話題に上った。しかし、今やそんなことが何であろう？　また、各国各地から相ついでさまざまな形の栄誉が訪れ、一八九五年には、ついに、ハンブルクの貧民街に生まれた小男がオーストリア皇帝フランツ・ヨーゼフから「芸術と科学に関する金の大勲章」を授けられる最初の音楽家となるという名誉を担うにいたったが、それが何であろう⁉

ブラームスは、生きとし生けるものが、結局は訪れずにはすまされない国に向かって旅立つ身仕度を整えることに専心する。

一八九六年五月七日、六三歳の誕生日に彼の家をまっさきに祝賀に訪れた友人のカルベックは、ブラームスから、「これが今日のための私が自分で準備した誕生祝いだ」といって、歌曲の草稿を見せられた。そこには作品一二一のバス歌手のための《四つの厳粛な歌》が書いてあった。

この誕生日には、友人がたくさん集まった。しかし、何よりも彼をよろこばせたのは、クララから祝辞が届いたことだった。手紙には「心からのお祝いを、あなたの愛する忠実なるクララ・シューマンより。もうこれ以上はやれません。でも、あるいは間もなく、あなたの――」と書いてあった。五月七日の日付だった。クララは孫のフェルディナントにブラームスの誕生日のことを注意されて、卒中で病床にあったにもかかわらず、直ちに鉛筆をとって手紙を書いたのだった。だから誕生日には間にあわず、二日遅れて届いた。だが、その筆蹟は判読しがたいものだった。ことに後半の文意がみんなにはわかりがたかった。

しかし、ヨハンネスには、それがよく読めた。終わりの部分も、彼にはよくわかった。彼は返事を書く。これが、一八五三年の一一月に始まったブラームスとクララおよびローベルト・シューマン夫妻との間に交わされた最後の手紙となった。

「五月八日(9)
最後のものは最良だった。この格言が、七日付けのあなたのお祝いという、この世でいちばん愛《いと》しいものが届いた今日ほど、美しく、私の身にあてはまったことはありません。千というお礼をいいます。それから、あなたももうすぐに、幸福な驚きをもちますように――何よりも、もちろん、また健康な身体になるというすてきな気持をとりもどしますように。
私には、あなたがバーデン＝バーデンにゆくつもりだということがわかりました。もしそうなら、どうか、いつ、それから幾日ぐらいの予定でいくつもりか、私に教えてください。あなたの訪問とは別としても、私も、「バーデン＝バーデン」には、いつも、一種の憧れを感じているのです。でも、もしこの機会を利用して、長年愛してきた風景とわが友を、もう一度見ることができたら、どんなにうれしいでしょう。
しかし、あなたはきっと、これ以上読む許しが出ないでしょうし、私も、このほかに何にも書く気はありません。ただ、私だけがあなたに御挨拶したら、それはエゴイストというものでしょう。当地にいるどんなに大ぜいの人びとの思いの中にあなたがいらっしゃることか、とても想像されますまい！　それにしても、どんな人間だって、私以上に心のこもった挨拶をあなたに送るものはないことを信じていただきたいと思っています。あなたのヨハンネス」

この手紙を書いたとき、クララは、その六日前の卒中の発作にひきつづき、まもなく第二回のそれを迎えようとしていたのだった。そうして、この二度目の発作が、彼女の生命を奪った。五月二〇日のことだった。折あしくブラームスは、この数年の習慣に従って、イシュルに休養に来ていたので、ヴィーンの住所宛送られた死亡通知は、まわりまわって、遅れて彼の手許についた。そのうえ汽車の手順がうまくゆかなかったので、ブラームスがフランクフルト・アム・マインにやっと到着したときは葬儀はもう終わっていて、遺体はローベルトとならべて埋められるためにボンに運ばれてしまっていた。それを追ってボンに回ったブラームスは、やっと埋葬に間に合い、柩の上に一握りの土をかけることができただけだった。全部で四〇時間近い汽車の旅行と、その間もたえず間に合うか合わないかと心痛しとおしてきたので、ふだん肥りぎみだった彼の身体は、やつれと悲しみで、まるでしぼんだように見えた。

ブラームスは無神論者だったといわれる。かつてクララ宛に、手紙でこう書いたこともあった。

「事実、人はただすべてを失うために生きているのです。そうして最後にゆくのは墓以外の何ものでもありません。その上には風が吹くかもしれないし、雪が降るかもしれない。しかし、その墓場のほかでは、すべてが前と変わらず、毎日が過ぎてゆくのです」（ブリュイール、前掲書）。

ヨハンネスは全生涯の中心的意義を占めていた人の亡骸《なきがら》の上に一握りの土を投げるとき、その言葉を思いだす必要があったろうか？　いや、必要どころか、そんな余裕さえない。死はもう、彼のすぐそばまで来ていたのだ。

彼が乗った汽車の小部屋には一組の若い恋人が乗り合わせていた。この二人は、内に燃える炎に煽られてだろうか、夜空に向かって、いつまでも窓を大きく開け放し、寄り添うように坐っていた。ブラームスには、外から吹きこむ風が冷たかった。しかし、かつて身を焼く恋に生きてきたこの老人には、二人きりの陶酔のさなかにいる若者たちの喜びを妨げるのはどうしてもはばかられてならないのだった。四〇年間のロメオであり、今は老いたる大音楽家であるこの人は、そのためにすっかり風邪をひきこんでしまった。

悲しみと疲れと心の動揺を背負って、ヴィーンに戻ってきたとき、ブラームスの健康はもうとりかえしようもないほどの衰えを見せていた。医者ぎらいの彼がついに八月から医者にかかりだし、九月、三人目の医者にかかったところで、病名が決定された。「肝臓悪性肥大」。一口でいえば、癌だった。

このあと、ブラームスには、八カ月の生命しか残されていなかった。

16

クララの墓に土を投げ入れたあとの聖霊降誕祭の日、ブラームスはライン河畔の友人の家に客になった。そこには亡きクララを偲ぶため何人かの親しい友が集まってきていたのである。その席で、ある晩、ブラームスは、《四つの厳粛な歌》を自分でピアノを弾きながら、友だちに歌って聴かせたのだった。

たまたまその席に居合わせたオピュールという人が、『追憶のヨハンネス・ブラームス』という本の中で、それの模様を書き残しているので、それを（多少自由に）訳してみる（私は、これをフリートレンダーの前掲書の中で読んだのだから、孫引きである）。

「それは聖書の言葉を音でもって高められた朗読に移したようなものだった。彼は特有のやや嗄《しわが》れた声で（かつての甲高い声が今はそうなっていたのだ！）演じたのであるが、私たちの耳に入ったものは、芸術歌曲とはまったく別のものだった。それにもかかわらず、この夜、その作者が即興じみた演奏で歌ってくれたときに受けた力強い感銘は、以来二度と受けた覚えがない。それは聖書の預言者自身が私たちに話しかけたようなものだった。最初の歌を始める前に、ブラームスは聖書のテクストに感謝しながら、言った。『見給え、何というすごい言葉だろう。〈なぜなら、人に起こることは獣に起こるのと同じことなのだ〉。それから第四番目の歌では〈肉体を焼かれても！〉というのだから』。第三の歌――〈おお死よ、何とおまえは苦いことか〉――では彼は自分で、演奏の間明らかにあんまり興奮しすぎてしまって、あの感動的な結び（〈おお死よ、何とおまえの快いこと！〉）では大粒の涙が頬を伝わり落ち、このテクストの最後の行にいたっては、ほとんど涙にむせび泣く声で、歌うというより、息をのむような演奏になってしまった。私はこの歌のものすごい感動をけっして忘れないだろう。これはブラームスの特徴をとてもよく伝えるもので、彼はたいていの場合、自分の柔らかい心を極度にごつい甲冑でもって包み込んでしまっていたのだ。それで、彼は、明らかに内心の感動を隠すために、最後の音が鳴りやむや否や、いきなり彼の左手に坐っていた私の脚をどんと叩いて、『これは君みたいな若い人には何にも意味がない。君はまだこんなことはぜんぜん考えちゃいけないんだ』と大声で言ったのだった」

ブラームスはこの聖書の言葉に自由な形で作曲した作品を、果たして印刷公表してよいものかどうか迷っていた。これは彼に言わせると「神をないがしろにするもはなはだしい歌」（ganz gottlose Lieder）であり、エリーザベトの良人のハインリヒ・フォン・ヘルツォーゲンベルクに宛てた手紙では、「キリスト教徒にあるまじき思想の持ち主という攻撃も甘んじて受けよう」とさえ書いて送っていた。ヘルツォーゲンベルクは、しかし、これに対し、こう返事している。「あなたは、いつだって、人の意表に出る力をもってらっしゃる。あなた以前に、聖書の言葉を、あらゆる教会や儀式との結びつきから完全に独立した、自由なやり方で作曲するなんて考えをもった人がいたでしょうか！……あなたは、こんなにすばらしい深みから作品をつくりだしたという喜びを先取りしていらっしゃる。そうして小生は、あなたの技術と表現に感嘆することができるという喜びを与えていただきました。特に第三曲（〈おお死よ〉のすばらしさ）……〔吉田補記　これで地上の生活と別れを告げるつもりか知りませんが〕万事そう手っ取り早くはゆきません。それにいたるところ、また、新しいものが湧き出てくるなんて美しい点です」

同時代人の証言を二、三紹介してみた。この歌が、いかに「厳粛な」ものであるかは今では誰も知っている。

下行3度の連続がブラームスの作曲を、どれほど深刻に特徴づけているものかは、前に《第四交響曲》の簡単な分析の折にふれた。初めて聴いた人びとがまず震駭させられたこの作品一二一の第三曲は、《第四交響曲》にまさるとも劣らない、その適例である。

《第四交響曲》は、［譜例34］に見たように始まるのだった。同じものが、この歌では、次のように開始される［譜例35］。下行3度（およびそれに続く、その転回の上行6度）

[譜例 34]

[譜例 35]

を、ブラームスの死のモティーフと呼びたがる人のいるのは、このためだろう。だが、実は、彼は早くから、下行3度の魅力にとらわれていたことは前に述べた。もし、これを死のモティーフと呼ぶとしたら、ブラームスは絶えず死の想念にとりつかれていた、あるいは死に憧れていたと言わなければなるまい。

しかし、《四つの厳粛な歌》は死の歌につきるものではない。いや、その最後の歌は、愛の賛歌にほかならないのである。

「たとえ、私が人間の言葉、天使の言葉で語ったとしても、愛がなければ、いたずらにやかましい鐘、騒がしい鈴と違わない。

「たとえ私に予言の力があり、ありとあらゆる秘奥と知識をきわめ、山をも動かす堅い信仰があったとしても、愛がなければ無に等しい。

「たとえ私があらゆる財産を貧しきものに分けあたえ、肉体を犠牲にささげ焼かれようと、愛がなければ、何の役にもたたない。

「私たちが今見ているものは鏡に映し出されたうつろな言葉。だが、そのうち、面とむかって直視することもできるようになる。今はその言葉は断片的にしかわからないが、そのうち、その意味も認識するようになろう。私自身が認識されているのと同じように。

「しかし、滅びずに残るものは、信仰と希望と愛のこの三つ。でも愛こそは最も大きいものである」。

これは有名なパウロのコリント人に宛てた最初の書簡からとったものである。

「愛こそは、最大のものである」

それをブラームスは、こう歌った［譜例36］。

この終わりの三小節を、まず一度歌ってみていただきたい。同じではないか！

何と？

調子も同じ変ホ長調の作品三二の九の〈わが女王、君はよろこびにみちて〉で各詩節の結びにきたあの下行6度のあと、導音から半音上がって終わる旋律と!!（［譜例

［譜例 36］

30〕をもう一度ふりかえっていただきたい）

当時にあっておそらく無類の対位法家であるとともに、たとえば作品一〇〇の《第二ヴァイオリン・ソナタ》で見たように、あるいは《第二ピアノ協奏曲》で見たように、歌曲と器楽曲との間を自由に出没して少しもおかしくない旋律を書く大家であったブラームスにとって、この二つの歌曲の間に見られる旋律の一致は、けっして無意識の符合であるはずはない。生涯の終わりにきて、かつて愛した女性を追悼する歌を作曲したとき、その愛の最絶頂で生みだした旋律を、もう一度使うことほど、彼にとって自然なことはなかった。「愛こそは、最も大いなるものである」という言葉を彼の生涯を要約する一句としてとりあげることほど、ブラームス的なことはなかった。私は、前に〈わが女王〉でこの6度下行にふれたとき、この音型で終わる歌曲はブラームスにはたくさんあることを指摘しておいた。しかし、この〈わが女王〉では、それが、2度、3度、4度、5度まで起こるのである。それもいかにも交響作家らしい動機的発展の道すじをとって。

［譜例37］

wie bist du, mei - ne Kö-ni-gin,

これはもう、単なるマニエリスムの仕業ではありえない。

この二つの声楽曲の一致は、まだ、ほかにもあり、引用した旋律の第二小節に見られる曲線は、〈わが女王〉の出だしの第二小節にもあったのだった［譜例37］。

そうして、もう一度、ふりかえろう。〈わが女王〉の最後の詩節は、「君の腕の中でなら、死でさえも、よろこびにみち、よろこびにみち……」と歌っていたのだった。変ホ長調から、下属音に短三和音をもった変イ長調への転調を含みながら。まるで愛する人間にぴったり肌を寄せて、ひそかに息づいている死の影のように。それが、今、「死の苦さ」と「死の快さ」を歌った峻厳な第三歌のつぎにきた、最後の歌の中で、壮大な愛の賛歌の結びとなって出現する。

こうして、愛と死の想いの旋律は、その対象だった女性のためのレクイエムとして作られた曲の中にとけこみ、一体となって、消えてゆく。

ブラームスが、エリーザベトのためのレクイエムを、まず自分の誕生日のために贈りものといって親友に見せ、それからクララを偲ぶ親友たちの集まりの席で、人びとに歌って聴かせたということは、意味深いエピソードである。

このとき、ブラームスの胸中には、エリーザベトも自分も、クララとともに一体となっていたのではなかったろうか？　いや、オピュールの述べている大粒の涙の頬を伝って流れるにまかせながら、弾き語りをしている彼の意識の底で、愛と死のほかのすべては、鏡の中の空しい影以外の何物でもなかったのではあるまいか[追記2]？

▼追記1　ブラームスはなぜシュピースと結婚しなかったか？　それは、彼とほかの幾人かの女性との場合と同じように、結局、第三者にはうかがい知れないことだ。当人にさえ、はっきり自覚できなかった理由があったのかもしれない。

ただ、ブラームスの場合も、愛の絶頂にいるとき、いつも死の想いが濃く漂っていたことは、少し注意して彼の生涯と創作を並行して追う試みをしたものには、明らかになってくる事実である。

シュピースのためにブラームスはいくつもの歌曲集を続けざま発表したわけだが（作品九四、九五、九六、九七はみんな歌曲集である）、さらに少しさかのぼると、《第三交響曲》（作品九〇）のあとは作品九一（歌曲集）、作品九二（四重唱）、作品九三a（合唱曲）、作品九三b《食卓の歌》と、前述の作品九七にいたるまで、残らず声楽曲であることが判明する。そのなかにはいうまでもなくブラームス畢生の名作がいくつも含まれているわけだが、休むことを知らず湧出する歌の世界の中でも、《四つの歌曲集》〈作品九六〉は、ハイネの詩だけを扱ったものとして異彩を放っている。そのなかの第一曲は〈死、それは冷たい夜〉であり、これは、シューベルトやシューマンの同じ詩人の詩につけた傑作と同じように、表現性という点で非常に高く、深刻な創造になっている。

死、それは冷たい夜。生は熱苦しい昼間
すでにたそがれとなり、眠りが私を包む。
昼間は私を疲れさせた
私の床の上には一本の木がそびえ
そこで若い夜鳴鶯が歌う。
ひたすらの愛の歌を。
私は夢の中でさえ
その歌をきく。

この歌は、おそらく数あるブラームスの抒情作品中でも一、二を争う名曲であろう。ごく短い序奏のシンコペーションと交錯しながら出てくる旋律が、すでに、音の背後に秘められた形容しがたい魔力をもって迫ってくるのだが、さらに第二詩節〈私の床の上には……〉〉以下のはじめで、伴奏の左手がト音の上で執拗な持続低音を鳴らす上にアルペッジョを奏でる間に、旋律がしだいに展開されるさま、それから主音のハの連打を底音としてくり広げられる結びの豊かな和声。死は冷たく、生は熱く、その中間で、恋する人間の喘ぎ苦しむさまを、これほど痛切な迫真性でもって描いた人は、ブラームスだけだったのではあるまいか？

▼追記2　本稿は当然これで終わるべきなのだが、私としては、この声楽のための比類ない組曲について、その四つの楽章のそれぞれに一言でもふれずにすます気になれない。

第一曲〈人におこることは獣におこることと同じだ〉では、最初の小節の鈍い、しかし鉄のように撓《たわ》めがたい管楽の歩みが全曲を支配する。〈自分の仕事を楽しんですること、それ以上よいことはない〉この個所の断乎として一切の妥協を許さないまでに硬直した態度を見るたびに、神を信じきれないブラームスにとって、生きる限り仕事をしぬくことこそ「生」を正当化する唯一のものだったのではないかと、私は考える。

第二曲〈私は顔を向け、陽の下で不正に苦しむすべての人たちを見た〉。これも峻厳をきわめた歌である。しかし、〈そして見よ、不正に苦しむ人たちは涙を流し〉云々で、はじめて、暖かい、快い旋律が姿を現す。この旋律は感動的であるとともに、第

［譜例38］

四曲の例の「愛の賛歌」の旋律に酷似した曲線でもある。それに対し、冒頭の歩みは、《第四交響曲》のそれと同じカテゴリーに属する。しかも、この両者を並べてみると、前者（愛）が後者（死）の歩みから生まれてきたものであることが明らかに感じられてくるではないか？［譜例38］

第三曲〈おお死よ〉。前半の苦渋にみちた峻厳さに、後半になってからの友として、慰め手としての死が対比される。「ホ長調になってからのすばらしさ。形式的にいえば、これほど愛らしく、憧れにみちたやわらかな和声に魅せられようとは、とても期待できないところだった」とエリーザベトの良人、ハインリヒは書いている。

第四曲〈たとえ人間の言葉、天使の言葉で語ったとて〉。

ここでもまず、管弦楽のような導入の仕方の強さが、耳を打つ。声部はほぼオクターヴずつの範囲で何回か、力強く上下する。その勢いは凶暴と言ってもよいかもしれない。そのあとでアダージョ、ロ長調の「愛」がくる。しかし、これはまだへりくだったものだ。

「心から君の《厳粛な歌》に感謝する。特に最後の歌は私に深い感動を与えた。技巧の冴えと妙をつくした楽節構造の中にやさしい暖かみがある。これは、よく調べたあとでないと気がつかないが。四分の三拍子（ロ長調）になる前の「愛」の美しいこと。それから、これが再び四分の四拍子にもどるときの見事さ！　ぜひ一度、譜面で見るのと同じくらい、美しく歌われるのを、聴いてみたいものだ」。これは生涯の親友ヨーゼフ・ヨアヒムが作曲者に宛てた手紙の一節である。

一八九七年から九八年にかけて、ドイツ、オーストリア、スイス等でブラームスの死を追悼して演奏会が開かれた土地では、ほとんど例外なしに、この《四つの歌》がレクイエムとして歌われたという。

この稿を書くに当たっては、左記の本が非常に参考になった。著者、訳者に感謝します。

門馬直美『ブラームス』音楽之友社。
ブリュイール『ブラームス』本田脩訳、白水社。
バーネット・ジェイムス『ブラームス』(Burnett James, *Brahms*, Praeger Publisher)。
マックス・フリートレンダー『ブラームスの歌曲』(Max Friedlaender, *Brahms' Lieder*, Simrock)。

クララとヨハンネスの往復書簡集は、原文ドイツ語版が最後まで手に入らず、英語版で我慢しなければならなかったのが心残りだった。

注

（1） ブラームスは、この同じ《エドワルト》をもとに、もう一度、作曲する。ただし今度は、文字通りバラードとしてである。それは作品七五の《ピアノと二重唱のためのバラードとロマンス》に含まれ、その第一曲として、一八七八年に発表された。曲集は全部で四曲を含み、二番から四番までの三曲は同じ年に作曲されたのだが、第一曲だけは、その前年、彼が熱愛した南オーストリアのヴェルター湖畔の山村ペルチャッハで書かれた。そのころの彼は、よくこの村で創作三昧の夏の生活を送ったのだったが、この年は、《第二交響曲》と、異常に多くの歌を書いた点できわだっている。その歌の中に《新・愛の歌のワルツ》をピアノ四手用に編む仕事がある。これは、一八六九年の《愛の歌のワルツ》（作品五二）がひろく好評を博したので、その続篇として生まれたようなものだが、しかし、それがほかの年でなくてこの年に書かれたのは偶然ではない。

《愛の歌》（Liebeslieder = Walzer）は一八六九年に書かれた。当時三六歳だったブラームスは、シューマン家に来ているうち、五〇歳になったクララでなくて、ちょうど彼が音楽家としての履歴の第一歩を踏みだしたころの、クララの面影を、娘のユーリエに見い出したのだった。「恋に年齢はない。それは一つのドラマ、まさに青春のドラマである」とジョゼ・ブリュイールは言っているが、それは、実は「青春のドラマ」であると同時に、青春から壮年、晩年を通り、死にいたるまでのドラマ――ブラームスの中核をなすもの、彼のもった本質的にたった一つのドラマの、一つのヴァリアンテにすぎなかった。「彼の心にいささか電撃的に芽生えたユーリエへの愛情は彼女に献呈された《愛の歌のワルツ》（作品五二）のなかに告白された」（ブリュイール）。しかし、この年二四歳だったユーリエは、三六歳の年齢というだけでなく、彼女らにとって「オジサン」であったヨハンネスを避け、マルモリート伯爵を選び、ふたりはその年の七月に婚約し、九月に結婚してしまった。

クララと最も親近な圏の中で再び訪れた挫折。ユーリエとの愛が実現していたら、それは「兄妹相姦」にほかならなかったのではないか？　私は、それにもかかわらず、ブラームスが彼女に恋しないではいられなかったところに、彼の額に刻まれた運命の印を読む（今日まで私たちのところに伝わっている肖像を信じれば、まるで頭と目ばかりやけに大きくて、妖精のようにほっそりと可憐なこの少女は、しかし、三年後夭折してしまった）。

ところで、ブラームスは一八七四年の夏に、エリーザベト・フォン・ヘルツォーゲンベルクと彼女の夫と再会している。彼女については、のちにもふれるが、エリーザベトは、クララとともに――「クララのあと」「クララとならんで」――ブラームスの心に最も近かった存在である。

そのヘルツォーゲンベルク夫妻と会った年、ブラームスは《愛の歌》をピアノ四手用曲（歌はオブリガート）として編曲し直したほか、新しく《愛の歌のワルツ》（作品六五）を書き加えたのだった。《愛の歌のワルツ》は、こうして、ユーリエ・シューマンから、エリーザベト・フォン・ヘルツォーゲンベルクへとリレーされてゆく。

以上、ずいぶん遠まわりしたが、その《愛の歌のワルツ》に四手用の版をつくる仕事が、はじめにふれたように一八七七年の夏のペルチャッハで行なわれ、そうして、その同じときに、ブラームスは、作品一〇を書いた一八五四年から実に二三年たった、この年、あの残忍にして運命的な響きをもつ、スコットランド民謡《エドワルト》を、今度は、二重唱のバラードとして作曲したのだった。

こういう例は、それぞれ別の形で、ブラームスには、いくつも見られる。いずれ、私は、そのうちのいくつかをとりあげることになるだろう。

(2) ブラームスは一八五四年六月一九日付のヨアヒム宛の手紙の中でこう言っている。「ニ短調ソナタは当分そっとしておけたらと思っている。はじめの三楽章はシューマン夫人クララと何度も弾いてみた。しかし、どうも私は二台のピアノ以上のものを求めているらしいのだ」

(3) もっともブラームスは、その前はてしない修正で待ち望む友だちをさんざんじらせたように、初演のあとも、手を入れることをやめなかったらしい。それがブラームスという人の終生を通じて変わらない性癖らしいのである。このことは、彼が、最晩年になってからでさえ、いつも、自作でなくて、過去の音楽にひかれていたことと、それから、前の時代の作品をモデルに作曲するのをやめなかったことあわせて、私の注意をひく。ブラームスは一代を代表する大作曲家になりながら、まだモデルをもって作曲していた人なのである。

(4) ヨアヒム宛の同じ年の二月二日の手紙(これはオイレンブルク版ポケット・スコアのアルトマンの前書きに引用してある。ブラームスはクララに宛てても、同じような趣旨の手紙を送ったらしい)。

(5) A. Schönberg, *Brahms The Progressive.*(『様式と思考』に収録)。

(6) 勤勉、実直、安定性への努力といったものを市民的美徳と呼んでよいとすれば、ブラームスの場合、その美徳は彼の生活上のモラルであるとともに、芸術家としての彼の仕事のうえにも反映しているのがみられる。両者は一つにして二つではないといってもよいだろう。

ここから、当然、以上の品質を高く評価しない人びとの目に、彼の作品が市民的俗物主義のそれのように映ずるということが生まれてくる。

しかし、また、誠実、あくなき勤勉といったものが、単に市民社会だけの美徳でない側面ももつ限りで、彼の芸術もまた、市民社会の盛衰をのりこえて、評価され続ける可能性をもつという考え方も成り立つだろう。

（7）　前にニ短調の協奏曲が、モーツァルトの高名な同調の曲と同じく、ニ長調のコーダによって締めくくられているのを見たわけだが、この《第一交響曲》の場合、ハ短調で出発してハ長調の「勝利のフィナーレ」で終わるというパターンが、ベートーヴェンの《第五交響曲》から由来しているのを見のがすわけにいかない。作曲の順序、楽章成立の前後の問題は別としても、この交響曲の全体の構想そのものがハ短調からハ長調へという道の上に築かれているのである。

ついでにふれておけば、ベートーヴェンの《第五交響曲》の終楽章は、もちろん転調はあっても、それは最小限にきりつづめられ、「ハ長調」の勝ち誇る、そうして長大な確認そのものだといってもよい。つまり終楽章そのものが全曲のコーダのようなものなのだが、さらに、第七三五小節のプレスト以下のせまい意味でのコーダで見ても、転調が皆無なだけでなく、わずかのドミナンテ小節を別とすれば、ほとんどド・ミ・ソのトニカ三和音だけで成り立っている。最後の二九小節はそれ以外の音は一つも含まないというほどの驚くべき徹底さである。

ブラームスでは、とてもこうはいかない。しかし、この曲で特徴的なのは、フィナーレのコーダに入って以来（第三九一小節ピウ・アレグロ以下最終の第四五七小節にいたるまでの六七小節間に）、属和音がほとんど姿を消しているという事実がある！　特にその基本位置（つまりソを低音にもった位置）での出現は――第四二七と二八小節に経過的に二回あるのを除くと――第四四六小節にただ一回、はっきりと出ているだけである。しかもそれはソ・シ・レの三和音であって、最も常套的な七つの和音（ソ・シ・レ・ファ）でさえない。そのかわり、下属音から主音へのプラガル終止となっているのに気づく。前にふれたブラームスの十八世紀古典主義音楽よりさらに過去にさかのぼった音楽への愛着を示す一つの目立った例である。

（8） これについては、チャールズ・ローゼン『古典様式』が最も詳細かつ精密に論じている。

（9） 計算があわないけれど、この日付けはクララに手紙が遅れたことを知らせまいとして、ヨハンネスが気をつかって、付けたものではないだろうか。

交響曲第一番

ブラームスはハンブルクの貧しいコントラバス奏者の子として生まれた。少年のころからカフェなどで演奏して生計の資を得ていたが、ピアノを非常に上手に弾けるのを買われて、レメーニというハンガリー生まれのヴァイオリン奏者の伴奏をして各地を旅行しているうち、ドイツ一流のヴァイオリニスト、ヨアヒムの知己を得、彼の紹介でローベルト・シューマンのもとを訪れた。

この訪問は、ブラームスの一生に大きな影響を与えるとともに、音楽史のうえでも、意義の深いものとなった。というのは、シューマンは当時二〇歳のこの青年の楽才に打たれて自らペンをとり、『新しい道』と題した論文を書いて、「ついに来たるべきものが来た。新しい天才が」といって広く公衆に彼を紹介したのである。それからは、ブラームスの作曲は一作ごとに一群の音楽家たちの称賛と反対派の非難の的とならずにいないようになった。しかし彼は、着々とその地歩を高め、一八六二年ヴィーンに定住してからは、ほとんど一生を自由な芸術家としてひたすら創作に精進していった。生涯結婚しなかった。

ブラームスの作品が、そんなに注目されたというのは、シューマンの絶大な称賛を得ただけでなく、この偉大な先輩の遺志をついで、当時の音楽界の傾向とは逆に、独自の楽風を樹立したからである。このころのドイツ音楽はロマン主義の全盛期で、主観的抒情的な芸術と、ヴァーグナー、リストの燦爛《さんらん》たる色彩美や近代的音感覚を追求する進歩派の楽風とが支配的だったが、ブラームスは古典的な厳格な構成感に根ざし、しかもそこに時代の精神を反映した音楽を創ろうと努力したのである。

ここにあげた《第一交響曲》は実に十数年の努力の結晶だが、彼の音楽家としての生命は、この一作にかけられていたといってもよいだろう。第一楽章は、一八六二年、二九歳のころから始められていたが、全曲が書き上げられたのは一八七六年のことである。交響曲はすでにベートーヴェンの九つの大作によってほとんど発展の限界まで書きつくされてしまった観があり、さればこそリストは交響詩を創《はじ》め、ヴァーグナーは楽劇に専心したのだが、ブラームスはそうした道につくことを潔しとせず、「あの巨人の足音をいつも背中に聞きながら」、ついにベートーヴェン以後本当に交響曲らしい交響曲で、しかもそこに新しいロマン的詩精神を盛り込んだ作品の創造に成功したのである。全曲の構成はあくまで古典的な堂々たる手法によっているが、そこに彼独自の抒情性が渾然ととけこみ、管弦楽法も、けっして派手ではないが、高邁な楽風にふさわしい威容をもっている。

第一楽章はハ短調、ソナタ形式。長い重い導入部につづき、苛酷な運命との闘争を思わせるような音楽が奏される。この主題発展の手法は、ベートーヴェンのそれに匹敵するほどの熟練と創意に満ちている。

第二楽章はゆったりしたアンダンテ、ホ長調。ここではブラームスの渋くてしかも美しい抒情味があますことなく展開される。結び近くのヴァイオリンが独奏する旋律が美しい。

第三楽章は優雅な舞曲風のアレグレット、変イ長調。ベートーヴェン流のスケルツォを避け、第一楽章の苦闘と、来たるべき終楽章の緊張との間におかれた和やかな舞曲的エピソード。

第四楽章はハ短調に戻り、速すぎぬアレグロ、それに先立つ長いアダージョの導入部がある。この導入部にもられた悲壮な緊張は、ほかに比べるものがないくらいの息苦しいまでの生々しさに満ちている。そうしてこの緊張が頂点に達したときに突然鳴りひびくホルンの動機は、ベートーヴェンの《第五交響曲》のスケルツォから終楽章へ導くあの感動的な個所とともに、息づまる緊張とその燦然たる解放の感じを実現した、最もめざましい例であろう。つづくアレグロ（ハ長調）の主題は、初演のときベートーヴェンの《第九交響曲》の〈歓喜の歌〉に似ているといって非難された。ブラームスはそれを聞いて、「そんなことは驢馬にだって分かるさ」と答えたという。もちろんブラームスは、驢馬には分からないようなものをこの曲によって表現していたのである。曲は提示部、展開部、再現部と正規の順ですすむ。

ブラームスは、このほかに三つの交響曲を書いた。また彼の協奏曲（ピアノ協奏曲二、ヴァイオリン協奏曲、ヴァイオリンとチェロのための二重協奏曲各一）も傑作として名高いし、多くの室内楽（弦楽四重奏曲、クラリネット五重奏曲等）や歌曲にも名作が多い。ピアノではさすがにベートーヴェンのソナタに及びがたいと考えたのか、若い時に三曲書いただけで、円熟してからは、間奏曲、奇想曲、狂詩曲といったたぐいの小曲しか書いていない。しかし、その中には諦観と回想の色を濃く反映した渋いけれども、緊密な織地をもった佳作がちりばめられている。ほかに、ドイツ語による《レクイエム》も有名である。これは一八六八年、母親の死を悼んで作曲されたもので、シューマンの讃辞以来とかく賛否半ばしていたブラームスの名声も、この一作によってほぼゆるぎないものになったといわれる。

シューリヒトのブラームス　交響曲第三番

カール・シューリヒト指揮
南西ドイツ放送交響楽団
CD［デンオン　COCO六五八九］（廃盤）

カール・シューリヒトのLPが新しくCDで出たので、この間から、いろいろの曲を聴いている。バッハだけはまだ聴いていないが、あとブラームス、ブルックナー、モーツァルト、シューベルト、シューマン、みんなそれぞれにおもしろい。今年（一九九〇年）はすごく暑い夏で、日中も三二度、三度という日が続くうえに、夜になっても、いわゆる熱帯夜で、二五度以上の暑苦しさ。その中で、ブルックナーだとかブラームスだとかを聴くなんて、自分でも正気の沙汰ではないなと思うのだが、それでいて、一度聴き出すと、途中でやめる気がしなくなる。

シューリヒトのことは、ずっと前から、日本でも宇野功芳さんが高い評価をしている。それだけでなくて、氏の書いたもので本質的なことはつきているといっていいようなものだから、私が、いまさら書くまでもないだろう。そう思ったので、これまで、あんまり書いてこなかった。こんどだって、新しく出たCDでも、それぞれの演奏に、氏が簡にして要を極めた文章を書いてあるので、それを読めばいい。

その中でも、私がいちばん同感したのは、この指揮者が、それまで曲をよく聴き込んだ人にも、おもしろく聴かれる演奏をするという趣旨の言葉を書いておられるところだ。

私もまったくそう思う。シューリヒトで聴いていると、たいてい、どこかで「おやっ」と思うところが出てき、それから、「なるほど」と納得したり、「こうもやれるわけだ」と考え直したり、「この人がこんなふうにやるのか?」と、驚きながら、思わず笑ってしまったり、感心したりする——といった経験をすることになる。それだけが、この人を聴く楽しみというのでは決してないのだが、そういう楽しさが、つけ加わってくるのである。そういう楽しみをするには、その前に、当面の曲を、いろいろな指揮者で聴いてくる必要がある。あるいは、そういう人ほど、楽しみの種類が増え、味わいが深くなる、といってもいい。

つまり、こちらの経験が豊かだと、それに応じて、楽しみの多様性と深みが増すのである。その意味では、シューリヒトは、どちらかというと「玄人受けする」芸術家ということになるのかもしれない。この人が、気難しい聴き手の多いウィーンのような街に、多くの——そうして絶対的な支持者をもっていたということになったのも、そのせいではなかったろうか。ウィーンにも、いわゆる「大衆好み」の芸術家に歓呼する人たちがいないわけではなく、むしろ、そういう人のほうが多いと考えていいのだろう。しかし、あすこには、ありとあるタイプの指揮者を通して、ブルックナーやブラームスやモーツァルトを何百回と聴きなれてきた聴衆の層も厳として存在している――と、私は思っている。その人たちには、シューリヒトといえば、絶対の存在だった時期があったのである。

といって、何も、シューリヒトが「玄人筋」にしか受けない人だったわけではないだろう。彼は、その長いキャリアの間に、ドイツ、オーストリアに重点をおきながらも、その近くの国々でも活発な活動をしていたのだから。

では、シューリヒトの――「おやっ？　と思わせるときもあった」というほうでない、言ってみれば、シューリヒトのスタンダードの芸風はどんな点に基本があったか、というと、これは誰しもいうように、イン・テンポの、本当に整然とした姿勢の歩みを崩さぬ進行ぶりにあった。

たしか前に書いたと思うが、私は、フルトヴェングラーこそこの世紀の最も偉大な指揮者だった――あるいは私が最大の感銘を受けた指揮者はフルトヴェングラーだ――と考えている人間であるが、しかし、フルトヴェングラーを聴いていて、時に、少し煩わしいというか、うっとうしいというか、そういう気持になることもあるのも事実である。たとえば、ベートーヴェンの《第六交響曲》を聴いてるとき。あの、今ではほかに類がないのではないかと思われるくらいのゆったりしたテンポで運ばれてゆく音楽には、それなりに非常な魅力を感じるのだが、そういうゆったりしたテンポの中で、アゴーギクの変化、速くなったり、遅くなったりの変化があまり多くて――というより、ほとんどいつだって、変わっているのに、閉口することがある。ゆったりしているのはいいけれど、もう少しなだらかにいかないものかしら、と思ってしまう。みんなはどう思っているか知らないが、私はフルトヴェングラーという人は、相当に神経質な気質の持主だったのではないかという気がしてならない。何かが不安なのだ。パストラル・シンフォニーの第一楽章を始めてからでも、彼自身は、決して、伸び伸びとなんかしてないのである。それが、たとえば、彼のベートーヴェンの場合に、あの力強い音の流れの底に、たえず、決して同じことをそのまま続けていられない変化への――もしかしたら、当人はいつも同じように、はっきり意識していなかったのかもしれないが――要求として生きていて、音楽にさざ波のような起伏をつくり出すもとになる。そこから、テンポだけでなく、ダイナミックの上での絶えざる変化が生まれ、つまりは、彼にしか聴かれないような緊張感を生み出す。これは、心理的というより、むしろ精神構造の上での、ある傾向なのだと思う。同じことが、彼のワーグナーにも、ブルックナーにも、そうして、モーツァルトにもある。少なくとも、私には、そう聴こえる。

シューリヒトはそうではない。シューリヒトには、フルトヴェングラーで時に私を悩ませもする「不安」からくる絶えざる変化への「無意識の」要求は、感じられない。この人こそ、――私は彼の《田園交響曲》を聴いたことはないけれど――イン・テンポの快さで、音楽を運んでいける人である。しかも、それでいて、この人のは――たとえばトスカニーニたちと違って――細部におけるダイナミックや音色やニュアンスの上での変化が、聴こえてくるのである。

フルトヴェングラーの名人芸は、テンポのうるさいほどの変化がダイナミックやアゴーギクの変化と表裏一体になっていた点にある。シューリヒトでは、テンポをそんなに――ある時は、もう、びっくりするほど――変えないで、そのまま前進してしまって、しかも音楽の変化が聴こえてくる。

もちろん、最少不可欠の変化はありますよ。しかし、それもいつもと限らない。その結果、どちらかというと、彼のとるテンポは普通より（というのもあいまいな言い方だが）、速目に聴こえる。でも、――これは宇野さんも指摘しているが、モーツァルトのト短調、《四〇番交響曲》のフィナーレなんか、目立って遅く始まるので、あっ！　と思ってしまう。その遅さは、全楽章を通じて、ずっとそのままというわけではない。しかし、全体的には、いかにも遅い。その上、その遅さがこの音楽に、聴くものの心から全身に沁みこむような痛切な孤独感とでもいったような結果をつくり出す。私は、こんなに悲しいト短調を聴いたことがない。それに、ここでは、飾りらしい飾りがまるでない。冬の立木のように裸だ。

冬の立木といえば、こんど、CDでシューリヒトを聴いてると、内声部その他、ふだんあんまり目立って表に出てこない声部が随所に浮き出てくるのに気がつく(LPをCDに直すときに、何らかの操作があったのか？とも思うが、そういうことは私はまったく不案内だから、差しひかえよう)。ただ、この結果、裸の立木の枝の一つ一つが明らかに見えるみたいに、「音楽の呼吸」が手にとるように聴こえてくる。そうしてみると、どの声部も、フレーズの区切りのとり方が明確なのと、それから、澄んだ、きれいな音質として、鳴っているのにも気がつく(これは、いわゆるアクスティックの技術上の次元での「音の良さ」の話ではない。その点では、かなり前のLPをもとにしたものだから、「最新の音」とはいえない)。

そうではなくて、これもシューリヒトの指揮の最大の特質の一つだと思うのだが、何を聴いても、澄んだ音楽、腹の底からきれいな音楽(こんな言い方はおかしいけれど)を、聴いたという聴後感を残すのである。シューリヒトを聴いたあとは、「美しい音楽」というより、「きれいな、濁りも汚れもない音楽」を聴いた、それも腹いっぱい聴いたという満足感を味わうのである。

こんなわけで、私は、この夏は、一週間から一〇日ぐらいの間に、ブルックナーの《第七》、シューマンの《第三》、シューベルトの《第八（九）》（ハ長調《グレイト》）、ブラームスの《第四》、《第三》、それからモーツァルトの《第四〇番》、《第四一番》などなどを聴いたのだった。そうして、聴き終えたあと、二、三日たった今日になってみたら、ブラームスの《第三交響曲》のあちらこちらが、耳の中で鳴っているのである。ブルックナーも、シューベルトも気に入ったのに、なぜか、ブラームスの《第三》（一九六一年の録音）が、いちばん深い印象を残したということか。

今、こうして文字にしようと考えてみると、ほかの曲も、あちこちから聴こえてくる。ブラームスの《第四》の始め、あのh－g、e－cの四つの音による出だしのすばらしさはいうに及ばず、ブルックナーのスケルツォの剛直で、しかもしなやかなイン・テンポで走ってゆく風のような気配も絶品だった。しかし、なぜか、今は、《第三交響曲》が、とりわけて、耳もとで鳴っているのに気がつくのだ。

それも、第一楽章でいえば、第二主題。

いや、シューリヒトは、どちらかというと、――少なくとも、私には――第二主題の扱いがとりわけて敏感で繊細で、すばらしいと思うのだ。全体が正確で、きよらかで、しかも、迫力があるのだから、もちろん、この交響曲でも、出だしの――あのシューマンの《第三交響曲》を思い出させずにおかない出発の主題も見事なことはいうまでもない。しかし、第二主題になってのメッツァ・ヴォーチェ、グラツィオーソのクラリネットで始まる音楽のデリケートな美しさはたとえようがない。土台、第一主題にしてからが、ヘ短調のフォルテのすぐあとヘ長調に移ったかと思うと、それがまた短調になるという具合に、この交響曲はハーモニーの上での明暗の交代が烈しい。というより、これがこの交響曲の特徴なのだ。その明と暗の交代と手をとりあって、この上なくデリケートで――しかもセンプリーチェな旋律が、第二楽章での第二主題にも聴かれる。ここも、シューリヒトは、絹の糸で織ったような光沢があって柔らかな音楽を聴かせる。そのスタイルはロマンティックといえばロマンティックだが、しかし、テンポ・ルバートを多用しない――ほとんど使わない――という点で、普通聴かれる種類のロマンティックなスタイルとは同じでない。もっと、線的にすっきりしていて、陰影がはっきり出てくる。この楽章の第一一〇小節以下のヴァイオリンの旋律の扱いもその典理的な例。

第三楽章のあのハ短調の哀歌的な主題の扱いもそう。よくあるような熱っぽくて、厚ぼったい歌い方とは正反対のレッジェッロとかエスプレッシヴォの歌は、すっきりしているようで、かえって、聴くものの胸にまっすぐ入ってくる。センチメンタルなブラームスではない。第四楽章の出だしも胸をつく。これもソット・ヴォーチェの *p*。そのあとも、私は、こんなに繊細なブラームスを、ほかで聴いたことがあったかしら？と思ってしまう。そのくせ、展開部の後半（スコアのJ、第一四九小節）以下のすごい迫力。それだけに、再現部での第二主題その他の*p*や*pp*の部分が、ひとしお、身に沁みる。終結のセンプレ*pp*はいうまでもなく。

カール・シューリヒトは、かけ値なし、二十世紀の巨匠と呼ぶべき人だった。

ミュンシュのブラームス　交響曲第一、二、四番、悲劇的序曲

シャルル・ミュンシュ指揮
ボストン交響楽団
CD［RCA　BVCC八八八七〜八］

シャルル・ミュンシュは昔から好きだった。しばらく聴く機会がなかったけれども、今度、死後三〇周年だとかいうことで、彼の残した録音が一挙にたくさん出たので、その何枚かを聴いてみた。全部ボストン交響楽団の演奏である。

懐しく、そうして、もう一度好きになり直した。といっても皆が皆同じように気に入ったわけでもない。たとえばベートーヴェンの《第六交響曲》などは、ちょっと速すぎて楽しむところまでいかない。これはミュンシュのやり方でもあれば、またかつての時代の好みでもあったのだ。「時代の好み」ということを、私たちふだん批評を書くとき——それも過ぎ去った時代の演奏について書くとき、つい書きもらしてしまうことがあるが、実は少なくとも一度は考慮に入れてから書くほうがいいのである。

私は一九五四年初めてベルリンでカラヤンがベルリン・フィルを揮《ふ》って、この《第

六交響曲》をやるのを聴いた。このときも速かった。「《田園》といっても、（当時の言い方を使えば）『流線型の自動車』に乗って、田園を走ってゆくようなものだ」とみんなが言ってたのを思い出す。そのカラヤンでさえ、晩年はこんなに速くはやらなかった。ミュンシュは、カラヤンと同じではないが、しかし、彼もまたフルトヴェングラー、ブルーノ・ヴァルターらの世代のあとから来た人である。《田園》といえば、のびやかな牧歌的な情趣にひたるというのとは少し違っていた時代の子だった。

といっても、趣味というものは、一度流行したが、時とともに過ぎてしまって二度と戻らないというだけとは限らない。実は今月はＬＤで《サロメ》が出た。コヴェント・ガーデンのオペラで上演されたものを土台にしたものだそうだが、この《サロメ》など、作品としては完全に十九世紀の「世紀末趣味」の所産である。ワイルドの科白《せりふ》など、普通なら、とても現代に通用する資格のない悪趣味、キッチュの標本のようなものだ。話の筋もそう。ただ、Ｒ・シュトラウスの音楽は「世紀末の趣味」の上にのっていながら、それを越えたところがある。そうして、このオペラが、悪趣味の筋をのりこえて、今だに通用する——いや、それどころか、かなり頻繁に舞台にかかるのは、主としてシュトラウスの音楽と、それからもちろん濃厚なエロティシズムのせいである。あのごてごてした世紀末趣味芸術は、一度はバウハウス流の機能主義美学でもって完全に駆逐されたはずなのに、——バイロイトで《ニーベルングの指環》

はもちろん《パルジファル》さえ、あのヴィーラント・ワーグナーがガラクタはきれいさっぱり片づけて、「裸の舞台」にかけて上演し、一世を風靡したのに、近年になって、また戻ってきたのも、これに共通する点がある。

話がそれかけたが、とにかく、私の考えでは《サロメ》の新しい舞台に接したとき、これが二十世紀になって一度は片づけられたのに、また復活してきたについての事情――つまり、その「新しいサロメ」はどの点で「世紀末趣味」を克服し、しかも、また「新バイロイト主義」とも違うのかにふれないことには、批評になるまいと思うのだ。

このへんで、ミュンシュに戻ろう。

こんなわけでミュンシュの《第六》には、私は一昔前の時代（戦後の五〇年代から、そう、七〇年代はじめまでぐらいかしら？）の趣味の演奏を感じてしまったので、なじめなかったのだが、そもそもミュンシュの大指揮者――あの人はカケネなしに大家だった！――としての所以は、「雄渾にして活気みなぎる指揮」にあった。それは、あの人の指揮棒だけでなく、全身を使って、大きな身ぶりでの指揮ぶりにも出ていて、ミュンシュの舞台姿に一度でも接した人は、CDを聴いても、颯爽として勇ましい指揮ぶりが目の前に浮かんでくるのをおさえることはできないだろう。

今度のCDにつけてある浅里公三さんのライナーノーツに引用してあるミュンシュ

の言葉――「コンサートで大事なことは感情の強さをできるだけ増大させることである」というのは、あの人の信条でもあれば、その指揮の核心を言い当てたものだと思う。

ミュンシュは大変パッショネータな指揮者だったという以上に、感情の増大、つまり「クレッシェンド」の大家だったのである。彼がベルリオーズを得意としたのも、音楽の即興性、あるいはオーケストラの色彩性の極度の優先に力点をおいていたというだけでなく、ますます大きく強くなって燃え上がる情熱のダイナミークとでもいった点で、作曲家とコンジェンアル（同質）な人間だったからだ。

けれども、これは、ただ逞しい音楽づくりをしたというだけではない。クレッシェンドはテンポの加速と切っても切り離せないのが普通で、ミュンシュもその点例外ではない。だから、彼はトスカニーニ流のイン・テンポの音楽づくりをした人ではない。けれど、テンポの土台はしっかりしている。逆にいえば、土台がしっかり守られているからこそ、クレッシェンドが大きな効果を発揮できるのだ。でも、そこから一歩脱けだしたからこそ、ミュンシュのあの独特の「流れ」が生まれたのだ。それはどこをとっても、生気に満ち、部分部分をとってみると精妙でデリケートな味わいのあるテンポの扱い方だった。

そういう点で、ミュンシュは、もしかするとドビュッシーよりもラヴェルのほうが合っていたかもしれない（実は、この点、私は一〇〇パーセント自信をもっているわけではない）。

それより、むしろ、ベルリオーズであり、それからブラームスが、よかった。「ミュンシュは、フランス近代音楽が得意だったことはいうまでもないが、ドイツ音楽も悪くなかった。この両方に通じていたことがミュンシュの特徴だ」みたいなことをいう人が少なくない。多分、そういってもいいのだろう。でも、私がこれまでミュンシュで聴いてきたところでは、彼のブラームスなど、――「これもよかった」などという程度のものではない。実に、よかった。ブラームスを「渋い音楽」と思っている人は、ミュンシュのブラームスを聴いたことのない人であろう。ミュンシュが指揮すると、ブラームスは隅々まで生き生きと精気に満ちた音楽として、精彩を放って輝いてきたものだった。何年だったか、はっきり覚えてないが、戦後そんなに遅くないとき、ミュンシュはボストン交響楽団を率いて日本公演にやってきた。そのとき、彼はブラームスをやった。《第一番》じゃなかったかと思う。ミュンシュといえば、フランスものと決めてかかっていた当時の「幼稚な」私たちの先入観をこなごなにするくらいすばらしい音楽だった。力の漲《みなぎ》った、その反面細かいところまで心のこもった演奏だった。

と、こう書きながら、私は告白しておかなければならない。実は、私はそのあとも彼のブラームスを聴いて、感心したことがあるのだが、そのときに聴いたのが《第二》だったのか、あるいは最初が《第二》で、あとのが《第一》だったのか、何十年かした今となっては、どちらがどちらとはっきりいえないのである。

　はじめから、ズンと腹にこたえる響きが聴こえ、そのあとの八分の六拍子のレガートで音階を上行してゆく弦と、下行してゆく管との二つの線が聴こえてくるところから、もう心を奪われた記憶は今もあるのだし、そのほか、いろんな点を思い出す。でも、それは二回目だったかな？　いずれにせよ、こういった響きは、響きそのものを切り離して聴けば、誰がやったってそう違わないわけだが、ミュンシュのは音の醸し出す緊張感がすごかった。それに、《第一交響曲》の出だしでは、弦と木管の二重の動きに第一小節の後半からホルンが加わってくる。その音も、はっきり耳に入った――ような気が、今は、するのである。

　もっとも、この点は今度ＣＤ（一九五五～五八年の録音、ＣＤ［ＲＣＡ　ＢＶＣＣ八八八七～八］）で聴き直していて、いろんな個所で金管――ホルンとかトランペットの動きがいやに鮮やかに、ダイナミックなはずみをもって、耳に入るのに気がつくのである。これは、ベートーヴェンの《第六》でも、そうだった。マイクをいくつもおいて音を拾う録音の具合かもしれないとも思われないではないが、やっぱりそうではなく、ミュンシュの指示の結果だろう。そうして、この金管の参加、いろいろの曲のいろいろな個所での強調の仕方が、彼の音楽のつくり方のあの「輝くような精彩」を生み出す一つの手段として使われているのではあるまいかという気がする。

誤解しないでほしい。光の効果をつくるために金管を使うというよりも、むしろ、金管を活用したことが彼の音楽の艶をそえる有力な手段になっているのではないか、といっているのである。「輝かしさ」を狙ってつくったのでなくて、ミュンシュはブラームスの音楽に「輝かしさ」を見たのだ。

さっき引用した彼の言葉「感情の強さをできるだけ増大させなければならない」というのも、そういうものを狙って演奏するというのではない。むしろ、「演奏の行く手に、感情の最高の展開があるように」ということなのだ。しかし、彼の演奏が、どんな時もありきたりの平凡なものに終わらなかったのは、この態度からきたものであることは間違いあるまい。アングルではなくて、ドラクロワの絵のようなものだ。印象派——たとえばルノワールのあの感覚的官能的な豊麗というのとも違うのである。もっと「核心」から生まれたもの。音楽作品の構造の論理に密着した力強さと鮮やかさなのである。

だからこそ、いつも、逞しく精悍であるが、荒々しくも粗暴にもならない。「ドビュッシーよりラヴェルのほうが向いていたのかもしれない」と書いたけれど、彼のドビュッシーには、ほかにあまり類のない「香り」が感じられるのは事実である。

あれは何だろう？　いつか、この欄（「今月の一枚」）でもふれたＬＤの「名指揮者たち」に出ていたミュンシュの指揮ぶりでは、彼が《ダフニス》を振っていて、ボストン交響楽団の連中に「もっと匂いがしなければ」と註文をつけながら、作品の手ざわりという「触覚的な特質」にもふれていたと思うが、これも彼の指揮で、時々、伝わってくるものだ。あの人のやった音楽は生きものであって、単に聴覚、あるいは視野に訴えてくるだけでなく、手でさわり、匂いをかぐこともできるような何ものかになっていた。

何よりも、あの人は「生きた人間」としてすばらしい人だったのだ。彼の下で演奏した音楽家たちは、さんざんリハーサルをつけておいて、あとで本番になると「悪魔的笑みを浮べて、まるで違う棒の振り方をするんだから、油断も隙もなかった」と言っていた（例のＬＤで）。さぞかし、いたずら子憎みたいでいて、しかも憎めないどころか、そういうときこそ、むしろ頭から後光がさすほど魅力的だったのではあるまいか。そうなったのも、何よりも惰性で弾くだけの退屈な演奏を心から忌み嫌ったからに違いない。

楽譜に忠実に弾くのは誰にとっても大前提なので、ミュンシュだって、そうしたのはいうまでもないことだから、前述の「クレッシェンド」にしても、彼が思いつきで勝手に楽譜にないところでやったりしたわけではない。でも、演奏の流れの中で、せっかく楽譜に書いてあり――つまりは作曲家が「心をこめて」音符にしたところを、びっくりするほど、さっと弾かせてしまうといったことは、この人の場合、まったくないわけでもなかった。ブラームスの《第二交響曲》の第三楽章アレグレット・グラツィオーソの終わり近くで第一ヴァイオリンに出てくる「大きな溜息」みたいなふし（第二二五小節から）［譜例1］。ここにはモルト・ドルチェと表記されており、あの一見素気ないベームだって、それなりに、ちょっと風情をつけて弾かせているのに、ミュンシュはさらっと先に進んでしまって、聴くものをびっくりさせる。このCDを聴きながら、私は、これが実演だったら、あとで楽員に向かって「この次はあすこはモルト・ドルチェでやろう」と言ったかもしれない、などと想像してしまう。こういうことは「時代の趣味」などをつきぬけた指揮者の人柄というほかないものだ。結局、ミュンシュの指揮には、そういうものがたくさんあればこそ、彼の仕事は今も残って、聴くものを打つのである。

それにしても当時のボストン交響楽団、弦も管も良い音を出していた。

［譜例1］

ジュリーニ／交響曲全集、他

カルロ・マリア・ジュリーニ指揮
フィルハーモニア管弦楽団
CD［エンジェル　TOCE六一二八〜三〇］（廃盤）

いまの指揮者の中で、フルトヴェングラーにいちばん近い人といったら、カルロ・マリア・ジュリーニではないだろうか。

似ているというのではない。フルトヴェングラーのあの独特のテンポの動かし方、その揺れ動くテンポと音の力の増減とが微妙に一致していて、音楽に、ほかのやり方では普通聴こえてこないような「より深い奥行き」が生まれてくる、あの感じ！　時には、荒々しいまでに節くれだった、ゴツゴツした手ざわり。

こういったものは、ジュリーニにはない。フルトヴェングラーに比べたら、ジュリーニには、より流麗といってもよい流れがある。その流麗さでは、ジュリーニは、むしろカラヤンに近い。しかし、カラヤンの、あの朝日か夕日か、とにかくひときわ新鮮な印象を与える日の光の下で、さざ波のきらめくような、細かな光と影の明暗の交代のような音色の戯れ、悦楽——日本では、先入観に妨げられて、彼のドビュッシーとかラヴェルはちゃんと評価されたためしがないような気がするが、カラヤンは、時にワーグナーさえ印象派の音楽みたいに演奏したがるくらい、音色の音楽が肌にあった人でもあったのだが——、それも、ジュリーニにはない。ジュリーニのは、もう少し、直線的な線の美しさの追求である。

しかし、ジュリーニには、音楽の精神性の輝きを聴き手に伝える上で、フルトヴェングラーと共通するものがあり、また、音楽における感覚的な洗練を尊ぶ点で、カラヤンと共通するものがある。カラヤンは、この洗練を、一種の貴族主義的なものと思っていたようなところがあるが、貴族主義的精神という点では、むしろ、ジュリーニの方が、より生まれつきの真正さとでもいったものがあるように、私には、感じられる。

あの彫りの深いプロフィール、渋くって、いかにも気難しそうな顔つき、それから指揮棒の先をまっすぐに上に向けて持ちながら、これまた気難しそうに、ステージに登場してくる足の運び。もし私がオーケストラの楽員で、これから彼の指揮で演奏しなければならないとしたら、あの姿を見ただけで、「これは大変だぞ」と構えてしまうだろう。

ジュリーニには、指揮するとき、目をつむって、じっと耳を澄ませて音を聴いている横顔の写真があるが、あの恰好だって、カラヤンに比べて、ずっと気難しく、厳しく、そうして、自分の外側にある音響を聴くというだけでなく、むしろ、自分の中で響きわたる精神の表現としてとらえようとしている姿勢を、見るものに、感じさせずにおかない。

といっても、一口で言って、ジュリーニは、フルトヴェングラーとカラヤンの間をつなぐところにいるという点で、ほかに似た人の考えられないような存在である。と同時に、この人は、この二人と同じように「民主主義」全盛の現代では、どうやら時代遅れになってしまったらしい「精神の貴族」の系譜に属する芸術家の一人らしいのである（もっとも、イタリアには、まだ、こういう芸術家が生存する余地があるのかもしれない）。ルキーノ・ヴィスコンティなんていう映画監督も、その一人なのだろう。だが、ヴィスコンティとなると、精神より趣味の芸術家であり、何よりも「美」を重んじる耽美主義者だったように見えるけれど、ジュリーニは、それとも違う。それは、彼が、イタリア・オペラと並んで、ブルックナーやブラームスですばらしい演奏を聴かせる指揮者である点にも出ている。それにレコードではあんまり聴かれないけれど、私の想像では、彼の重要なレパートリーとして大切にとってしまっている宝箱の中には、ベートーヴェンの交響曲もあるはずであって、こういう点でも、ジュリーニは、フルトヴェングラーの後継者と呼ばれてもおかしくないはずなのだ。

何年か前のヴィーン・フィルとやったブルックナーの《第七番》、《第八番》、《第九番》の交響曲。あれなんか、まさに、現代最高のブルックナーだった。その上、この人には、またシカゴ交響楽団と入れたマーラーの《第九交響曲》の名盤もあるし、つい最近二度目のヴェルディの《レクイエム》が出た。口惜しいことに、私は、まだ、じっくり聴く時間がもてないでいるのだが、こういうものはフルトヴェングラーにさえなかったのではないか。

もちろん、彼のほかにだって、ブルックナー、ブラームス、マーラー、ベートーヴェンをやる指揮者は珍しくない。というより、こういうものは指揮者のレパートリーとしては、スタンダードの部類に属する。

だが、渋くて、厳しくって、しかも流麗な響きの中で、「大音楽」と正面から堂々と取り組んで、彫りの深い、造型的な演奏を聴かせる。こういうことができる点では、今生きている指揮者の中で、彼の右に出る人がいるだろうか？　この人には「誇張」ということがない。時には、少し控え目すぎるかもしれないという気がするくらい。だから、私は「渋い」というのだが、それは、彼の解釈には「感傷性」というものが、ほとんど、ないからだろう。

ところで、今、私が上げたいのは、『ブラームスの交響曲全集』（一九六一、六二、六八年の録音、CD［EMI　TOCE六一二八〜三〇］廃）。これはヴィーン・フィルでなくて、フイルハーモニア管弦楽団を指揮したCDであり、録音も《第一交響曲》と《ハイドン変奏曲》が一九六一年。《第二》と《第三》と《悲劇的序曲》が一九六二年。そうして《第四》が一九六八年というのだから、あんまり新しいものとはいえない。フィルハーモニア管弦楽団は、いうまでもなく優秀な奏者を揃えた立派なオーケストラだから、演奏もまず申し分がない。ただ、ヴィーン・フィルなどに比べると、音色に艶というか色気というかが、ちょっと少ないような気がする。特に木管など。しかし、演奏自体としては立派なものである。

私は、四曲ざっと聴いたうえで、改めて《第一》と《第四交響曲》をとり出してきた。聴き直したのだが、これは、私のいつもの聴き方とはやや違うのである。というのも、私の好みは、——ある年齢に達したあとでは——ブラームスの四つの交響曲の中では、《第二交響曲》、それから《第三》を聴くほうが多くなった。特に《第一》は、いつごろからか、少し重苦しすぎて、敬遠するようになってきていた。

ところが、ここでは、その《第一》がとても良くて、気に入ったのである。第一楽章の導入部からして、まずテンポのとり方が気に入った上に、例の音階を上行するのと下行するのと、二本の線の動きが、力瘤を入れすぎる結果、つい押しつけがましくなることが多いのに、ここではそうではない（バスが重すぎないからだろうか。木管がキラキラしないからだろうか。こう思って、聴いているとベルリン・フィルやヴィーン・フィルなら、この二点が正反対になったのだろうに、と考えると、フィルハーモニアの特性がプラスに働いたのかしらとも思われてきた）。この導入部から主要部のアレグロに移ってゆくのも、自然であって、しかも力強い論理が働いている。私が「ジュリーニは誇張しない」といったのも、こういうところに出ているのだが、彼の場合は、フルトヴェングラーと違いテンポをやたらと動かさないくせに、音力の増減で、音楽の展開、前進に迫力がぐっと加わったり、逆に、落ちついた深い静けさに入ったりするのである。

第二楽章も良いが、特に印象的なのは、第一主題の甘美なハーモニーのついた旋律と、あとで、その旋律の上を虹のように大きく歩んでゆく対旋律とのバランスが実によくとれているところである。どっちも、他方の上にかぶさって聴こえなくすることがなく、しかも、両方とも、きれいに聴こえる。どちらも、さほど冴えた音色で響いてはこなくて、むしろ地味すぎはしないかと思われるくらいなのだが、それでいて、胸に沁みるのである。ジュリーニの「貴族主義的節度」の良い例といっていいだろう。この人が、安っぽい金ピカ趣味を軽蔑しているのがよくわかる。

第三楽章は中正穏健。終わりに向かって、ポコ・ア・ポコ、ピウ・トランクイロがきれい。

このあとの終楽章は名演である。これは交響曲全体の締めくくりでもあるせいか

――そうして、もしかしたら、ブラームスがベートーヴェンの《第五》の終わり方をあんまり研究しすぎたせいか――コーダに入ってからもやたらに長く、「まだ終わらないのかしら」と待ち遠しくなるような演奏が少なくないのだが、ジュリーニのこの指揮で聴いていると、そんなことはまったくない。たとえベートーヴェンの《第五》の圧倒的な大進撃には及ばなくとも、この大交響曲の締めくくりにふさわしい迫力はありあまるほど、音となって流れている。フルトヴェングラー以来、久々で心が満たされるとともに、胸のすく思いがした。ほかの交響曲についてゆっくり書く余裕がなくなったが、《第四》の始まりの見事さだけは、一言、ふれておきたい。澄んだ開始から、音が次第にふくらんで、川幅いっぱいに水が滔々と流れ出すような趣は、実に見事なのだが、よく聴いていると、それは音が大きくなり、力が増してくるというだけでなくて、一句一句の間の休み、別の言葉を使えば、休止の間合いのそれとはっきりわかる良さと切り離せないものだと合点がいくのである。まるで、落ちついた口調で内容のある話を聴いているみたいなもので、聴き手は、心から納得し、そうして「いい話を聞いた」という満足感、充実感を覚える。あとの楽章もすばらしい。スケルツォを例にとれば、どちらかというとゆっくりとったテンポが、この音楽にこれまで聴いた覚えのないような大きな幅と深さを与えている。曲全体としても、《第一》にまさるとも劣らない名演である。

カラヤンが、晩年、そろそろベルリン・フィルでの自分の後釜を考えてもおかしくないような段階に達したのに、なかなか胸の中を明かさず、「どうやら、死ぬまで後任のことは口に出さないのではないか」と、みんなが不安になり、不満にさえ思うようになったころ、彼の意中の人は、「もしかしたらジュリーニではないか」という噂がたったという話を聞いたことがある。本当か嘘か知らない。というよりも、私などは、彼は死ぬまでベルリン・フィルは誰にも渡したくはなかったのだろう、と想像するほうが蓋然性が高いと思っている。

しかし、死ぬまでベルリン・フィルに未練を断ちきれなかったらしいカラヤンが、自分の口から出したかもしれないのがジュリーニだったというのも、これまた大いにありうる話ではなかったろうか。もし、そうだったとしたら、それは、カラヤンが、やっぱり、ジュリーニの実力を正確に認識しており、自分のあとをついで、この稀代のオーケストラを託すに足るのはこの人をおいてほかにいないという判断をしてはいたことを証明するものだったのに。もちろん、たとえ、彼がそう考え、さらにそれを口に出したとしても、ベルリン・フィルの楽員も同じ意見だったかどうかはわからない。また、彼らが、たとえ、ジュリーニを選んだとしても、ジュリーニのほうで受諾したかどうか、これも別の話だ。

ただ、私が、心の中では、ひそかに、「カルロス・クライバーか、ジュリーニが選ばれたら」と思っていたのは事実だ。もちろん、これは単なる一音楽ファンの希望であって、ベルリン・フィルとはまったく何の関係もない話である。ジュリーニは、もう長い間、どこのオーケストラの常任でもなくなっている。楽長として大交響管弦楽団のいろいろと煩わしい雑務をみながら、指揮もやるというのは、彼の性に合わないのかもしれない。それは、彼には、カラヤンのような旺盛な権力意志がないのかもしれず、あるいは気難しすぎて、そういうことはどんなに努力しても長続きしないと、自分でも、知っているからかもしれない。そういうことは、彼をよく知る人にして、初めて、言えることだし、私のはあくまでも、彼の指揮を聴いてのうえでの、逆推理に立っての話にすぎない。

ヴァントのブラームス　交響曲第一、二、三番

CD［RCA　BVCC八一六一～二］

ギュンター・ヴァント指揮
北ドイツ放送交響楽団

今年（一九九七年）はブラームスの死後一〇〇年というので、いろいろな演奏会で彼の曲がとり上げられるばかりでなく、今月などCDでも大作がいくつか揃って出た。アーノンクールがベルリン・フィルと組んで入れたブラームス交響曲全集（これには《ハイドン変奏曲》と序曲二つも入っている）。それから同じアーノンクールがロイヤル・コンセルトヘボウ管弦楽団を指揮してクレーメルと入れた《ヴァイオリン協奏曲》とクレーメル、ハーゲンを独奏者とした《二重協奏曲》。もちろんポリーニがアバド、ベルリン・フィルハーモニーと入れた《ピアノ協奏曲第二番》も非常に目覚ましい盤である。私はもちろんみんな聴いた。そうしてこの中のどれをとっても良いと思ったのだが、ここではギュンター・ヴァントがNDR交響楽団で入れた交響曲第一、第二、第三番のCD（一九九五～九六年の録音、CD［RCA　BVCC八一六一～二］。《交響曲第四

番》も収めた全曲盤は〔BVCC三七〇二一～三〕をとり上げることにする。とても気に入った。といって、何も、今上げたほかのCDより出来が良いからというわけではない。演奏がおもしろかったのは、どれも、それぞれの行き方で、みんなおもしろい。

でも、ヴァント盤をとり上げるのは、一つは私はこれまであんまり彼の指揮したものをとり上げてこなかった――ひょっとしたら、少なくともこの欄（「今月の一枚」）では一度も――からであり、これだけの名指揮者について、書かずにすましたのでは、読者に対し、また、自分としても、言い訳の余地のない話になるからだ。

ヴァントのブラームスの特徴は、一口で言うと、実に端正で知的で、こまかなところまで神経の行き届いた立派な指揮から生まれた音楽ということになるだろう。

かねがね私は、ヴァントのブルックナーは――ある意味で良いドイツ的な知的なブルックナーの典型的なものだと考えていた。いや、今でも、そう考えている。ひょっとしたら「冷たい」という人もあるかもしれない。しかし、それは表現にぬかりがあって、そうなっているというよりも、この指揮者の節度ある態度、それと何事につけても明確な意識の下に行なうという厳しい規律を重んじるところからくるものだと思う。足りない点、欠陥というのでなく、むしろ、自分を厳しく規制することの現れなのだ。

それはブラームスでも変わらない。ヴァントのこういう音楽に対する態度は、ドイツ系音楽家のそれというより、言ってみれば北ドイツ的な特徴の一つだろう。同じドイツ人といっても、南ドイツ——たとえばミュンヘンを中心とするバイエルン地方の人たちとなると、宗教もカトリック教徒が多くなり、より温暖な気候に恵まれ、血の気の多いというか、感情的なところが濃厚になるように思える。つまり、オーストリアに近いのだ。それに対し、ハンブルクを中心とする北ドイツの人たちは、プロテスタント系が多く、より理性的で、感情の手ばなしの表現にはあまりなじまない気質の持主が多く、特に教養のある人たちになると、冷たいくらい紳士的で、イギリスのジェントルマンを思わせる人も少なくない。

まあ、これは、大ざっぱな話であって、全部が全部というのではない。それに今は外部から来た人も増加し、変化が起きているかもしれない。しかし、概してそういう傾向がある土地柄だといってもいいのではないか。

だから、ブラームスを語るとき、人々はよく、ハンブルクで生まれ、育ったこの音楽家は、元来が羞恥心が強く、内向的で、気むずかしいくらい自己規制力の強い、そのかわり極めて知的な人なのだが、その人がのちウィーンに移り住むようになって、オーストリアの伝統と、南欧的気質になじむようになった——といった筋書きに沿った言い方をする。

事実、そういうことがあるのは否定できないのだろう。そうすると、ヴァントのように端正で節度のある知的な態度の人、そうして極めて責任感の強い指揮者がブラームスを扱ったとなれば、どうなるかはおおよそ予想がつくというものである。

このCD――かえすがえすも残念なのは《第四交響曲》がまだ間に合わなかったことで、《一番》から《三番》までしか入っていないのだが――のブラームスは、本当に気品のある出来になっている。これは、知的で厳しい規制の枠にはめられたというだけでは、得られないものである。そうして、私が、今月のこのCDをとりあげることにした、いちばん奥にある理由は、私がこの「気品」に魅せられたからである。

それは、たとえば、《第二交響曲》の最初の数小節を聴いただけでも、はっきり伝わってくる。「上品な人柄」というものが、一目見ればどんな人にもすぐ感じられるのと同じである。低い弦のd－cis－dという簡単な半音の歩み、それに踵《きびす》を接して、ホルンがミーソソード、レミレ、ドーソと入ってくる主題の前半を聴いただけで、私たちは自分の前に立っている人がどんな人か、名刺を出してもらわなくても、分かるといった具合である。私はこの交響曲は昔カール・ベームの指揮で聴いて以来、彼のテンポでなじんできた人間であるが、ヴァントのはそれに比べれば、ほんの心持より速い。だが、それでいて、何という落ち着きと滑らかさの中での確乎とした歩みだろう！

それから、この主題をモチーフとして、ひとしきり展開があって（四三小節まで）

[譜例1]

練習記号のAというところから、ヴァイオリンがpのドルチェで八分音符のパッセージで弾みをつけたあと、新しい楽想に入ってゆく。つまり、オーケストラはそれまでと違って、より幅の広い、トゥッティの厚みをもった響きをだんだんにくり広げるようになる［譜例1］。

楽譜の引用を無限に続けるわけにいかないからこのくらいでやめるが、最初からここにくるまで、この引用の部分を経て、さらに進んでいって、いくつものクレッシェンドを経て、最初のfが始まるあたりまで、これだけでも——くり返すが——何という端麗な歩みと気品のある響きの中での明確な音楽の提示ぶりだろう！　少しの曇りもない、穏やかではあるが、細部の透明さも特筆に値する。

総じて、ヴァントのような音楽づくりをする人のやる音楽は、私には、スコアを手にとって聴くと、喜びが何倍にもなる。それは、ただどんな細部も、ちゃんと音になっているというだけでなく、的確な「音楽的処理」がされているからである。

それは、この中の《第三交響曲》を例にとってもいい。この交響曲の有名な出だし、f－as－fという短調かと思われる和声の動きをたっぷり聴かされたあと、ヘ長調とヘ短調の間で微妙に揺れながら、前進してゆくわけだが、その間も、音楽的にいって——つまり、旋律の上でも、リズムやダイナミックの上でも、またアゴーギク（テンポの伸び縮み）の上でも——実にいろんなおもしろいものが、細かく、詰めこまれている。そういうものは、ヴァントのように、明確に、だが節度をもって——まるで楷書の文字のように——きちんと処理されている演奏で、聴いていると、ともすれば乾燥したものになりやすいわけだが、それがここではそうならないのである。

ということは、私に言わせると、ここに、ブラームスの音楽と、本質において、根本において、共通するものがあるからだということになる。

ブラームスの音楽は、細部の隅々に至るまで、彼特有の「良心的態度」で、徹底的に、きちんと処理されている。その上、彼は、効果を狙って、何よりも「快く美しく響く」ように管弦楽を組み立てるという行き方をしなかった。それも、このヴァントではよくわかる。

アーノンクールは「ブラームスは、写真でみると肥った中年男のような印象を与え、それが演奏家にも、彼の音楽をやる場合、とかくつめもののたくさんある、厚ぼったい響きをつくるように心掛けさす傾向があるけれど、実は交響曲や協奏曲といえども、彼の曲は室内楽的に出来ているのだ」といっている（今月〔一九九七年九月〕出た『交響曲全集』のＣＤ盤〔一九九六～九七年の録音、ＣＤ〔テルデック　ＷＰＣＳ五九一七～九〕〕でのインタヴューの中で）。

たしかに、その通り。彼の管弦楽曲のスコアをみれば、旋律とバスで上と下を固め、あと中音に和音をつめた音楽ではなく、むしろ中音域にもいろいろと細かな細工が網状にはりめぐらされており、その上、バスも、単に和声の根音としての役割を果たしているといったものでなく、たとえば旋律的にも大切な役割を与えられているのである。

《第三交響曲》の終楽章、コーダに入る前（スコアでいうと、二五二小節から、ヴィオラで四小節、そのあとクラリネットとファゴットで二小節あまり）の中音域の旋律は、有名な指揮者の入れたＣＤでも、はっきり出てこない例が――つまり、その音楽的な意味がちゃんとわかるようになっていない例があるけれど、このヴァントでは、そういうところも、*pp*、クレッシェンド、ディミヌエンド、あるいは途中でヴァイオリンがコン・ソルディーノ（弱音器をつけて）ピツィカートをやるといったところまで、克明に、だが実に「音楽的に」処理され、鳴らされ、歌わされている。

この《第三交響曲》は、こういう細部の隅々まで、スコアを見ながら、聴いていても、つきることのない興味が湧いてくるような演奏になっている上に――こんなふうに書くと、分析的で柔らかな音楽的ふくらみの欠けた演奏のように思われる恐れがあるけれど、実はそうではない。それどころか、アーノンクールのいう「室内楽的性格」

［譜例 2］

をきちんととらえた、大ざっぱとは正反対の音のものにしていないが、全体として、実に「よく響いて」いるのである。この点では、アーノンクール自身の指揮のものより、響きの点で一段と豊かなものになっているといってもいい。つまり、「内部のつまった」、しかし、名実ともに交響楽的な響きの音楽として演奏されている。特に美質で艶やかさとか華やかさはないが、引き締って痩せてはいない。室内楽的網目の細やかさはよく聴きとれるが、交響的厚味は失わないといったらよかろう。

　ヴァントの指揮が、音楽のフレージング、そのメリハリの鮮やかさでも見事なものになっているのは、もう書き添えるまでもないかもしれないが、それに劣らず、見事なのは——これもスコアを見ながら、彼の演奏を聴く楽しみで主なものの一つだが——全体のバランスのとり方である。このＣＤはライヴだそうだが、響きをつくる上では、ＣＤにするときの技師の調整の仕方も大きくものをいっているのだろうが、そういう側面だけでなく、バランスの良さでは、たとえば《第一交響曲》の第二楽章アンダンテ・ソステヌートの主題の扱い［譜例2］。

　このブラームスのロマンティシズムの最も典型的な旋律の一つは、最初に出てくるだけでなく、あとでも何個所も出てくるわけだが、それが低音域に回され、その上にオーボエがきれいなふしを吹いたり（第二二小節から）、あるいはこの主題が管楽器で奏されるとき、その上にかぶさるように第一、第二ヴァイオリンとヴィオラがオクターヴで美しい虹のような曲線を描いて、対位旋律を奏でる（第七七、七八小節）。こんなとき、ヴァイオリンの旋律を、いわば極彩色で仇《あで》やかに、艶やかに歌わせる例はカラヤンその他いくらも例があるけれど、ヴァントはそういうことはしない。管の主題と弦と旋律とが、どちらも相手の邪魔をせず、均衡をとりながら、しかし、どちらが主題かは鮮やかに聴こえてくる。しかも、どちらも特にこれみよがしに弾くわけでもないのだ。こんなところが「冷たい」と、時に、いわれる所以だろうか。私には、この楽章の演奏は十分にロマンティックに聴こえる。それより、もしかしたら、第三楽章ウン・ポコ・アレグレット・エ・グラツィオーソがテンポも速目で、さっぱりした弾き方のように思われ、ヴィーンの人だったら、もう少し粘るのではないかという気がした。それにこれはNDR交響楽団というオーケストラの性格とも関係があろう。終楽章では、再現部で主題に改めて初めてラルガメンテと指示がつく。そこで提示部のときに比べて、ぐっとテンポを遅めにして、たっぷり弾かせているのが、すごく、目立つ。その他スコアの細かい指定に忠実細心に従っているのも、模範的といってもよい。

ホルスト・シュタインのブラームス

ブラームスの素敵な音楽会があった。曲目は《第三交響曲》と《ピアノ協奏曲一番》だし、演奏はバンベルク交響楽団でホルスト・シュタインの指揮というわけだから、どちらかといえば地味で玄人好みといってもよかろう。それでも一〇月二七日サントリーホールは相当の入りで、演奏の後の拍手は長く盛んだった。演奏ぶりもオーケストラを盛大に鳴らすというよりブラームスの作品を誠実に正確に弾く作業というべく、渋さがかえって感興の密度を高めた趣で、この拍手は音楽を腹いっぱい味わえたことへの感謝と喜びの印といっていいだろう。

《第三交響曲》というのは長調か短調かあいまいなまま飛び出してしまったといった格好の曲だし、四つの楽章の全部がpで終わる珍しいもの。それでもアレグロ・コン・ブリオの開始だから、大抵の指揮者と「名門交響楽団」だったら、急転回する和音の多くを派手に鳴らしたがるだろう。この夜の音楽家たちは、最初のところは楽譜の指定にきっちりついて行き損なったような出だし。だが、その直後立ち直り、ブラームス得意のシンコペーションを重ねながら、コクのある音楽を着々と積み上げていった。

どの楽章も良かったが、特に聴きごたえがあったのは終楽章。ここは指揮者によってかなり速さが違うが、シュタインのはアレグロといっても速すぎず、何度も出てくる弱音で川面に映る影のように歌が流れる部分に格別の注意が払われていた。コーダでヴィオラが弱音器つきで主題の拡大形を弾くと、ほかの楽器がそれをつぎつぎ受けついでいった末、弦の柔らかなトレモロの上に管が揃ってコラール主題をはっきり(だが*pp*で!)奏しながら終わりに向かってゆく。ここは最後に第一楽章の最初の主題が今度こそレッキとした長調で戻ってくるのだから(ベートーヴェン流に)堂々たる勝利の叫びで終わってもおかしくない。ところがブラームス先生何を考えたか、そういうことをやりながら、反対に弱く弱く消えるように書いた。シュタインはこういう点が本当によく感じられるように指揮していた。

かつてはあんなに簡潔だが力強い身ぶりで指揮していた人が、今は低い姿勢で譜面台に顔を埋めるようにしながら音楽を暗い内面の世界の奥へ奥へと静かに誘い入れてゆくのをみていると、肉体的条件が変わったのかと案じられ、痛々しくて胸が熱くなる。この楽団は弦こそ派手ではないが（チェロが少し弱い？）、管はフルート、オーボエ、ファゴット、ホルンと巧者が並んでいるみたい。

協奏曲のソロはラドゥー・ルプー。これもすばらしかった。優しさと強さ、微妙な音色の移り変わり、*pp*から*ff*への全域にわたるダイナミズムの充実。デビューしたころは弱音ペダルが得意だった人が今ではこんな大家の風格を示すようになったのだ。聴いていて、時々ブラームス自身の弾く姿を目の当たりにするような気持がしたくらいである。

アバド／交響曲第四番

クラウディオ・アバド指揮
ベルリン・フィルハーモニー管弦楽団
CD［グラモフォン　POCG四一八四］

クラウディオ・アバドはベルリン・フィルハーモニー管弦楽団の常任指揮者で音楽監督になったようだが、その席は、いまさらいうまでもなく、カラヤンが長い間独占してきたものだ。アバドになって、オーケストラがどう変わるか、果たして、両者の関係がしっくりいくか。どこのオーケストラの楽員だって、そんなにやすやすと指揮者を受け入れるものではないから、ベルリン・フィルだけがやりにくいというわけではなかろうが、何しろ、個性の並々ならぬ強い楽員たちを相手に、それに輪をかけたくらい頑固な前任者が、まるで半永久的みたいな恰好で坐っていた位置に、新しく就任して、自分の音楽をやるのだから、決して楽なことでないにきまっている。それに、ベルリン・フィルは何といっても、ドイツ音楽を枢軸に生きていた交響楽団であり、これまで、常任指揮者といえば——ドイツ人よりドイツ的みたいなチェリビダッケの短い期間を除けば——歴代ドイツ系の音楽家が指揮統率してきた団体だから、イタリア出身の音楽家が常任になるのは、ベルリン・フィルの歴史始まって以来のことではないだろうか。

いくら、現代の音楽界では、生まれがどこの国だからといって、その国の音楽が得意で外国のものはだめなどということはいっていられない状況に到達しているとはいえ、アメリカやイギリスの交響楽団ならいざ知らず、ヴィーン・フィルと並んで、ドイツものの本家本元みたいなベルリン・フィルの常任指揮者の座に坐るとなれば、ドイツ音楽について、一通りや二通りの腕前を見せるくらいではすむまい。レパートリーの上でも、ハイドン、モーツァルトやベートーヴェンまでは、今の世界中の音楽家が始終手がけるスタンダードになっているにせよ、その上のバッハ、あるいはそのあとのシューベルト、シューマン、ブラームスからブルックナー、R・シュトラウスあたりは、どんなことがあっても欠かすことのできないスタンダードにならざるを得まい。

私は、アバドのレパートリーに詳しい人間ではないが、彼のバッハ、ブルックナーはどういうものか、聴いた記憶がない。マーラー、シェーンベルク、ベルクあたりは、前からよくやっているのは知っているけれど、私の知る限り、ベルリンやミュンヘンなどにゆくと、未だにマーラーをブルックナーと同格に見るなんてとんでもないと考えている人が、音楽ファンにも、音楽家、評論家、批評家の中にも、まだ、たくさんいる。それから、もう一人の超大家、ワーグナーを抜かすこともできないのは当然である。

外国人でベルリン・フィルの常任指揮者、音楽監督に就任するなどというのは、大変なことである。私は、アバドは大器だろうと思ってはいるけれど、新しい位置を保持するのは並大抵のことではなかろうと、つい、気がかりになってしまう。そのアバドが、就任の直前直後にかけて、実演でもCDでもブラームスの全曲から出発したようだ。考えてみれば、これは賢明な選択である。

実は、この原稿を書いている現在（一九九二年一月）、アバドはベルリン・フィルと一緒に日本に公演に来ている最中である。曲目はすべてブラームス。四つの《交響曲》と、二つの《ピアノ協奏曲》（ソロはブレンデル）と《ヴァイオリン協奏曲》（ムローヴァ）。そうして、私は、つい先日、その初日の演奏を、大阪のザ・シンフォニーホールに行って聴いてきたところである。曲目は《第一交響曲》と《第一ピアノ協奏曲》で、すばらしい演奏になっていた。

こういうことは現場に行って、見ないとわからない。ベルリン・フィルの楽員たちの中には、私の見覚えのない顔がいくつもあった。もっとも、私はカラヤンの末期、ベルリン・フィルが日本に来ても、聴きにいかなかったことが二回か三回あるので、楽員に新しい顔ぶれがあったといっても、その変化がはたしてアバドの就任の前か後か、それとの関係はよくわからない。ともかく、知らぬ顔があり、女性音楽家もいつの間にか四人になっていた。

しかしまた、なじみの顔もたくさん残っていて、そういう人のほうが多かった。コンサートマスターの安永徹氏はもちろん、コントラバスの、あの鼻の下にチョビひげをはやした——何といったっけ？——人まで。チェロにもヴィオラにも、なじみの顔がたくさん見えた。管もそう。

そういうメンバーと、新しいメンバーとがどこまで完全にとけあっているのか、まだ、よくわからないが、私のみるところ、新と旧とが適度に混って、そこに新しい緊張とバランスとハーモニーが生まれる可能性が大きいように思われた。

また、フルートのツェラー。オーボエのシェレンベルガー、クラリネットのライスター、ホルンのザイフェルト等々といった、オーケストラの超一流の名手たちがまだ健在で、それぞれの出番になると、待ってましたとばかり、妙技を揮《ふる》い、それぞれの楽器での冴えた音色を発揮し、あざやかに旋律を奏する。それは、まるでイタリア・オペラでプリマ・ドンナやプリモ・ウォーモがステージの上で声を競う情景を連想させずにおかない。ブラームスの《第一交響曲》の終楽章の、あの牧人の笛にインスパイアーされた旋律など、ザイフェルトのホルン、ツェラーのフルート以下、まさにこの上もない豪華な名人芸の競演が聴かれた。

それでいて、この人たちのすごい点は、自分一人でステージを占領しようというのでなく、見せ場はいくらでも作っても、もう一方で水ももらさぬアンサンブルを大切にし、それを崩したり、そこからはみ出したりすることのないよう、自制する力を失わない点にある。オーケストラは、どんなにうまくたって、一人で演奏するものではない。長い間オーケストラで演奏してきた習慣が完全に身についていて、まわりの楽員たちのやっていること、出している音が、自然に耳に入ってくるようになっているので、各人が、みんなに合わせて、演奏するのである。

ソロを歌うのと、まわりの声にあわせて歌うのと、その両方ができている。

ベルリン・フィルは、大変な名人揃いの交響楽団であると同時に、オーケストラそのものとして、大変に高度なアンサンブルをつくり出す能力を具えた「オーケストラの名人」なのである。それに、この連中の演奏を見ていると、みんなが、いかにもうれしそうに、全力投球の演奏をしている。自分たちはここに、力を出しきって演奏するために坐っているのであり、中途半端のごまかしの音を出しているのでは、聴き手にわるいというより、自分自身で欲求不満になってしまうので、耐えられないといった気持、意欲が彼らの出す音に漲《みなぎ》っているのがよくわかる。

アバドは、そういう楽員たちを強力にひっぱるというより、その上にのって、巧みな騎手が名馬を御するように指揮していた。その演奏は活力に満ち、清新な意欲に満ち、輝かしいダイナミックな躍動に満ち、そうして「歌」に満ちていた。

カラヤンの全盛時代はともかく、晩年は、こういう活力が少し減っていた。何か不思議な力がまだ残っていたのも事実だが、みんなが力を合わせ、生き生きと弾いているというものがあんまり感じられなくなっていた。それが、戻ってきたのである。ごく、基本的な健康な清新さが。

彼らにしてみれば、半分眠っていても弾けるようなブラームスをやって、新しく来た若い指揮者と一緒に、むしろ、彼を支えるような形で演奏するのが楽しいのではないか。そうして、アバドのほうでは、彼らのその意欲を十分に発散さすように、あんまりしめつけないで、しかし、自分のやりたいことははっきり示すという形で、指揮しているみたいな感じであった。

ところで、今、ここでとりあげるのは、その《第一》ではなくて、《第四交響曲》のＣＤ（ＣＤ〔グラモフォン　ＰＯＣＧ四一八四〕）であり、この盤にはほかに《ハイドン変奏曲》と作品八二の《悲歌》が入っている。この二曲は一九九〇年の録音。《第四》は一九九一年と書いてある。

《ハイドン変奏曲》は、先に書いた、個々の名人芸と全体のアンサンブルのバランスという点からいっても、見事な出来になっているが、特に個々の――一々の演奏者の名は書いてないので、一〇〇％確実にはわからないが――ソリストの妙技が聴けて、楽しい。

《第四交響曲》のほうは、私は、第一楽章の最初の主題で心をとらえられた。この曲では、私はかつてのフルトヴェングラーがベルリン・フィルと残している演奏で、やはり出だしのあの3度関係で上下する主題――h－g－e－a－fis－dis－hとe－g－h－d－f－a－cとの――扱いで、最初のhの長さをたっぷりとってから前進するという、しみじみと心の奥まで届くような独特な表情のつけ方をしているのを、指摘したことがある。そうして、一度この魅力にとらえられると、ほかの人の別の扱いは、それなりに理解し、受け入れはしても、何かもの足りず、完全に満足できなくなるのだった。

ところが、アバドのは、このフルトヴェングラーにずいぶん近いのに、驚いた。もちろん、どこからどこまで同じというのではない。けれども、フルトヴェングラーで非常な特徴のある――独創的といってもいいくらい――扱いに、こんなに似た出だしは偶然といってよいかどうか、一瞬迷ってしまった。

フルトヴェングラーのは――私が推測するに、それをどう評価するかは別として――あんまり彼独特のものになっているから、たとえ、良いと思っても、真似できないのが普通ではなかろうか。たとえば、カラヤンなら、避けたに違いない。いや、現に、彼のブラームスの《第四》の出だしは、もっと淡々と、さりげなく、フルトヴェングラーのあの粘りとテンポの変化とは正反対の、快適なイン・テンポに近い歌い方で、提示されている。フルトヴェングラーと同じやり方はしない。これはカラヤンの苦しまぎれというのではなくて、自分の解釈に自信のある人だったら、どうしても避けることのできないものだと思う。しかし、アバドは、中間にこのカラヤンがいたおかげで、フルトヴェングラーにより近づきやすい位置にある。その上、もしかしたら、聴衆の多くは、もう半世紀も前の大指揮者の示した創意などというものにとらわれず、――事実、いくらベルリンでもフルトヴェングラーを聴いた人の数はどんどん減ってきているだろう――今、現に聞こえてくるものを、その指揮者のものとして素直に受けとるようになっているのかもしれない。あるいは、カラヤンは覚えているだろうから、アバドの主題の歌わせ方に、カラヤンとは違った新しい魅力を見出すのかもしれない。

とはいえ、この《第四交響曲》の演奏の全部がこの調子というのではない。私には、特に、清潔というか清新というか、いかにも爽やかな響きに満ちていることと、細部にこだわらず、安定した大建築物みたいに全体のバランスをよく考えて、整えてゆくことで貫こうとしている姿勢が、あざやかに浮かび上がってくるのが印象的である。それに、全体に音がすごくきれいなのも、アバドがベルリン・フィルを相手に、これまでとは違った点、違った個所で、綿密に手を入れ、厳しい練習をくり返した成果かもしれない。もしかしたら、さすがの楽員たちも、カラヤン当時とは違ったやり方に、少し面食らったかもしれないと想像したくなるくらいである。

いずれにせよ、私はここに、久しぶりオーバーホールしたすがすがしい響きを新しい意欲で、ベルリン・フィルの連中が、これまで長年弾きこんできたブラームスを相手に、全力をあげて、取り組んでいる姿を見る。

第二ピアノ協奏曲

1

周知のように、この曲には、ホロヴィッツとトスカニーニの歴史的名盤と一昔前のバックハウスとベームの組み合わせによる名演奏を双璧として、そのほかにも実にたくさんのレコードがある。私でさえ、四、五枚は持っているだろう。ワッツについて書こうと考えた私は、手持ちのレコードを出してきて、聴き直してみた。みんなそれぞれにおもしろい。それをていねいに書いていたらすごく長いことになる。今は、終楽章に重点をおいて書いてみよう。というのも、この楽章はピアニスティックにも大変むずかしいものだから。

この楽章には、Allegretto grazioso という表情記号が書いてある。

［譜例 1］

私が実演で聴いた思い出で、いちばん鮮やかによみがえってくるのは、大阪の国際フェスティバルでクラウディオ・アラウがブラームスの協奏曲を二曲立て続けに弾いたときに、聴いた折のことである。彼が、弾き出した冒頭主題の、テンポといい、タッチといい、軽快で明るくて、ほとんど粋《いき》といってもよいような表情の見事だったこと！ それまでのブラームスの重苦しい音楽、ことにまた、終楽章に先立つアンダンテ楽章の北欧の秋の終わりのような哀感に満ちた歩みから、音楽は完全に一変して、さっと初夏の陽光がさしてきたような感じの快かったこと。管弦楽までが、重い雲が一掃されて、紺碧の空が見られるような音色に変わった思いがしたものである。

それを思い出しながら、彼のレコード［エンジェル　AA七〇二八］（一九六三年ごろの録音、ジュリーニ指揮フィルハーモニア管弦楽団の演奏でこの番号はLPで廃盤）を聴いてみると、テンポはまさにアレグレットの軽さであり、うまいといったら大変なものである。だれも知っている主題だが、旋律だけでも写すと、こうなる［譜例1］。

この快調のテンポにのって、アラウはあとで出てくる有名な難所、

[譜例2]

[譜例3]

3度の音階も見事に乗り切る[譜例2]。

このピアノの部分は弱音でレッジェーロで弾かれなければならない。旋律は木管にあり、弦はリズムを刻むだけ。だが、このテンポだと、実はこれの前にちょっと具合の悪いことになるのである。というのは、さっきの第一主題とここの間で音楽はイ短調からへ長調へ転調してゆくのだが、そこで弦と木管が交替して主題的楽想が出る[譜例3]。

このピアノのフィギュレーション。単に和音を左右に配置して、ゴトゴト伴奏しているだけのようなものだが、アレグレットのテンポでやると、いかにも味気ないものになってしまう。こういう音型は、ほかの協奏曲にも類のないわけではあるまいに、この協奏曲ではどういう次第か、聴いてかなり気になる（抜萃した楽譜では途中でスタッカートの点が第七三小節からつき出すが、これは私の持っているオイレンブルク版がそうなっているから、それに従った。しかし、この前の四小節にも全部ついているから自明のこととして、第六九から七三小節にいたる間は抜いたのであろう。演奏は、誰で聴いても、同じだ）。アラウは、それを隠すというわけでもないが、少なくともレコードで聴いてみると、かなり陰に入っている。そうして、このあと第八一小節でピアノに旋律が移ったところではっきり浮かび出させるように演奏している。

そういう点で、愉快なのはゼルキン――もちろん父親のほうのルドルフ・ゼルキンである。彼はアラウよりはまた少々遅めに弾き出す。それは、私の推測では、単にアレグレット・グラツィオーソという表情記号のためばかりでなく、例の両手3度のレッジエーロの個所――これはあとになってまた、もっと物凄くむずかしいものになる――を考え合わせてとったテンポのように思われる。

したがって、今ふれた両手の伴奏音型は、ゼルキンの場合、ますますおかしなことになり、何か不器用に氷の上を歩いている人物でもみるような滑稽な音楽になる。しかし、ゼルキンという人は、どこか田夫野人というか村夫子というか、そういった野

[譜例4]

暮くさい、しかも音楽に対しては骨のずいから誠実な人であることが、そういう個所でも、アラウのように巧みにぼかさずにむき出してやってのける点に、よく出ている。私はこういう点ででも、ゼルキンには尊敬と親密の情を覚えずにはいられない。

だが、このレコード〔コロムビア　OS九五八〕（一九六六年の録音、この番号〔LP〕は廃盤。CD〔ソニークラシカル　SRCR八五八四〕も廃盤）で聴くゼルキンは、ほかの個所で感心しない。彼には、前述のように、しごく真面目な人間である結果、生地をさらけ出してしまうほかに、ある時には乱れに乱れてしまう場合がある。この楽章では、あとになって、つぎのような個所も出てくる［譜例4］（この後半の二重音には、左手に一六分音符だけでなく、さらにブラームス特有の交錯するリズムとして、八分音符の三連符で奏する小節もまざるのである）。そうして、この右手の二重音が相当長くつづく。そのへん、ゼルキンの演奏はせきこんだり、遅れたり、途中で息がぬけたり、とても現代一流の大ピアニストの演奏とは思われないほどのさんざんの不出来である。これを聴いていると、ゼルキン先生は、できることなら、全体をもっと遅くとりたかったのかもしれないと、余計な心配までしたくなる。組み合わせの相手が、正確無比をもって鳴るセル指揮クリーヴランド管弦楽団であるから、この乱れはよけいに目立つ。いくら私がゼルキン好きとはいえ、こういう個所まで同情的に「人間味あふれる演奏」とか何とかいうわけにはいかない。

2

私は、かつてリヒター＝ハーザーの独奏とカラヤン指揮のベルリン・フィルハーモニーのレコードを愛聴していた時代がある〔アメリカ盤エンジェル　三五七九六〕（一九五八年の録音、この番号〔LP〕は廃盤。CD〔エンジェル〔レコード芸術名盤コレクション〕ORG三〇二〇〕も廃盤）。今はもうあまりにも盤が荒れ、針の音ばかり耳につくので、ほとんどかけなくなった。久しぶり、それをとり出して聴いてみると、カラヤンの伴奏の巧妙さに、ほとほと感じ入ってしまう。それでいて第三楽章のアンダンテなど、ほかのどんな盤よりも、痛切であり味わいが深い。

ところで、終楽章であるが、これはゼルキンに比べてもアラウに比べても、やや速めである。そのために、さきの問題の個所〔譜例3〕は、それほど耳ざわりでなくなる。そのうえに、管弦楽の受けもつ旋律が美しく、そうしてたっぷりと鳴らされるので、注意はますますそちらにとられる。ピアノを故意に陰におかなくとも、管弦楽が、それを包み、覆って、ピアノは、音楽の全体の中で、低音部から中声部を埋める役割を与えられることになる。

しかし、それが、この音楽のこの個所の音楽的に正しい取り扱いではないか。速いといえば、バックハウス、それも先年出た新盤〔ロンドン　SLC一六三八〕(一九六七年の録音、この番号〔LP〕は廃盤。CD〔デッカ　POCL六〇一〇〕)でも、この老巨匠は、けっしてテンポを遅めにとったりしない。かつての鉄腕的完璧さはさすがにやや失われてはいるけれども、いぜん正面から堂々とこの難曲と対決し、妥協的な逃げ道はとらない。とはいえ、ここの音楽のすべてをイン・テンポで押し切ってもいない。例の個所では、バックハウスのほうで、テンポを落とし、管弦楽に十分に歌わす用意を示している。大家の余裕というものであろうか。このへんの関係は、カラヤン、リヒター＝ハーザー盤と、逆である。それにはまた、ヴィーン・フィルハーモニーを指揮するカール・ベームの大先輩に対する感応の良さを感じとらないのも、不十分な聴き方といえよう。だが、〔譜例2〕の両手の3度、さらにはあとで引用する、もっと凄い3度のオクターヴになると、個々の音の明確さは、往年のような具合にはいかなくなっていることも見逃せない。私は、一九六八年ザルツブルクで、まさにこれと同じ顔ぶれによる実演を聴いて、感動したのだが、そのときはこの楽章といわず演奏の全体に、もっとうるおいと詩味があった。第一楽章の管弦楽とかけ合いになるピアノの出だしの音が、すでに、実に柔らかいのにびっくりもしたものだった。

3

ところでこのピアノ協奏曲は、ブラームスのどんな伝記にも書いてあるとおり、作曲者によって初演された曲である。もちろんブラームスは独奏者にまわった。それも一回だけでなく、そのあとも、ブラームスはこの曲をもって、何回か別々の指揮者のもとに——その中にはハンス・フォン・ビューローもいた——いくつかの都市をまわったのである。そうして数回弾いたあとで、彼は重大な修正を行なった。つまり、この終楽章は、元来が、アレグロ・マ・ノン・トロッポ・エ・グラツィオーソだったのを、彼は何回か弾いてみた経験によって、アレグレット・グラツィオーソと指定し直したのである。ほかにも、彼は第二楽章のスケルツォをはじめ、Allegro passionato と書いていたのを、イタリア語の堪能な男に注意されて、Allegro appassionato と直した。しかし、これは単に語学上の誤りを正したにすぎない。以上のことは、私は、オイレンブルク版のスコアにつけてあるアルトマンのはしがきによって学んだ。(1)

ブラームスは、もちろんピアノがよく弾けた。そうして、作曲をすると、とかく自分で弾きたがった。しかし、作曲家の常として、とても専門家のような具合にはいかなかったようだ。逞しいが、どちらかといえば音が濁ったりしてもあまり気にしなか

［譜例5］

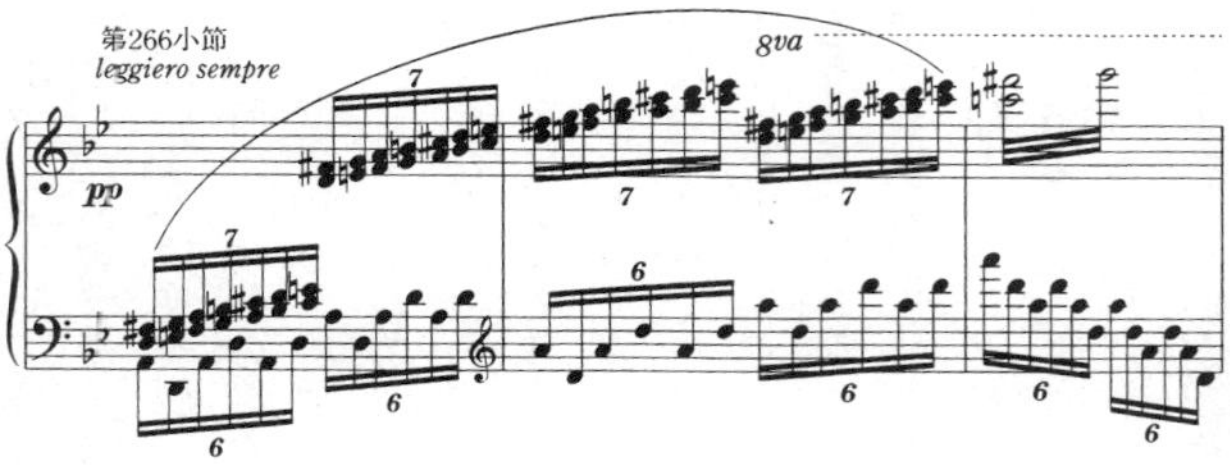

ったらしい（H・C・ショーンバーク『偉大なピアニスト』による）。彼のピアノ曲に3度や6度の重音のパッセージの出てくることは始終である。しかし、それを彼が、どのくらいはっきりと――現代の私たちの耳がなじんでいる技術的水準からいって――弾いたものか。これは想像するほかはないのだが、多分に問題だったのではなかったろうか。そうして、ブラームスが、この終楽章を、はじめアレグロ――もちろん、ブラームスのことだ、アレグロといってもすぐノン・トロッポと続けずにはいられない――と書いてから、何度か自分で公演してみた末、アレグレットと変更したについては、やはり、ブラームス自身にしても、［譜例2］の3度や、［譜例4］の変化する二重音を弾くのにアレグロのテンポではやりきれないと考え直したからではなかろうか？　そのうえに、この楽章では、さらに、また、こういう猛烈な個所も出てくる［譜例5］。これをいくらノン・トロッポとはいえアレグロ、それも一六分音符のパッセージを*pp*のセンプ

レ・レッジェーロで弾くのは容易なことではなかろう。私の推測が少しでも当たっているとしたら、ブラームスは前に弾いた3度の音階［譜例2］はともかく、ここにいたって、いよいよ兜を脱いだのではなかろうか？

と同時に、現代の錚々たる大家たち、あの律儀で滑稽に見えることとさえ厭わないゼルキンをはじめ、巧妙なアラウ、老いたる鍵盤の獅子王バックハウスにいたるまで、彼らは、ブラームスの考え直したアレグレットのテンポをとりながら、その中で以上書いてきたようないろいろと矛盾し衝突しあう問題の解決について、それぞれの解答を、演奏によって与えているわけなのである。今日では、混乱したり、音が不明確だったり濁ったりする演奏は通用しない。と同時に滑稽で無細工なことをやるわけにもいかない、それをやってのける勇気のあるのは——ほかに道はないにせよ——、前述のようにゼルキンぐらいのものであろう。

もう一つ、アレグロとアレグレットは、単にテンポの速さ遅さの違いだけでなく、音楽の表現の相違でもあることを注意しておく必要があろう。たとえば、アレグレットで重厚ということはないだろう。しかし、アレグロ・マ・ノン・トロッポなら大いにありうる。私たちは、ブラームスの音楽に直面していることを忘れないでほしい。グラツィオーソという表情記号は、だから、この終楽章の性格を表すものであることは言うまでもないが、それと同時に、これは最初アレグロ・マ・ノン・トロッポ・エ・

グラツィオーソと書いた、そのときの名残りでもあるわけである。なるほど、この音楽はグラツィオーソである。アレグレット・グラツィオーソと書いて、少しもおかしいことはないが、アレグロ・マ・ノン・トロッポ・エ・グラツィオーソというほうが、ある楽想の暗示・訴えかけから出発した初発的なものが、より端的に感じとられはしないだろうか？

よろしい。とにかく、ブラームスは、これをアレグレット・グラツィオーソと書き換えた。ところで、これも、私は前に書いたことだが、まだ一〇歳の「神童」だったころブラームスの前で演奏したバックハウスは、大いに賞められたあと、巨匠から一葉の紙をプレゼントされた。そこにはこの協奏曲終楽章の冒頭主題とともに、その下に「Zu fröhlichem Anfang」（喜ばしい始まりに）と書き込んであった。その紙片の写真が私がザルツブルクの音楽祭に行ったとき、バックハウスへのインタヴューの記事とともに新聞に載っていたが、そこでは Allegretto grazioso と完全に読める書き込みがあった。もちろん、ブラームスの自筆である。ただし、これは一八九五年のことであり、したがって、ブラームスが楽譜に手を入れてずっと後のことである。

4

私は、なぜ、この問題をこんなに長々と書いてきたか？　この終楽章を聴くにつけて、私は、もっと別のテンポがありはしまいか、とかねがね考えていたからである。それを、やっている人がいる。しかも、唖然とするほど見事に、完璧に。それがアンドレ・ワッツである。

私はこのレコード〔CBSソニー　SONC一〇〇〇二〕（一九六八年の録音、この番号〔LP〕は廃盤。CD〔ソニー・クラシカル　SRCR八九九六〕㊫。バーンスタイン指揮ニューヨーク・フィルとの協演）のワッツが、アレグロで弾いているというのではない。それはアレグレット・グラツィオーソである。しかし、彼はこれまで聴いてきたどの人よりも速い。それにしても、この出だしは〔譜例1〕に見るように、八分音符のスタッカートを中心とし、そこに一六分音符の休止だとか、付点つきリズムのレガートだとかを交えた楽想であって、アレグレットとはいえ、何も「のびやかに、遅く」弾くわけではないのだ。

ワッツはまた、単に速いだけでなく、グラツィオーソに弾いている。それは、速めなだけにさらに軽快な優美をもつ。ちょうどワッツ自身の足の長い見事に均整のとれた歩みが、見るものにかもしかを連想させずにおかないように、その端麗で軽快な姿そっくりの優美さが、この彼の演奏にある。つまり、これはサロンの優美でなく、戸外での運動する優美である。

このテンポが、またこれまで〔譜例3〕でふれた伴奏の音型の滑稽さからも完全に救いだす。

だがすごいのは、例の3度、その他の二重音の問題にからんだ個所の演奏の、非の打ちどころのない弾き方である［譜例2、4、5］。これだけ速くて、しかも不明確で崩れたり聴こえなくなるといった、曖昧なところが少しもない。そのうえに一つ一つの音が実にきれいなのである。現代はまったく恐るべき技術の持ち主の輩出している時代でもあるけれども、これだけのピアニストが、ほかにどこにいるか、ホロヴィッツとリヒテルを直接聴いたことのない私には、ついぞ実演でめぐりあえたためしはない。それは単なる技術だなどと、言ってほしくない。ここが、こう弾けるかどうかが、これまでさんざん見てきたように、楽章全体のテンポの設定に本質的に関係するのだ。そうしてテンポは音楽のすべてでないとしても、その根本である。私はもうこれ以上詳しく具体的に書かないが、この曲におけるワッツの演奏は、こういった個所だけでなく、どこを聴いても若々しい——というより胸のすくようなみずみずしさにあふれており、全体として、実に豊かである。

ブラームスが一〇歳のバックハウスに与えた「喜ばしい始まりに」という言葉が、現在あてはまるのは、このワッツである。

私は、このレコードのバーンスタインの指揮にはやや不満があるが、それはたいして気にするほどのこともない。少し説明しすぎるように思えるだけなのだ。だが、アンドレ・ワッツに関する限り、これは一流中の一流たちと比べても出色の出来栄えである。私の知る限り、このほかには、バックハウスが余人の追随を許さないものをもっているだけである。それにしても、この曲、年寄りが弾くものと思ったら大間違いだ。若さこそ時にすごいことをする。

注

（1） 同じオイレンブルク版スコアのアルトマンの解説によりながら、この間の日付を、もう少し詳しく書くと、次のようになる。この曲の初演は一八八一年一一月九日ブラームスの独奏でペストで行なわれた。ついで彼はシュトゥットガルトで同年同月の二二日にドイツ初演をし、さらに同月二七日ビューローの指揮でマイニンゲンで演奏した。そのあと、彼はさらに各地をこの曲をもって巡演する計画をたてた。それから一二月二日フランクフルトから出版者のジムロック宛の手紙で「はじめのアレグロ・マ・ノン・トロッポ・エ・グラツィオーソをアレグレット・グラツィオーソに改めるように」と書いた。

バックハウスのブラームス

僕が、バックハウスに強い関心をもつようになったのは、比較的遅くなってからです。完全というほかない技術を身につけ、いっさいの虚飾を退けて、非常に真面目な音楽をする大家中の大家であることは、もちろん知っていました。これは彼の演奏を、たとえレコードであろうと、それもどんな曲を弾いたものであろうと、一度でも聴いたことのある者には、疑いようのない事実です。そういうことは、いわば、わかりきったことです。しかし、それ以上に、何というか——もっと強く、深く心をとらえる魅惑というか魔力というか、そういうものは、僕には、なかなか感じられませんでした。それに、また、巨匠と呼ばれるにふさわしい域に達していないピアニストに、かえってまま出会うことのある、特殊な個人的な味わいに満ちた親近感を覚えさすというにしては、彼は、あまりにも完全で、非難の余地のないピアニストでありすぎました。

ところが、今から何年前のことになるか、彼が弾いたベートーヴェンのピアノ・ソナタ全曲のレコードが出たころ、たまたまレコード店にいた僕は、何か聴かないかと勧められました。「そう、じゃ、《ディアベリ変奏曲》でも聴かせてもらいましょうか」、僕は答えました。これなら、はじめから終わりまで、同じような注意で聴かなくともすむだろうし、第一、こういう曲は、正確無比のピアニストでなければ、聴いても仕方がありません。

それは、実にすばらしい演奏でした。と同時に、これで、僕は、バックハウスを聴く入り口が見つかったと思いました。それは一つ一つの変奏が正しく、見事に弾けているというだけではなく、まず、聴いたあとで、ほかのどんなピアニストで聴いたときよりもはるかに爽やかな、すがすがしい後味が残る演奏でした。しかも、あの雄大で複雑で、ある部分は力まかせに書き上げられ、ある部分は弾き手と聴き手とを同じくらい困惑させ、おそらくは注文主で出版屋だったディアベリをからかう冗談――ベートーヴェン一流の悪ふざけ――とおぼしきものが底流しているような部分を詰めこまれた怪物的作品が、バックハウスの演奏で聴きつづけ、聴き終わってみると、ばらばらでなく、一つのまとまったものとして、全体の形姿そのまま、僕の目の前に浮かんでくるのでした。

この爽やかさはどこから生まれるのだろう？　どうしてバックハウスで聴くと、この怪物的作品が、個々の変奏の累積としてでなく、一つの全体として聴こえてくるのか？

僕が、バックハウスを注意深く聴くようになったのは、こういう出会いと疑問とがあって以来のことです。

一八八四年生まれのバックハウスが、ブラームスの《第二ピアノ協奏曲》を初めて公開の席で弾いたのは一九〇三年のことです。しかも、このまだ二〇歳にもならない青年の伴奏をしたのは、ヴァーグナーとブラームスの指揮者として特に有名だったばかりでなく、ブラームスの生前、彼の重要な作品をいくつも初演したハンス・リヒターでした。一九〇三年といえば、ブラームスが死んでから、まだ幾年もたっていません。リヒターはブラームス自身の口から、彼の作品の解釈について、幾度も話を聴いたに相違ありません。ブラームス＝リヒター＝バックハウス、この系譜は、だから演奏の歴史としても、ドイツの古典＝ロマン派の伝統のうえで、まっすぐ続いているのです。

こんど、バックハウスが一九六七年に演奏したレコードが出ましたが、一九六七年に録音したということは、このピアニストが、この曲を六〇年以上にわたって、弾きつづけてきたということになります。いったい、同じ曲を何百回弾いてきたのでしょうか？　こういうことは、考えてみると実におもしろいことで、たとえば、演劇でも同じような具合にゆくでしょうか？　いかに天才とはいえ、同じ俳優が、二〇歳になるかならずでハムレットを演じ、以来、八〇歳を越えてなお演じつづけていられるでしょうか？　また、何百回も同じ役を演じ、いつも新鮮な霊感をもってやれるものでしょうか？　だが、音楽では、演奏では、どうやら可能なようです。といっても、それは、ルービンシュタインとか、バックハウスとかいったごく少数の人たちにだけ見られることで、稀有のピアニストだといっても、たとえば、ソ連のリヒテルだとか、アメリカのホロヴィッツに、それができるかどうか。彼らなら、その時々でずいぶん違った出来――上手下手というのではなくて、そのつど、演奏にこめられた生命の火という点で――になるように、僕には想像されます。

といっても、どうやらバックハウスも、この七〇年以上の間、いつも同じ音楽家でありつづけたのではないらしい。

今世紀の二〇年代、名声のある作曲家であると同時に俊敏な批評家でもあったヴァルター・ニューマンは、バックハウスのピアニストとしてのありとあらゆる技術上の完璧さと音楽的知性を称賛しながらも、結局彼は、たいへん「アカデミックな技術家であり、新古典主義的音楽家にとどまる」と断じています。「彼の音楽には明暗のニュアンスの微妙さが欠け、幻想力の飛翔が足りず、作品の様式感の把握に弱い」と、ニューマンは書いています。バックハウスが、特にイギリス、アメリカでまず圧倒的な成功を博したのも、〝音楽〟より、むしろ技術的、知的な面で抜群に均衡のとれた感覚があるためで、彼の最も重要な特徴は冷静さにある、というのが、およそこのころまでの彼に対するドイツでの一般的評価だったようです。だから当時はバックハウスを、アルトゥール・シュナーベルはおろか、エトヴィン・フィッシャーらと並べて考えるなどというのは論外だったようです(1)。

その彼が、第二次大戦が終わって以後今日にいたる間に、ほかにはルービンシュタインとホロヴィッツくらいしか考えられない、ピアノ界最高峰の一人として評価され、特にベートーヴェン、ブラームスを核心とするドイツ音楽の最大のピアニストとみられるようになったのです。時代の好みの変化ということもあるに相違ないのですが、バックハウス自身のほうにもかつて人びとが想像し難かった大きな発展があったのではないでしょうか？　というのが、半分は、僕の想像です。そうして、初めは綺麗だが、あまり芯のないと思われていたものが、やがて半世紀ののち、ほかに肩を並べるものの見当たらないような堂々たる大樹になったについては、彼の一貫して保持していた演奏の端正さということが、大いに関係あるのではないでしょうか。若いころこそ、無類のテクニシャンとして天才扱いされていたにせよ、それは表面上のあり方であって、実は、彼はいわば植物的に内側からゆっくり成長し、成熟し、大成してきた音楽家ではなかったでしょうか。彼のすぐれて即物的に音楽的な、そうして平衡のとれた知性は、あるときはむしろ限界と感じられ、欠点と見えながらも、実は、跳びはねや、まわり道を避けて、有機的にまっすぐに伸びてゆくうえに、しっかりした土台となったのではなかったでしょうか。彼は、生まれながらの天才とは、むしろ逆だったのです。

バックハウスの技術がいかに完璧なものか。そんなことはいうまでもありません。それは彼が二〇歳になる前にも所有していたものです。問題は、彼がその技術とどうつきあい、どう一緒に生きてきたかです。また、彼がいかに誇張のない抑制の利いた音楽をやるか。これも、とっくにみんなが彼の演奏から聴き出してきたことです。問題は、その抑制の利いた端正さと技術との関係ですし、根本的には、それが〝音楽〟とどう関係するかです。

バックハウスの演奏を聴いて、ふだん僕たちが聴きなれたものと、少しでも変わっていると聴こえたものがあったら、もう一度譜面をとって、調べてみるとよいのです。たとえば彼の弾くブラームスの晩年の小品、あるいはベートーヴェンのソナタ、譜面を見ればはっきりします。彼は、いつも正しい。ある個所が遅すぎると感じられたら、必ず譜面がそれを要求しているのだし、逆に速いときもそうです。あるフレーズが次のものにつづくとき、ほかの人ならごく短い切れ目を入れるのに、なぜ彼は入れないか。譜面を見ればよい。譜面には、そのフレーズの切れ目が書いてない。ピアノと書いてあるのは、あくまで小さく弾くのであって、弱くするのでも、遅くするのでもない……。

こういう点で、速い走句や、アルペッジョや、または和音の連続や、そういう、いわばメカニックなアレグロの音楽を彼が弾くとき、僕たちは、ぜんぜん機械的でもなければ、情感的思わせぶりもないのに、正確でダイナミックな、しかも生き生きした表情をたたえて動きまわる音楽の泉に身をひたす思いがするのです。ただ、バックハウスは、音楽の移りゆきによっては、テンポをぐっと速めに大きく動かしてゆくようなことがしばしばあります。これはもちろん独奏曲のときに、よりはっきりわかる。ためしにベートーヴェンのソナタなどを聴き直してみていただきたいと思います。

ブラームスの《第二ピアノ協奏曲》の極点の一つは、第二楽章スケルツォのトリオにあります。ここには、ラルガメンテという表情記号が指定されています。たいていの指揮者は、ここで速度を落とし、アレグロ・アパッショナートの嵐のような主要部の突進との対照をつくります。しかし、バックハウスはそれを望まない。ラルガメンテは幅広く弾くことを要求こそすれ、遅くして楽想をひきずるのを求めはしない。しかもヴァイオリンの奏する三拍子の旋律はレガートでなく、乾燥したベン・マルカート。旋律はけっして上品なものではなく、むしろ娯楽場の騒々しい呑気な節であって、センチメンタルになってはいけないのです。ただ、いろいろな演奏を注意して聴けばわかることですが、多くの指揮者が遅めのテンポをとるのは、独奏者への配慮もあるでしょう。というのは、はじめの楽段が一段落すると、独奏ピアノが入ってきます。そこは、ソット・ヴォーチェ、低声で、しかも両手のオクターヴのユニゾンで全音符が迅速にレガートに動きまわる。これはこの難曲の中でも格別に至難の個所で、メカニックの卓越を誇るピアニストたちでさえ、完全には弾きこなせないのが普通です。乱れるか、音が完全にコードでつながらないか、さもなければソット・ヴォーチェでなく、騒々しくなるかしがちです。それを避けるとすれば、テンポを落とすよりありません。だが、バックハウスは、それを明らかに拒絶します。ここは、あくまでも長大で雄渾な第一楽章と、甘美な秋の郷愁に満ちたアンダンテ楽章との間で躍動の対照を作りだすべきスケルツォの一部だし、第一、このトリオはけっして上品な歌ではなく、少々意地が悪いか、くつろいだ上機嫌なのです。

だが、わかっているのと、それを完全に実行するのと、この二つは別のことでありますす。そうして、僕たちは、バックハウスの中でこの二つが兼ね備わっている音楽家に、出会うのです［譜例1］。

[譜例1]

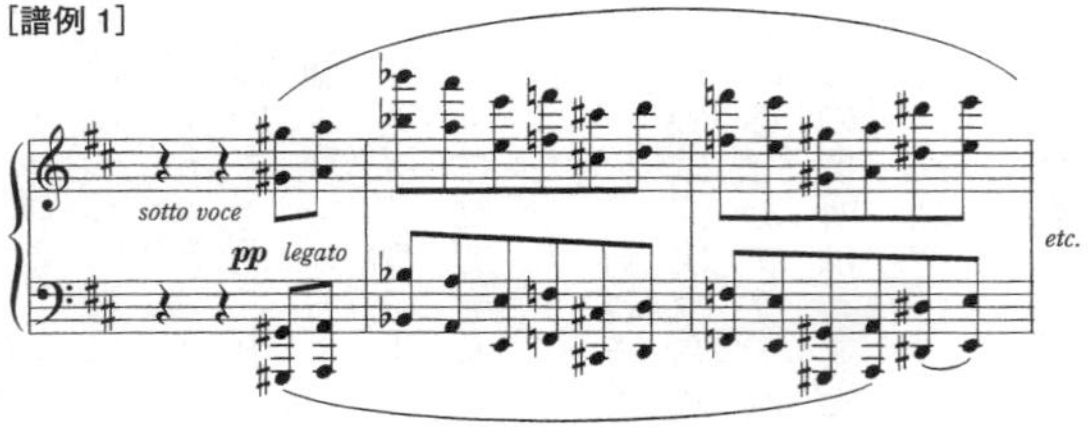

[譜例2]

同じ楽章から、しかし今度はまったく別の角度からバックハウスを照射する例をあげます。主要部の副主題です[譜例2]。

この副主題は、のち（二七七小節以下）スケルツォ主要部が反復されるときにも出てきますが、そのときは、ピアノは分散和音を奏し、そのうえを二本のホルンが旋律を受け持ちます。いかにもブラームスらしい楽器法です。だが、バックハウスの独奏したのと、名だたるヴィーン・フィルハーモニーのホルン奏者たちの演奏と比べたとき、そこにはっきり違いが聴きとれます。バックハウスの旋律を歌わす、その根本的美質は、一点の誇張もないのに、歌のすべての生命が、おだやかに香《かぐ》わしく咲き匂ってくるにある。ホルンのような魅惑的な音色をもってしても匹敵しがたいこの表情。テンポに一点の狂いもありません。ここに引用した小節につづく歌は、ブラームスのピアノ書法の中にどのくらいショパンの影響があるかの一つの例としても意味深い個所なのですが、それはすでにピアニストたちの注目をひいてきたことでしょう。ルービンシュタインも、それから、日本では不当に低く評価されているようですが、ブラームスの協奏曲を弾かせては一流に属するクラウディオ・アラウのようなピアニストも、それをまるで聴き手に「ショパンが出ますよ」と目くばせでもしているような具合に弾いて、僕たちを微笑ます。だが、バックハウスは、しかし、これはシューマンの書いた《謝肉祭》の中の〈ショパン〉の肖像とは違って、これはあくまでもブラームスである、とでも言っているように弾きます。というのは、僕たちはブラームスを聴くのです。譜面に書いてあるとおりのショパンの影のさしたブラームスを。

この個所は、また、バックハウスの旋律による抒情的な表現の端麗さというほかないような形の美しさと、響きの美しさがぴったり一致している特質をよく示しています。

第三楽章でも、このことはよくわかります。そのうえ、ここでは、どのピアニストも多かれ少なかれ、最後のコーダでテンポを落とし加減にして、綿々たる情趣でもって、聴き手を魅了しようとするのですが、バックハウスはそういう一部を誇張、または拡大して人をひきつける手法をとらないのです。そんなことはセンチメンタルでトリヴィアル（未梢的）な誤りにすぎないといわんばかりに。ただ、バックハウスは音楽の楽段の移りゆきのとき、テンポをぐっと速く動かしたりすることがあります。

そのために、終楽章のアレグレット・グラツィオーソは、思わずハッとするほどの鮮やかな軽快さで始めることができるのです。ここはアラウも非常にうまいが、彼の場合は、前楽章との間に断続があるのに対して、バックハウスでは、むしろ連続があり、持続のうえに立つ変化があります。僕はどちらが良いというより、その違いを楽しみます。アラウには、ブラームスが常に憧れていた南欧的な解放感があるのに反し、バックハウスでは、ふだん控え目で、けっして取り乱したところを見せない人が、急に軽快な冗談を口にしたといった趣があります。それは、より内面化された、よりデリケートな優雅さだ、ともいえましょう。それだけにバックハウスのほうが、終わったあとの曲全体のイメージが、より内的で、しかも強くひきしまったものになるのはあらそえません。

バックハウスは、彼の端正な音楽にぴったり照応するピアノの響きをもった人です。これは響きの美しさへの傾斜から生まれたのではなくて、響きの正しい充実から生まれた美しさと呼ぶべきものでしょう。彼のピアノの音が、かつては、どちらかといえば、中性的で特徴に乏しいと考えられていたというのも、そのためでしょう。だが、彼のつかむ音は、まず低音の充溢から生じ、中音域の充実を経て、高音に昇ってゆきます。これは円熟しきった和声的音楽の響きですが、頽廃の影はありません。おそろしく健康な音楽です。また、彼は、それぞれの音楽からは、その音楽に盛られているものしかひき出さないのです。彼の弾くベートーヴェンのソナタが、晩年になるにつれ、ますます深く自由なものになってゆくのも、そのためです。逆にいえば、初期のソナタは、ずっと聴き劣りがします。完璧だが、あまり面白くありません。彼は、曲の中に可能性として眠っているものを目覚ませ、予感でしかないものを、局部的になりと実現して提出しようとはしません。そういうことは、聴き手の敏感さ、貪欲さが嗅ぎとるに任せます。こういう意味では彼を「霊感的な」(inspirierend)ピアニストと呼ぶわけにはいかないでしょう。彼にないものをとりあげるとすれば、僕は、まず感傷、末梢主義、虚飾誇張といったことを思うのですが、彼を聴いたあとの爽快な解放感は、こういう彼の特性から生まれるのでしょう。

バックハウスが、楽曲に対して、いわばsouverainな、悠然かつ端然とした態度をもっているのも、際立って卓越し、どんな困難も困難としない技術の土台の上に立って、それを統括する強靭な叡智があるからでしょう。

ピアニストの世界には、これからも大家、あるいは天才さえ出現する可能性がなくなったわけではないと考えますが、バックハウスのような賢者にして揺るぎのない大家が再び出てくるかどうか、僕にはわかりません。

注

(1) ニューマンのバックハウス評については、私は、ヨアヒム・カイザーの『現代の名ピアニスト』(Joachim Kaiser, *Grosse Pianisten in unserer Zeit*, Piper & Co. München, 1972) の増補改訂版で読んだ。それだけでなくバックハウスについては、この本の記述はとても参考になった。

ピアノ協奏曲第二番、他

エマニュエル・アックス（ピアノ）
ベルナルト・ハイティンク指揮
ボストン交響楽団
CD［ソニー・クラシカル　SRCR二四一四］

今から何年前のことだったか忘れた。ザルツブルクの音楽祭に行って、バックハウスのソロでブラームスの《ピアノ協奏曲第二番》を聴いたことがある。カール・ベームの指揮だから、オーケストラはヴィーン・フィルハーモニーだったに違いない。

そのときのバックハウスのピアノの音が、今でも時々思い出される。特に、出だしのところ。ホルンのソロで主題がゆったりと歌われると、一小節遅れてピアノが低音からアルペッジョで上がってきて、その主題の終わりのモチーフをくり返す。そういうことが二度くり返されて、音楽は先に進むのだが、このときのピアノの音の柔らかなことといったらなかった。私はそれまでバックハウスを生で聴いたことがなかった。そうして、鍵盤の獅子王とか何とか、ジャーナリズムの安直なうたい文句にひきずられて、何となく、ゴッテク逞しい音で鍵盤の上を上から下に、下から上に、駆けまわるような弾き方を予想していたのだが、その予想はまったく外れた。ホルンの深々とやさしい、ノスタルジックな呼び声に、答えて聴こえてくる音は、それに優るとも劣らない。柔らかなタッチから生まれる深々とした響きの歌だった。

もちろん、この協奏曲を弾くピアニストは、誰だって、この出だしのフレーズを柔らかなタッチで始める。それでも、ただ柔らかなタッチで、たっぷり音を響かせながら、弾くというだけでも、この感じは出ないのである。そういうものを聴かせてくれたのは、バックハウスのあとでは、クラウディオ・アラウを覚えている。あとの人は、たとえばスヴィァトスラフ・リヒテルだって悪くはないが、この人のは最初のホルンの呼びかけからしてすごく遅くやらせているので、それに応じてピアノのテンポもすごく大きく伸びていて、「巨大な」という感じは出るけれど、少し間延びしてしまう憾みがある。

もっとも、ブラームスは、この協奏曲の第一楽章の主題を、提示部で何度も何度も、いろいろなやり方で扱いながら、弾かせてみせる。したがって、ピアニストは、そのたびに、違った弾き方で――つまり違った色彩で――弾いてみせる必要がある。その点で、音質のレパートリーのせまい人でこの曲を聴くと、この提示部だけで、聴き手を退屈させないとは限らない。その点で、変化の限りをつくしたという点で、出色の演奏というべきものに出会った。

エマニュエル・アックスのソロに、ハイティンクがボストン交響楽団を指揮して協演したもの（一九九七年の録音、ＣＤ［ソニー・クラシカル　ＳＲＣＲ二四一四］）である。そのハイティンクとオーケストラが、また、実にいいのである。

ひとはよく、ブラームスの協奏曲は、独奏楽器つきの交響曲みたいなものだという。事実、そういってもいいような点が多々ある。それに、見方によっては、この曲の「魂」といってもいいかもしれない第三楽章アンダンテで、ブラームスは、主題をチェロに独奏させる。ブラームス特有のあの濃厚な情緒をたっぷり吸い込んだような旋律を、延々と、心ゆくまで歌わせる。八小節の楽節の始めから終わりまでが、そのチェロのソロであり、それが終わったかと思うと、今度はヴァイオリンがそれを引き継いで、くり返すといった具合である。ピアノが出てくるのは、二三小節目からだ。それも、第一楽章の出だしのときの分散和音を少し変化させたようなフレーズの二小節を経過して、そのあと二五小節目から、やっとソロの歌が始まる。といっても、これは主題を細かく装飾し変奏したものであって、短刀直入に主題を弾くというわけではない。

これは一つの、誰の目にもつく特徴でしかないが、この《第二協奏曲》の全体にわたって、網の目のように細かく張りめぐらされ、書き込まれているのは、*p*、*pp*、あるいは*p*、エスプレッシヴォ、ドルチェ、ベン・マルカートといった表情記号や、それからベン・レガート・エ・ポコ・ソステヌート、あるいは長いクレッシェンドといった類いのテンポの変化の指示である。

といっても、ブラームスのことだ。ただ、音楽の表面を飾るためにつける表情記号やテンポの伸び縮み、あるいは強弱の細かな交代といったものではなく、全体の構造に深くかかわる部分での、とりどりの変化なのである。第一楽章の最初の主題だけでも、何回か仕切り直してはまた出てくるといった恰好で弾かれ――そのたびにピアニストはいろいろの変化をつける必要に迫られるということは前に書いたが、こういう具合の変化だけでなく、提示部から展開部に入るとき、展開部から再現部に突入するとき、あるいは最後のコーダへの導き方、こういう要所要所でのダイナミックやアゴーギク（テンポの伸び縮みの扱い）は、私たちの目を見晴らせずにおかないほどの規模の大きさと精妙さをあわせもつ見事な扱いになっている。

　この演奏のおもしろさの重点は、こういう音楽的論理の展開の見事さにあるといっても、あんまり、言いすぎではない。

　第二主題の提示もすませ、提示部が次第に力を増し、*ff*、*sf*、*sf*、それからクレッシェンドの＜、＜といったものがつぎつぎと重ねられてきた末（第一七三小節から）、第一八四小節で、第一、第二、第三、第四拍と拍の一つ一つに*sf*がおかれ、力説、強調してきたあと、第一八五小節の第四拍から*dim.*となって、大輪の花が何かの原因でアッという間に、みるみるしぼんでゆくのを目の当たりにしているように、音が小さくなり、pとなって、消えてゆく。

それから、曲の頭におかれていた、あのピアノの分散和音をもった入りで、ピアノが主題を聴かせる。それにオーケストラが答える。曲頭のときとは逆の順序であり、かつ、音はどれも小さい。そういったやりとりが一〇小節ぐらい続く。とても、きれいであり、聴き手は思わず息をつめて、じっと聴きほれる。

こういうことが、展開部の終わりから再現部に入るときも、またあるのだが、今度はピアノ・ソロが$f\!f$からディミヌエンド・スビトで、パッと小さくなり、さらにpp、センプレpp、レガート・ドルチェとどんどん弱くなってゆく。それが実に一五小節持続された末に、ピアノ・ソロによる主題の登場がある。これがp、ドルチェ。この間のオーケストラとソロの協奏も、曲の聴きどころの一つだろう。ピアノの動きはトレモロと分散和音に限られ、オーケストラは主題の頭をくり返し、弾いているだけなのだが、協奏曲でこういう「音楽」の形になるように書かれているのは、ベートーヴェンの――それも《第五番》、《第四番》のようなものに由来するのではあるまいか。そうして、こういう点も、このブラームスの協奏曲が「交響曲的な性格」と呼ばれる一つの要素なのである。

総じて、この《第二協奏曲》は、ブラームスがベートーヴェンの《第四》、《第五協奏曲》を徹底的に研究した上で書かれたものだということをはっきり示している。くり返し書いてきたソロ・ピアノの登場の具合も、ベートーヴェンが《四番》と《五番》の協奏曲で、それまでのオーケストラで一応主題提示その他をすませたあとで初めて独奏楽器が姿を現すという図式を打破して、いきなりピアノから入る――《第四》では主題を、《第五》では壮大強烈なアルペッジョの反復で――というやり方を、とり入れながらも、ブラームスなりに消化して、オーケストラとピアノとで分担しながら、主題を提示する。それも、ガンガンやるのではなく、柔らか、ノスタルジックな哀愁をのぞかせながら、という手法をとっているわけだ。周知のように、ブラームスも《ピアノ協奏曲第一番》を書いているころは、そこまでいかなかった。《第三番》までのベートーヴェンと同じように。しかし《二番》は、そのあと何年もして、円熟した大家になってから書いたものである。

この協奏曲では、「これはピアノを伴った交響曲だ」というのは、悪口ではなくて、正確な評なのである。

ということは、この曲を聴くのに、ピアニストのことにばっかり目を向けているような聴き方は不十分というか、一面的になってしまう。いかにピアニストの役割が巨大だとはいえ、この曲はオーケストラとの十分な共演があって、初めてちゃんと聴ける。

その点で、このCDのハイティンクは実に模範的に、彼の役目を果たしている。曲の構造、個々の部分の全体の中で果たしている役割、ピアノとのバランス、そういったものが実によくできた演奏になっている。ハイティンクが主導権をもって、音の盛り上がり、その逆の減衰、あるいはテンポの加速、減退などを決定していたのではないかという気がする個所が少なくない。とにかく、全体的にいって、ハイティンクなればこその成果といいたいくらいだ。ブラームスの《第二ピアノ協奏曲》はこれまでもさんざんCDになった。有名なピアニストだったら、誰も弾く。弾かない人を探したほうが早いくらいの曲である。この曲のCDとなると、人はまずソリストの名を確かめ、それでは聴いてみようかということになる。そういう曲のCDを、ここで、改めて拾い上げたのは、今言った点で、このCDは珍しいあざやかさで、成果を上げているからである。

もちろん、アックスのピアノを弾く力はすでに保証済みだ。技術的な面では何の問題もない。それにはじめに書いた主題をいくつもの違った音色に変えて弾く手法も申し分なく処理している。実力があるのだ。彼の良さは、それだけではないのであって、私はよく彼の弾いたハイドンのソナタのCDを出してきては、くり返し、聴く。たとえば〈長調（Hob.XVI／23）のソナタなど実に立派な演奏である。立派というような言い方より、むしろ、本当に楽しく、しかも第二楽章（アダージョ、へ短調）など、じっくりと心に沁みてくるものになっている。これはハイドンに珍しく、始めから終わりまで色彩的で表情的な歌が流れている楽章なので、たとえばブーニンも、とてもうまい、しみじみと聴かせる演奏をしている。だが、ブーニンのは、例によってテンポをさかんに動かし、心の揺れ動くさまを如実に出した演奏なのに、アックスのはむしろ古典的といっていいような、きちんとした佇まいの演奏だ。それでいて、聴いていて、感動する。

こういうことも、アックスはできるのである。ただ、いつもそうとは限らない。何だか焦点のよくわからない演奏もあり、そういうときには、この人は何が足りないのだろう？　と考えてしまう。押しつけがましいところがないのがこういう結果になるのかなと思うこともある。

しかし、ブラームスの《第二協奏曲》を弾いて、こんなにおもしろい結果が出せるのは、彼のピアニストとしての能力の問題というより、むしろ、その素質、性格上の次元でのことと考えるのが正しいのではないか。そうして、この曲でのオーケストラとの協演の意味が、ありきたりの協奏曲でのそれと違うことを考えると、ここでアックスがハイティンクと組んだ——あるいはこの二人を組み合わせた人の考えが、正しかったということになるのではないか。

ハイティンクは、誰も知る通り、本当に真面目な音楽家であり、とことん考えた上で、その考えたところを正確に実現する上で力をつくすタイプの人だ。それがいいのである。これを聴くと、いかに彼がブラームスの音楽の正しさを信じ、一言一句違わないように忠実に演奏することを目指しているかがよくわかる。いや、わかるというだけでなく、そのひたむきの姿勢に打たれないわけにはいかない。これは、ただ、誰々のピアノの名手がどんなふうにブラームスの協奏曲を弾いているかを中心に聴くべきではないのだ。楽譜を見ながら聴く手間をいとわない人は、ぜひ、そうやって聴いてみるようお勧めする。ブラームスの新しい交響曲を一つ聴いたような気になるだろう。

私は第一楽章でスペースをとりすぎたかもしれない。このCDでの第二、第三も良いし、ことに第四楽章も聴きものである。

暗く重くマジメな第三楽章を終えて、終楽章に入ると、同じヨーロッパでも、アルプスを越えて、南のイタリアに入ったときのような明るさ、人なつこい暖かさが、音楽から聴こえてくる。

かつては、アラウが有名だった明るさ、軽快さのみなぎる歌と踊りの音楽である。こういうことは、ハイティンクとアックスに向いているかどうかと思って聴いていたら、ここもよく弾け、おもしろく聴けた。

このCDには、ほかにブラームスの《ヴァイオリン・ソナタ第一番》をチェロとピアノに直したヴァージョンの演奏が入っている。ピアノはアックスだが、チェロを弾いてるのはヨーヨー・マである。例によって、うまい。ただ、このソナタは原曲そのものが、ピアノの音域が比較的中声部以下の低いところで動いてたので、チェロとの組み合わせになると、一層重くなって、私はあんまり楽しめない。

ヴァイオリン協奏曲

1

いつか見た映画で、ヴァイオリニストが主人公になっているのがあった。そのなかに、彼がオーケストラと一緒に協奏曲を弾くシーンが二度あった。舞台はたしかヴィーンということになっていたような気がする。弾かれたのは、一つはモーツァルトの協奏曲、もう一つはベートーヴェンのそれ。モーツァルトのほうは何番だったか忘れた。

しかし、それが始まったとき、私は即座に納得した、「協奏曲というものは、こういう音楽なのだな」。それははじめから軽快にはずむような流れとなって流れ出し、どこをとっても艶と張りがあり、人好きがよかった。これは典型的な社交音楽（Gesellschaftmusik）なのであり、社交音楽とは、人中にたちまじり、人をよろこばせる音楽なのである。ただ、そのよろこばせ方が、モーツァルトの場合、ただの上機嫌で愛想がいいというのではなくて、あくまで気品を失わず、雅致に富んでいる。いわば、見た人のすべてが、思わず、「ああ、きれいな人」と、ため息とともに嘆賞したくなるような人の姿に比べられる。そうして、あんまりきれいなので、そこに一抹の哀愁の漂う気配がしてくる。これが十八世紀の協奏曲だった。あるいは、このジャンルの創造の先頭にたち、そうして、このジャンルでの最高の仕事を、限界ぎりぎりのところまでやってしまったところの、モーツァルトという天才における協奏曲のあり方だった。

その映画に出てくる聴衆は、モーツァルトの生きていた十八世紀中欧の貴族社会の人々でなくて、十九世紀末から二十世紀一〇年代――つまり第一次大戦前のヨーロッパ市民社会の住民だった。けれども、音楽と演奏家たちと聴き手たちのあいだには、何の隙間もなく、一つになった雰囲気があった。というのも、十九世紀の市民たちは、貴族の力を自分たちの社会のなかで、引き継ぎ、つくりかえてゆく過程のなかで、協奏曲のような、それまで貴族仲間の気晴らしの対象でしかなかったものも、できるだけそっくり自分たちのものにしようと努力し、それに成功しつつあったからだといってよいだろう。

ただ市民たちには、貴族の楽しんだ音楽を教養の糧として消化し、その過程を通じて、かつての貴族と平等の立場にたてる「よりすぐれた人間」になろうという志があった点が、貴族とは違う。だから、市民社会の聴衆は、サロンで音楽を聴いていた貴族に比べて、演奏会という、特に音楽を専心して聴くために設けられた場所に集まり、そうして、注意を集中して、一所懸命に音楽を聴いた。おしゃべりや飲食の合間に、音楽を聴いたり聴かなかったりする貴族たちと違って。だが、モーツァルトの音楽は市民たちの気に入った。ちょうど、貴族の蒐集するともなく集めていた美術品——絵画、彫刻、家具調度什器、壁掛け、装身具といったものが、気に入ったように。そうして、そのために、貴族の邸《やしき》に置かれていたものがだんだんに手放されるようになると、それを引き取って改めて美術館を設けてそこに収め、市民たちの鑑賞に公開するようになったのと同じように。

私は、ここで音楽社会学の解説をしようと思っているわけではないから、この話はこのへんまでにするが、こんなところに筆が向かったのは、日本では、「音楽」はすべて既製品として海のむこうから渡ってきたため、すべてが「純粋音楽」になっていて、協奏曲も宗教音楽も室内楽も、みんなごったまぜに、一つの尺度から演奏され、聴かれ、評価されるのが普通になっているので、ときどき遠近法の完全な欠如からくるおかしなことがもちあがる。それだと、いろんな音楽を判断する遠近法のうえで狂いが生じるということを、ことわっておきたくなったからである。

ところで、映画にもどって、次の音楽のシーンに出てくるのはベートーヴェンの協奏曲だった。この曲は、数ある「ベートーヴェン的開始」のなかでも、また独特の位置を占めるものである。「ベートーヴェン的開始」と私が呼ぶのは、たとえば《第五交響曲》の有名な出だしとか、《第九》のそれとかを思い出していただければよろしいのだが、ベートーヴェンがそれまで前例のなかった、そうしてすごく冴えた、印象的な「開始」の仕方をいくつもやってみせた芸術家だったことは、ことわるまでもあるまいが、そのなかでも、この《ヴァイオリン協奏曲》の開始は水際立ったものである。

これはティンパニのソロのピアニッシモでのゆったりした連打で始まる。この始め方は、初めて聴く人には、あるいはうっかり聴く人には、いつ始まったかちょっとわからないような、まことにさりげない、さっぱりした始まり方のようにみえるが、一度それに気がついたことのある人には、もう忘れることのできないもので、そういう人たちは、この曲の場合、曲が始まる前からすでに予期して待ち受けないわけにはいかなくなる。そこに、そっと聴こえるか聴こえないかで、ポン、ポン、ポン、ポンと四つ鳴る。それだけで息づまるような緊張が生ずる。こんなに単純な一つの音のくり返しだけで、これだけ強烈な緊張のつくられたためしは、ほかのどこにあるのだろうか？　ピアニッシモ・エスプレッシーヴォの音楽家アントーン・ヴェーベルンも入れて。

しかも、この冒頭の四つの音の刻むリズムのテンポとは、これに続いて始まる音楽の足取りを先取りし、完全に支配してしまうのであって、単なる思いつきのエピソードで終わるものとは全然違うのである。

このあとトゥッティがしばらく続いたのち、かなりたってこの曲のスターである独奏ヴァイオリンが入ってくるわけだが、それまでのオーケストラの交響曲的な厚み、音楽の歩みの悠然たる趣。これはもう、それだけでも、王者の風格とでもいうほかないもので、ナポレオン的というのか、音楽というものが、それまでの十八世紀の音楽の貴族性とは違った規模と重厚味をもってきたのがわかるのである。

当時の私が、これを、今言ったように感じたというのは正確ではない。このなかには現在の私の感じ方が多分に反映している。しかし、ベートーヴェンの協奏曲のシーンになって、さっき言った開始が出てきたときすでに、「ああ、大きい音楽だな！」と感じたことは、間違いがない。私は、それまで読んだ、どんな解説書のたぐいによるよりも、この映画に出てきた二つのシーンによって、同じ「協奏曲」と呼ばれてはいても、この二つの音楽のあいだは、大きな淵によって隔てられていることを、その全体の大きさのなかで直感した。

最初の協奏曲の雅致と溌剌さと気品に対し、二番目のシーンでの音楽には、重厚さと落ち着きと雄大さがある。「だが、これが協奏曲だろうか？　もしこれが協奏曲だとすれば、協奏曲は社交的な音楽だという、さっきの考えは考え直さなければならない」

　もちろん、考え直さなければいけないのだ。ことに、この曲は、第二楽章になって、さらに祈りが出てくるのだから。これは精神の極度の内的集中が凝集された結果、省察を越えて、祈りにまで到達してしまった音楽なのだと、私は言いたくなるのだが、もしこれが社交音楽だとしたら、ベートーヴェンという音楽家は、人びとの集まりのなかに急にまるで別なものをもち込んでしまった人ということになる。彼は人中で、急に、あたりが見えず、聴こえなくなって、祈り始めたみたいな人間だということになる。自分でも、さすがに場違いなのに気がついて、終楽章で、あのモーツァルトが愛した狩猟のリズム、八分の六拍子の駆りたてるような前進の陽気な音楽にもどろうとするけれども。しかも彼の才能の限りをつくして、とりかえそうと努めるけれども、はたして、成功したかどうか。たしかに、第二楽章が終わったあとの聴き手の浮世離れしてしまったような、人目の届かないところにいってしまったような心の状態が、かろうじて、また、人間社会にもどってきた事実は認められるにせよ。曲が終わって、私たちの心のなかにまだ残り、余韻として鳴り響いているものは、この狩りのロンドではないのではないか。

いずれにしろ、この音楽によって「協奏曲」は違ったものになってしまった。ベートーヴェンもピアノ協奏曲の《第一》、《第二》までは、まだよかった。しかし《第三》以下、ことに《第四協奏曲》とこの《ヴァイオリン協奏曲》との二曲は、モーツァルトの意味での協奏曲を書くことを不可能にしてしまった。

私は、ベートーヴェンがモーツァルトをのり越えたなどというばかげたことはいわない。協奏曲というジャンルが書かれるについては、ある一定の条件が、それをとりまいて、存在している必要がある。それが、ベートーヴェンのときは失われてしまっていることを、彼の曲は示しているというのである。

2

では「協奏曲」はなくなってしまったのか？

そうではない。「協奏曲」のもつ魅力は忘れがたかった。ベートーヴェンでいえば、《第五ピアノ協奏曲》が書かれる。あの豪壮、雄渾のシンボルのような《皇帝協奏曲》が。

この曲の出現は、協奏曲が、室内楽ではないが、さりとてあまり大げさでないこぢんまりした合奏と独奏からなる社交音楽だった本来の姿から完全に脱皮して、演奏会用大音楽に変質したということを意味する。

これからは、その曲が弾かれるとき、聴いている人が、互いに私語したり、そうでないまでも、まるで違った話題のために集まってきたのに、その席で、音楽の余興があったという雰囲気は完全に消滅する。人びとは「音楽」を聴きにくる、そのために一堂に集まってくる。

いや、違う。

今やみんなが集まったところで主人公になるのは、かつての大公殿下とか公妃とかではないけれど、「音楽」でもないのだ。新しい主人公の名はヴィルトゥオーソという。名人が音楽の「英雄」になる。そうして人びとは英雄をあがめに集まってくる。

ベートーヴェンが耳が聴こえなくなったというのは、以後のヨーロッパ音楽の歴史に消えることのない影響を与えることになった事件だった、といえば、大げさなことをいうと叱られるかもしれないし、私も、そんな言い方は嫌いなのだが、しかし、今ほかのすべてを考えないことにしても、「協奏曲」というジャンルを思うと、彼の聴く力がますます落ちたことと、《皇帝協奏曲》の完成とは時期的に密接な関係にあるのであって、結局、この曲は、それまでの例をやぶり、作曲者でなくて、彼の最も信頼している弟子のチェルニーの独奏によって初演された。そうして、ベートーヴェンはこれを最後に、協奏曲の作曲はやめてしまった。未完の曲の草稿は残っているのは事実だが、彼には書きあげるために不可欠の何かがなくなっていた。

ベートーヴェンは公開の席で演奏しなくなる。《ヴァイオリン協奏曲》はもちろん彼が独奏するために書いたものではないけれども、それでもこの曲と、《第四ピアノ協奏曲》と、この二曲は、モーツァルト流の社交音楽としての協奏曲と、ベートーヴェンの《第五》以後の名人演奏家の名人芸発揮のための演奏会用作品——それも小さなホールではもう間に合わなくなる。交響曲をやるにたるだけの大オーケストラと一緒にポディウムにのって、楽器を相手に名人が大奮闘、大活躍をしてみせるはなばなしい大音楽として書かれたもの——との合間に生まれ、その転換のシンボルであり、かつ、その転換を実現する原動力として働いた、稀有の歴史的モメントとしての傑作なのである。ここではまだ「音楽」が支配者だった。私は、モーツァルトの協奏曲がどんなに好きかは前にふれたけれども、ベートーヴェンのこの二つの協奏曲も大好きである。ベートーヴェンの創作のすべてを通じていっても、好きな曲として抜かすことができないくらいである。

3

私たちは協奏曲というと、つい名人芸の発揮のための音楽といって片づけようとする。そうなったのは、しかし十九世紀に入ってからだ。

十八世紀での、あるいは十七世紀での協奏曲では、なるほど名人が仲間に入っていたにせよ、彼らがその場の主人公になるなんてことは考えられていなかった。このごろ、私たちが目にするバロックの協奏曲の演奏風景を想い出してみても、すぐわかる。ソロイストと、みんなとは仲間なのだ。音楽の構造が、合奏者のなかの一人、二人、三人、場合によっては四人もの音楽家に、ほかの仲間より、少々たくさんの音符を割り当ててはいるけれども。

しかし、どんなに呑気な聴き手でも、やたらとたくさん書かれた十九世紀の協奏曲のなかで、シューマンの《ピアノ協奏曲》やブラームスの協奏曲を、こういったバロックの協奏曲と同一視することはない。

今回はそのブラームスの協奏曲について書きたいと思う。なぜ、私は、好きなベートーヴェンの《ヴァイオリン協奏曲》か《第四ピアノ協奏曲》でなく、ブラームスの協奏曲をあげようとするのか？

ベートーヴェンの協奏曲は、当分ほっておいても何の心配もないけれども、ブラームスの曲は、これからさきも、前のように好きでいられるかどうか、何だか心もとなくなってきたからである。

といっても、何も嫌いになることはないだろう。ただ、ひところのように好きでいられるかどうかは、少々あやしい。そうして、今でさえ、もうかつてのようにしばしば聴かなくなっているうえに、あと何年かしたら、もう、ほとんど聴かなくなってしまうのではないかという気が、かすかだが、するのである。

ブラームスのすべての音楽のなかで、《ヴァイオリン協奏曲》と、二曲の《ピアノ協奏曲》は、私とすれば、特に好きなほうに数えている。

これらの曲は、特に、はじめのころは、よく「ピアノのオブリガート（助奏）をもつ交響曲」だとか「アンチ・ヴァイオリン交響曲」（Concerto against Violin）だとか呼ばれたらしいし、今でも、そういう言い方をする人は時々ある。しかし歴史はその反対であることを証明し、これらの曲は、今や、演奏会のスタンダードのレパートリーとして確固たる地位を占めている。この点は間違いない。

ただ私には、かつてこれをアンチ協奏曲あるいは非協奏曲的協奏曲と考えた人たちが間違っていたとも思えない。というのも、これらの曲は、疑いもなく、実質的には交響曲だからである。

これを「協奏曲」と呼んだのは、当時、そのなかのソロ楽器がこんなに重要な役割を演じ、しかも何とも弾きにくい個所がやたらと出てくるという点で、普通の演奏家の手に負えない音楽だったからにすぎない。そのことはまた、この三曲の完成までにたどった足跡を見てもわかる。ピアノ協奏曲の《第一番》は、はじめ文字どおり交響曲として企てられたのが、どうしてもうまくいかず、二台ピアノのソナタになったり何かした末、やっと今日のような姿になった。《ヴァイオリン協奏曲》と《第二ピアノ協奏曲》についても、内的に深い関連があって、一八七八年、初めてイタリア旅行したブラームスは、そのあとピアノ協奏曲を書く構想をたてたが、中断してヴァイオリン協奏曲にとりかかり、当初はスケルツォをもった四楽章の協奏曲という風変わりなものを書くつもりだったのが、そのプランもまた変わって、三楽章の曲になった。そうして途中でやめたスケルツォとアダージョの二つの中間楽章は、ピアノ協奏曲のほうにまわされ、これが数年ののち、《第二ピアノ協奏曲》として書きあげられるという経過をたどった。

こういう経過を見てゆくと、どうしてもピアノでもヴァイオリンでもやれるような楽想ということ自体が、それぞれの楽器のための名人芸として書かれたものではないことに気づかないわけにいかなくなる。

だが、ブラームスは、とにかくこれらの曲を書きあげるのに成功した。しかも、その成果は私たちの知っているとおりの曲となり、いずれ劣らぬ名作、力作として、今日まで多くの人に愛されつつ生き残った。

ベートーヴェン以後、これとは全然趣の違うシューマンの《ピアノ協奏曲》を除けば、これだけの音楽はついに書かれたためしがなかったといってもよい。

ことにヴァイオリン協奏曲でいえば、ベートーヴェンの一曲のあと、何があったろうか？ かろうじてメンデルスゾーンのホ短調の曲をひろうことができる。しかし、それはスタイルとエクリチュールの純潔さという点で、かけがえない音楽となっているからであって、「協奏曲」としては、もう重視する人はいないのではないか。

協奏曲として？

そう、ベートーヴェンの《皇帝協奏曲》の道を引き継いだブラームスが、協奏曲をそういうものにしてしまったのである。ちょうど、ヴァーグナーがオペラを楽劇のなかに解消してしまったように。

少なくとも、一つの世代の美学的意識において、こういうことが起こったのである。ブラームスの《ヴァイオリン協奏曲》を聴いてみよう。

何という堂々たる開始だろう。大河のようなゆとりをもった勢いで流れ出す音楽。ファゴットとホルンを重ねたヴィオラとチェロによる主題の八小節のあと、オーボエのソロがくる［譜例1］。そのとき、音楽は微妙に転調しているのだが、たいていの聴き手はそれに気がついていないのではないかしら？ これはベートーヴェン的三和音を分散してできた主題の提示のあいだにはさまれたブラームス的哀愁の調べのまざりはじめなのだけれども。音楽は今度は全奏でもって、もう一度、堂々とたくましい主題の流れにもどり、そのあとまた、やわらかでやさしく、なだらかな動きにかえってゆく(1)……

[譜例 1]

私は、このへんで、音楽をなぞることは遠慮するが、ここまででも、この音楽にはベートーヴェンにはなかった一種の郷愁の味わいがある。一抹の憂いを帯びた味わいがある。それはこのあとになっても抜けない。いや、それどころか、あんなに落ち着いた、のびのびとした広がりのように思われたものが、いつのまにか省察と静観のトーンに彩られてゆくのを聴きのがす耳はないはずである。

そのトーンは第二楽章のアダージョで、疑いなく、支配的なものになる。ホルンに下から支えられた、木管だけの合奏で始められる楽段は、表面だけで考えると、ちょうど第一楽章の主題がベートーヴェンの《エロイカ》を連想させてもおかしくないように、ここでも《第九交響曲》の緩徐楽章を思い出さすはずなのに、音楽は、まるで違う。これは豊麗にして甘美な悲歌である。

それに、この曲では、三つの楽章を通じて独奏楽器が管弦楽を従者としてひきつれたプリマドンナというのではなくて、管弦楽の奏する音楽の展開にのりながらそれを変奏しつつ進むという形をとっている。これがベートーヴェンから学んだブラームスの協奏曲スタイルなのである。

4

ブラームスの協奏曲のときの管弦楽は、何もベートーヴェンのそれより大きいわけでもないのに、音楽のスタイルは、もう一つ、大きく広がったホールで、より多くの聴衆を前にして演奏されるように書かれている。ヴィーンのフィルハーモニーのホールが何千人を収容するのか、正確な数は忘れたが、二千人とはなるまい。しかしあれが当時の代表的大ホールだった。それはモーツァルトのころに比べると大変な拡大ぶりである。その広がった空間を満たすため、管弦楽の人数は当然増やされた。またピアノという楽器はモーツァルト、ベートーヴェンのそれに比べて、音量の豊かなものになった。ヴァイオリンのほうはそうはいかないが、それを補うために、名人たちはより肉の厚い、より通りのよい響きを得るよう工夫を重ねる。二重音が盛んに使われ、ヴィブラートの使用が増え、弦に加える弓の圧力も、弦をこする速度や振幅の変化も増大する。音は単に大きくなるだけでなく、ピアニッシモで歌いながら、広大なホールのすみずみまでよく透る音をつくりだす工夫が重ねられる。

ブラームスの協奏曲の独奏者には、どうしてもよく「油ののった、艶々と磨きのかかった音」をもったヴァイオリニストでなければならなくなる。「音楽」のうえからも当然濃厚な表現をするタイプでなければならないのはいうまでもない。

十九世紀八〇年代以後の、これが「協奏曲」の音となる。このタイプの音楽として、ブラームスの協奏曲は、一つの極限だったろう。そういうところに来る聴衆。これも数のうえだけでなく、「人間の質」としてこの音楽に合うタイプの人たちで、当然、あるだろう。

だが、これがモーツァルトのころに比べて、どんなに肥大化し、「油っこく」なっているにせよ、それでも、やはり一つの限度があった。三千人、四千人を入れるマンモス・ホールとなると、過大な要求のまえに音楽がむりやり自身をふくらませようとつとめているのを見ているようで、イソップの寓話ではないが、いまにも腹の皮が張りさけるのではないかと、いたたまれないような気になる。

というのも、ブラームスの音楽は、R・シュトラウスのそれなどと違って、一方で豊かな肉づきの響きを求めながら、内容的にはひどく省察的で内向的で、ともすれば孤独と諦観に安住しようとするところがあるからである。管弦楽も、使われている楽器が多いくせに、音色は地味なのである。ブラームスを愛するというのは、彼の矛盾を愛することにほかならない。もっとも、人を愛するというのは、どだい、そういうことなのだろうが。

それにしても、この矛盾が生まれる源泉は、ブラームス自身にあるのである。彼の音楽は、おそらくたった一人で弾くためのものから、仲間で合奏したり合唱して楽しむものにいたるまで、やる人だけで成り立ち、聴き手を求めないものも少なくないのだが、協奏曲や交響的管弦楽曲ともなれば、これは当然演奏会用音楽として書かれた。そのなかで、彼は、こんなに孤独な哀歌を聴かす。それもう、よほどの自己顕示欲の強い人の場合ならとにかく——そういう人がロマン主義全盛の十九世紀ヨーロッパに輩出したのは事実だが——ブラームスは反省的で自己批判力の強い、真率な人柄の人だった。ということは、モーツァルトやベートーヴェンの時代と違い、このころになると、音楽が表現するものと、それがおかれる場所とのあいだに食い違いが生じてきつつあったということになるのではないか？

ブラームスの協奏曲を、単に悲哀の音楽と呼ぶのは、もちろん正しくない。彼は、この曲を書くにさいして、ベートーヴェンの協奏曲が念頭から離れなかったことは簡単に想像できる。それでもブラームスの曲の終楽章が、ベートーヴェンのそれとはまるで違うことは無視できない。ベートーヴェンのは、例の八分の六拍手のモーツァルトの伝統をふんだものだが、ブラームスのは、いわゆるジプシー風音楽の道をゆくものである。これはハイドン以来の民族色の応用であるというより、ヴァイオリンという楽器についてのブラームスの基本的な感じ方を示しているのである。というのも、彼はハンブルクの赤貧の家庭に育ち、あやしげな港近くの酒場でピアノを弾いて家計を助けていたころ、たまたまハンガリー出身のレメーニというヴァイオリニストに見出され、彼と一緒に演奏旅行をすることで音楽家としてのキャリアを踏み出した人である。そのとき、ヴァイオリンとハンガリーのジプシー音楽とがいかに深い血縁関係にあるかをいやというほど味わったに違いないのである（ブラームスの下降長3度の音程への偏愛もそれと関係がある）。ヴァイオリンは、彼にはベートーヴェン的精神の高貴の楽器である一方、ジプシー的熱狂と悲哀への耽溺のかけがえのない楽器でもあった。これを見過ごすのは、ブラームスが《ハンガリー舞曲》の作曲者でもあったこと、それによって当時法外のベストセラー作曲家になった事実から、故意に目をそらすのと同じくらい、あやまちだ。

　これも、この曲を特徴づける「対立の共存」の一つ、しかも重大な特徴である。今度この曲を調べているうちに、私は、ブラームスがまず終楽章から書き上げたのを知ったのだが、一体にブラームスでは終楽章の在り方に特別なものがある。そのくわしい理屈は少し面倒だから省くけれども、たとえば最も顕著な例として彼の《第一交響曲》をとると、これはベートーヴェンの《第五》の構成をふまえていて、ここでもハ短調で始まる悲劇が終楽章でハ長調で解決される形をとっていることは誰も知っている。しかし、記録を追ってみると、この終楽章は、《第一交響曲》全体のなかで、最初に考えられ、書き進められていた部分なのである。だから、さきに解決があり、あとで悲劇がいかに書かれるかの考慮がきたといえなくもない。《第一交響曲》が名作であるのは誰も異存がないが、この終楽章が少し重すぎて、ダルなところのある点は、今言ったことと関係がないかどうか。私は前から気になっていた。

《ヴァイオリン協奏曲》でも、終楽章が先に書かれ、そのあと第一楽章が書かれ、中間の二つの楽章は前述のように、はじめの構想は《第二ピアノ協奏曲》にまわされ、アダージョだけが新しく書き加えられた。こうしてできた三つの楽章がばらばらなのではない。終楽章を基本に、前の二つの楽章がつくられ、全体が渾然たる一体となっている。それも私にはおもしろい点である。また、このジプシー調の終楽章が先に書かれたからということで、私は、どんなときも、ブラームスの音楽の基本にはジプシー的なものがあったと、主張するわけではない。まして「彼の音楽のあの威風堂々とした、重厚な構成感は借りもので、土俗的感傷的なものこそ、彼の土台だ」という考え方には、私は賛成できない。しかし、この二つが一つになっているのがブラームスだとみなければならないとは思う。ブラームスは自分のありのままをむきだしに出す人でなくて、それを克服して、創作するタイプの芸術家だった。そこに彼の精神の高貴があり、表現が直截でなく、間接的で、絶えず何かに憧れているような情緒のまといついている、いちばん深い原因があった。彼には、彼独自の苦しみとやさしさ、それから戦いの歴史があった。
それを物語るのは、この小文の目的ではない。それに私はもう長すぎるほどおしゃべりしてきた。今は、音楽に、すべてを委ねるべきときだ。私はこの音楽にずいぶん長いあいだ魅せられてきた。

私の好きなのは、オイストラフ独奏、ジョージ・セル指揮、クリーヴランド管弦楽団のレコード（一九六九年の録音、CDは［EMI　TOCE五九〇四九］）。それから、音は良くないが、独奏の「内容」のすばらしいのは、シゲティ独奏、オーマンディ指揮、フィラデルフィア管弦楽団のもの（一九四五年の録音、LP［CBSソニー　SOCU二二］㊮）。

注

（1）注意深い聴き手は、この主題と《第二交響曲》のそれとの類似性に気がついているかもしれない。この二作は、ほぼ同じころ着想され、共通性は一見思いがけないほど深いところにまでおよんでいる。

ミルシテインの二面性　構造美にこだわる冷静さとこみ上げる精神の炎が衝突

暮（一九九二年）の一二月二一日ナタン・ミルシテインがロンドンで死んだ。あの人は一九〇四年の大晦日オデッサの生まれだから、あと一〇日で米寿というところだった。クライスラー、ティボー、シゲティ、ハイフェッツ以下、この世紀のはじめから二十世紀の大半を彩ってきたヴァイオリンの名手たちは、メニューヒンを除き、みんないなくなった。

といっても世界のトップ級の中では、ミルシテインは少し地味な存在だった。また同じ名手の中では、フランチェスカッティとともに、彼も、日本には遂に一度も来なかった。

私はフランチェスカッティはアメリカで聴いたのを覚えているが、ミルシテインのほうはたしかニューヨークかパリで聴いたはずだと思いながら、もう一つはっきりしない上に、何を聴いたかも思い出せない。ただ、思いのほか音が小さく軽かったこと。「ものすごく技巧が冴えていて、とかく冷たい印象を与える」と聞かされていたのが、案外違った感じなので、ちょっととまどった記憶がある。

名著『現代の大ヴァイオリニスト』の著者ハルトナック（Joachim Hartnack "*Grosse Geiger unsrer Zeit*" 白水社から『二十世紀の名ヴァイオリニスト』の題で松本道介氏の訳が出ている）はミルシテインについて興味深い文章を残しているが、その中で彼はミルシテインが音楽の構造美を再現するために努めたこと、大衆向けの妥協を嫌がり、厳しく貴族主義的な行き方を好んだことなどにふれながら、彼の技術の高さ、特に弓の持ち方、使い方の特徴を詳しく記述している。それによると、ミルシテインは弓を軽く持ちアップとダウンの使い分け、つなぎ方が並外れて巧みで、ほとんど気がつかないほど滑らかに交代さすことができるのだった。

また音の充実した美しさの例として、ブラームスの《ヴァイオリン協奏曲》第二楽章の最後の音をあげ、この音をヴィブラートをまったく使わずこんなに美しく響かせられたのはほかにエリカ・モリーニしかいないと特筆している。確かにこの曲〔EMI　TOCE七一六三〕（一九六一年の録音、この番号は廃盤。CD〔EMI　TOCE三三〇六〕。ラインスドルフ指揮フィルハーモニア管弦楽団との演奏）はこの名手を知る上で最高の例の一つで、こんなに力感のみなぎったブラームスはめったに聴かれない。それに比べれば、戦後の私たちを魅了したオイストラフのはゆったりとのびやかで、この名人の人柄そのままのような大らかさをもってはいるが、穏やかすぎるし、かつてはこの曲について最高の弾き手といわれていたエリカ・モリーニ［ウェストミンスター　WPCC四一八八］（一九五六年の録音、この番号は廃盤。CD［ウエストミンスター　MVCZ一〇〇六〇～六一］。ロジンスキー指揮ロイヤル・フィルとの演奏）は懐の深いというか、しみじみとした味わいにみちた名演ではあるが、ゆったりしたテンポは時としてブラームス流の「子守歌」に近くなる。こういう「名演」とミルシテインの行き方との違いを集約的に示しているのは第一楽章のカデンツァで、こんなに烈しい、いくつもの劇的な起伏に富んだカデンツァは、ほかに聴いたことがない。それまでは、とにもかくにも管弦楽に合わせて、悠然と交響楽的な広がりをつくってきたこのヴァイオリニストが、そうやっている間に心の中に次第にたまってきた何ものかにじっと耐え、冷静に知的に処理されていた音楽が、このカデンツァに入るや、一挙に手綱を解き放たれたか、あるいは精神のエネルギーが火を噴いて燃え上がったのかと思われるような変わり方をする。テンポもパッパッと変わり、リズムも破格で大胆な足どりで走ったり崩れたりする。その嵐の烈しさ、強さ。私は胸の動悸の高まりを抑えるのに苦労する。もう一人の名手モリーニも同じカデンツァを弾いているが、ずっと遅く、音の流れの変化のたびに一々立ち止まり、一呼吸ついてから出直す。また今世紀最高といわれるハイフェッツに至っては、どこもかしこも見事に整理され、磨きのかかった美しい音で、一点の狂いもなく、きれいに弾いてのける。が、それだけで終わってしまう。感心はするが、あまりにも筋書き通りで、驚きの生まれる余地はない。その代わり、ミルシテインの第二楽章は性急で、落ち着かなく、抒情の自然な流露に欠ける憾みがある。

私の見るところ、ミルシテインの中には、定評通りの「構造美を重んじる冷静で完璧なテクニシャン」という面と、それをやっているうち、心の中にたまってきて、ついには熱烈な解放を望まずにいられなくなる精神の何かとの二つの面があり、音楽が大きく深くなればなるほど、その二つの衝突が強くなるのだろう。

私がかつて彼を聴いて理解しそこなったのは、それがつかめなかったからではないか。

また、そういう彼がベートーヴェンを得意としたのは当たり前だし、それ以上にバッハを至高の音楽家と見ていたのは当然だった。

彼のベートーヴェンでは協奏曲〔EMI　TOCE七一六二〕（一九六〇年の録音、この番号は廃盤。CD〔EMI　TOCE三三〇六〕。フィストゥラーリ指揮フィルハーモニア管弦楽団との演奏）のCDが残っている。あの曲の眼目の一つ、キュッと胸をしめつけるような個所を聴いていると、この二面性をもった名手が、両足を強く踏んばって、ここを弾いている姿が目に浮かぶ。それはちょっと見には仁王立ちのようだが、彼はハルトナックが的確に指摘したとおりの軽くて自由に動く用弓法で、きれいに澄んで、しかも実に柔らかな音でもって、いってみれば精神的な清らかさと甘い美しさが一つにとけあった恍惚の時をきざむ結果になるのである。この個所は高音になるにつれてまるで夏の青空に浮かぶ白雲のような感じを与える。そのくせ、このベートーヴェンにはカデンツァも入れて、強い緊張感があるのだ。ハルトナックは、ロンドンの批評家たちがミルシテインのベートーヴェンに様式上の異和感をもったと書いているが、このためだろうか。

それから彼のバッハでは一九七三年録音の《無伴奏ヴァイオリンのためのソナタとパルティータ》全曲〔グラモフォン　F52G五〇五二九〜三〇〕（一九七三年の録音、この番号〔LP〕は廃盤。CD〔グラモフォン　POCG三八二〇〜二二〕）のセットがある。ここに当節流行の「古楽風」の演奏を求めるのは無理である。彼のはドイツ風の学究的なバッハはハイフェッツともブッシュともシゲティとも違う。彼のはドイツ風の学究的なバッハでも、技術的に磨かれきった冷厳なバッハでもない。時には驚くほど明確な意志で多声的な構造をはっきり浮び上がらせているかと思うと、重厚な和音の櫓《やぐら》の立ち並ぶ城塞が構築されたり、あるいはゆったりした歌と、突如としてしぶきを上げて流れ去ってゆく急流のような走句の連続とが交代する未聞の音の大きな空間の場となったバッハである。

ミルシテインはあるインタヴューの中で「バッハは至高の存在。私が音楽というときはバッハを考えているのであり、私たち演奏家はバッハのように奉仕し、彼のように感じ、考えるようにならなければならない」と言っているが、二重の根源をもったミルシテインの芸術はバッハの無伴奏曲——例の有名な〈シャコンヌ〉とか《第三ソナタ》の長大なフーガとか——の中で、ありのままの矛盾と長所と弱点とをもって、いちばん生き生きと輝いていたのだった。

ヴァイオリン協奏曲

ピンカス・ズッカーマン（ヴァイオリン）
ダニエル・バレンボイム指揮
パリ管弦楽団
LP［グラモフォン MG一二四二］（廃盤）

指揮者としてのダニエル・バレンボイムのことは、前にも書いたことがある。それも、そう以前のことではない。その人のレコードについて、また、書くのは芸のない話だが、今月も、あれこれレコードを聴いてみないわけではないのに、結局残ったのはバレンボイムがパリ管弦楽団を指揮して、ズッカーマンの独奏で入れたブラームスの《ヴァイオリン協奏曲》だった。

このところ、バレンボイムのレコードは、あまり間隔をおかず次つぎと、出てくる。私の気がついた限りでも、シューマンの交響曲（これは再発売だけれど。何年か前初めて聴いたとき、とてもおもしろいと思ったが、これまで書く機会をもたなかった）があり、それからヴィオラのダニエル・ベンヤミニのソロで入れたバルトークの協奏曲とヒンデミットの《シュヴァーネンドレーヤー（白鳥を焼く男）》を組み合わせた一枚がある。そこへ、このブラームスの協奏曲が、バルトークを追いかけるようにして、出た［グラモフォン　MG二二四二］（一九七九年の録音、現在廃盤）。

これは、この春、バレンボイムがパリ管弦楽団と一緒に日本に公演旅行にやってきたことと関係があるのだろう。事実、私は、そのときの演奏が気に入ったので、今度のレコードにも、さっそく食指が動いたというところもある。バレンボイムが来たのは、ちょうどその前にチェリビダッケがロンドン交響楽団と来日した直後に当たる。そうして、チェリビダッケの、あの綿密を極め、作品の肺腑にまで食い込むような分析のあと、もう一度再構成し直したような音楽作りの結果、ある面ではこれ以上ないほど精密で、厳格な演奏を聴かせる一方で、全体的にテンポがやたら遅く、音楽を局部局部に仕分けてしまって、そこからぼつぼつ小出しに聴かせるような、自然の流れとダイナミズムの欠乏した演奏のあとだったので、バレンボイムを聴いたときは、密室から野外の自由な空気のなかに出たような快感を覚えた。

「どこを切っても、すぐ、血がふき出してくるような、生気潑剌たる演奏」というのが、バレンボイムの指揮でパリ管の演奏を聴いての、私の第一印象だった。最近のバレンボイムが、各国の最高級のオーケストラからひっぱりだこで、いたるところ、好評を博しているらしいのも、この清新潑剌たる音楽が聴けるというのが、第一の理由ではなかろうか。それも、ただ、威勢がよいというのとは違う。いわゆる「音楽的」

なのである。

彼の指揮では――いや、ピアノを弾いているときもそうなのだが――この人は、まるで一昔前の大家が帰ってきたのかと思い違いしかねないくらい、ゆったりしたテンポがとられる。それも、単に、音楽を歌わせるときだけゆっくりするというのでなくて、音楽が歩み、前進するときも、そうなのだ。いや、場合によっては――たとえば、ブルックナーのアレグロの音楽をやるときでも、時間にして計ってみると、かなり悠々たるテンポで流れているのが、わかる場合が少なくない。

それというのも、彼は、部分的なリタルダンドやルバートを濫用しないからである。バレンボイムの行き方は、チェリビダッケと正反対で、音楽を部分でつかまえず、大きな構造として把握し、その全体のほうから出発して、部分の意味を明らかにする。

その点で、この人は、どちらかといえば、フルトヴェングラーやエトヴィン・フィッシャーに近い。だが、フルトヴェングラーたちのテンポが、局部的にみると、ずいぶんが不揃いだったり、同じ単位に属する楽節のなかでさえ、前のめりになったり、滑ったり、ちょっとうるさいほど、細かく変わっていた。もちろん、それにもかかわらず、全体が音楽の深いところから湧き上がり、噴き上がってくる力が遍在しているので、どっしりした、モニュメンタルな印象が残るのが、フルトヴェングラーの大指揮者たる所以だが。

バレンボイムは、ピアニスト上がりとは思えないくらい、オーケストラを完全に手中にしている。管弦楽の合奏としては実によく統制がとれ、一糸乱れず、がっちりやっているだけでなく、重要なモティーフや音程は格段に明確な形で強調する。これまで隠れていたが、明らかにすべき構造上の問題は、はっきりとりだしてきて、私たちの目の前にすえてみせる。

統制がよくとれているという以上に、厳しいところは厳しく、明るいリズミックなところは明快にやる。また、やさしく甘く歌うべきところは、柔らかくという具合に、一つの音楽からその性質に応じて、さまざまの面をひき出してくる点でも、見事なものである。

そういう彼の音楽のつくり方の、ほとんど、すべてが、このブラームスの《ヴァイオリン協奏曲》にも出ている。幅の広い、ゆったりとした、しかし、厳しい表情の第一楽章の出発から、ダイナミックで、すさまじいばかりの跳躍力をもったフィナーレにいたるまで、そこでは、レコードで聴いていても、こちらの腹の底まで響いてくるような迫力をもった低音さえ欠けていない（これも、フルトヴェングラーやクナッパーツブッシュら、一昔前のドイツ楽派の大家たちでよく聴かれたものだ）。

この協奏曲のアダージョでも、オーボエのソロで哀愁を含んだ美しい牧歌を聴かせる前、二本のファゴットによる和音の小節と、そのあとホルンが加わってきて三和音になり、そのままじっと持続している小節と、この二つの小節のあいだで、弱音のまま、じっくりと聴かせるところがあるが、そこでの響きの深さと広がりは言いようもない。

もう一つ、この曲の第一楽章のアレグロは世界のありとあらゆるヴァイオリン協奏曲のなかでも、ベートーヴェンのそれと並んで、最も壮大で充実したといっても過言ではないだろうが、それが終わりに近づき、ソロ・ヴァイオリンのカデンツァ（ここではヨアヒムの書いたものが使われている）に入ってから以下、長いトランクイロの楽段を経て、最後のクレッシエンド・エ・ストリンゲンドに入るまでの弱音の音楽の美しさ。私はこれを聴いて、幽玄という言葉を思わず連想したけれど、こんなことは、初めての経験である。

ズッカーマンも、すごく、成長した。

何年か前にも、この二人の協演から、ベートーヴェンの《ヴァイオリン協奏曲》のすぐれたレコードが生まれていたけれど、今度のブラームスで、いよいよ、十九世紀西洋音楽の生んだ最高のヴァイオリン協奏曲のレコードを新しく買おう、買い直そうという人たちには、「この二人の取り合わせを選べば間違いはないでしょう」といえる日が近づいてきたといえるのではないだろうか。

かつてのクライスラー、そのあとのシゲティ、そうして戦後ではオイストラフとスターン。こんな具合に、流派の違いを越えて、それぞれ、一つの時代を画した超一流のヴァイオリニストたちの残していったレコードの列に、この二人のコンビが加わる日も遠くないだろうと思う。

今夜はブラームスの室内楽でも聴こう

1

今年の秋は急ぎ足でやってくるようだ。少なくとも東京では、このところどんなに日中が暑くとも午後になると雲が出はじめ、五時近くになると雨が降りだす。それも大粒の雨が、激しく十分か十五分も降りつづけると庭が一面の水になるくらい。そのあとは、雷鳴も忘れずにやってくる。夕立である。こうやって一雨ごとに夏が追われ、秋の天下になる。夜は一日一日、目立って長くなり、虫たちの声にもひとしおの風情が加わる。

こういう夜は、室内楽を聴いて過ごそう……

こう書けば、レコードの宣伝みたいだが、それというのも、私たちは、親しい友人たちと膝をつき合わせて、自分たちの手で室内音楽をやる習慣をもっていないから、ついこういった連想に導かれてしまうのだ。本当なら、気の合った友人たちと、入れ代わり立ち代わり演奏したり、一息入れて休んだりしたら、さぞや楽しかろう。そういうことを今でもしている人たちが、まったくいなくなったわけでもあるまい。しかし、それは、ごく少数だろう。日本はもちろんだが、おそらくヨーロッパ、それも家庭音楽がかつてあんなに盛んだったドイツ・オーストリアでさえそうだ。演奏会でも、室内楽の客は明らかに減ってきている。ということは、そういう演奏会が少なくなり、したがって常時チームを組んで、切磋琢磨している室内楽団の数も減りつつあるということになるわけである。こんなことから、レコードの放送だのの一つの積極的な意味も見出される。レコードが室内楽を支える役割の一端を担っているのは、事実だから。

それや、これや、仕方がない。家に坐って、レコードで室内楽でも聴くことにしよう。となれば、友人、知人同志で演奏しているのとは違い、また、あれがうまい、これが下手だということになるのだろう。厄介な話だけれど。

周知のように、ブラームスには、すぐれた室内楽の作品がいくつもある。その中には、映画で使われて以来、一時はやたらと聴かれた作品一八の《弦楽六重奏曲変ロ長調》（第一番）みたいなものをはじめ、非常にポピュラーなものさえある。それにともなって、レコードでも、ブラームスの室内楽というのは、比較的名盤が多いのではないかしらん？

ブラームスの弦楽の室内楽では、三曲の四重奏曲があり、これも重要なレパートリーであるが、私はそれらよりも、むしろ、《弦楽五重奏曲》のほうが名曲ではなかろうか、と思っている。どちらも、モーツァルト以来の弦楽四部にヴィオラをもう一つ加えた編成である。そうして、ちょうどモーツァルトの弦楽の室内楽が――四重奏曲にも名作はあるし、特にハイドン・セットのト長調（第一四番K三八七）とニ短調（第一五番K四二一）の、この二曲だけだって、もう一流中の一流の弦楽四重奏曲の作曲家であることを証拠立てるに十分ではあるけれども――、それでも、弦楽五重奏曲のほうが、例のト短調（第四番K五一六）とハ長調（第三番K五一五）、それにニ長調（第五番K五九三）と、この三曲だけみても、モーツァルト中のモーツァルトであって、ほかのだれとも違う天才である所以が最高度に集約的に表れているのではなかろうか？

そういったようなことが、ブラームスにもみられる。作品八八の《五重奏曲ヘ長調》（第一番）、それからとりわけ作品一一一の《五重奏曲ト長調》（第二番）の前では、三曲の《弦楽四重奏曲》はみんな色あせて見える。それほど、これはブラームスの真髄を示した名作である、というのが、私の持論である。ことにこのト長調の曲の第一楽章、アレグロ・ノン・トロッポ・マ・コン・ブリオは良く書けており、ほかの楽章もまた良い。アダージョ楽章は少しベートーヴェンの《ハープ四重奏曲》（弦楽四重奏曲第一〇番）を思い出させ、第三楽章のト短調のウン・ポコ・アレグレットにもシューベルトの影が少しあるかもしれないが、しかし、これはまさにブラームスの得意のスケルツォとメヌエットの中間をゆく哀愁と軽妙をとりまぜた、見事なインテルメッツォである。

この二曲については、私は、これまで、ブダペスト四重奏団にトランプラーの加わった五人の演奏で聴いてきたし、それで心から満足してきた。だれか知人にブラームスの室内楽のレコードでもあげようかしらというときも、私は何よりもこれを選んできた〔コロムビア　OS四〇二（一九五八年の録音、この番号〔LP〕は廃盤。CD〔ソニー・クラシカル　SRCR一九〇九～一一〕㊫）。

《六重奏曲》となると、さっきふれた作品一八のほうには、カザルスを交えたアイザック・スターン、アレクサンダー・シュナイダー、ミルトン・カティムス、ミルトン・トーマス、それにもうひとりチェロがマドレーヌ・フォリーという豪華な顔ぶれのレコードがある〔コロムビア　OL一八二（一九五二年の録音、この番号〔LP〕は廃盤。CD〔ソニー・クラシカル　SRCR九七五九〕）。ここでは演奏はとてもブダペスト四重奏団の人びとのような緊密で整然としたものになっていない。それにしても、実は六重奏はもうすでに、四重奏、五重奏のような意味での室内楽でなく、むしろディヴェルティメントに近くなってしまっているのである。ブラームスの書き方は、必ずしもそうとばかりと言えないけれども、そこに、どこか計算違いがあったのではなかろうか？

そういう見方から、つまりディヴェルティメントとして見る考え方からすれば、カザルスたちの演奏が、それぞれ、自分の持ち前をやや離れ離れに発揮して見せていたって、それほど細かい神経で追いかけ非難するにも当たらないのであって、ここでは、カザルスを中心に、スターンや何かが、それぞれに気負いたち、自分たちのカンティレーナをたっぷりヴィブラートをかけて弾くのを楽しめばそれで良いということにもなる。また、そう思って聴くと、さすがに、これは聴きごたえのする音楽になってくる。しかし、私には正直のところ、少々、重苦しすぎる。例のアンダンテの変奏曲だとか、また第一楽章の第二主題のヴィーン・ワルツ的旋律だとかは、どんなに呑気に、あるいはぼんやりして聴いていても、あとでちょっとやそっとでは忘れられないほど、耳に残ってしまうくらいだし、それくらいの熱演、名演で聴かせてくれる以上、文句をいう筋合いはないのであるが。

もう一曲の《六重奏曲》のほうのレコードは、私はよく知らない。

2

弦だけの室内楽から、ピアノを伴うものに移ると、まず三曲を数える《ピアノと弦の四重奏曲》ではひところデームスとバリリ弦楽四重奏団のメンバーのレコードが有名だった。私もそろえて持っている。しかし、どういうものか、私は、最近はもうあまり聴かない［ウエストミンスター　SET六〇一六〜七］（一九五六年の録音、この番号〔LP〕は廃盤。CD［ウエストミンスター　MVCW一九〇二四〜五］）。

三曲の《ピアノ三重奏曲》についても、そうである。あれは、一〇年以上も昔、ザルツブルクで故エトヴィン・フィッシャーを中心とした合奏で三曲をいっぺんに聴いた。その時も、それ以後も、私は、あの中の《第一番ロ長調》の曲が一番好きだ。これは作品八となっていて本来が若年の作品だが、後年、作曲者が手を加え、だいぶん改作したというわけで、若さと円熟の混じったものだが、私には、特殊な魅力がある。改作というものは、たいていが、うまくいかないもので、せっかく経験と成熟による進歩があっても、霊感の初発性の瑞々《みずみず》しい魅力が損われてしまうのが普通である。ヒンデミットのオペラ《カルディアック》とか歌曲集《マリアの生涯》など、その顕著な例だろう。しかし、このブラームスの曲では、どうだったろうか。私は、原作のままの演奏を聴いたことがないのだから、何ともいえない。《ピアノ三重奏曲》には、スターン、ローズ、イストミンの顔合わせのレコードがかつてコロムビアから出た。私は一、二度聴いてみた［CBSソニー　SONC一〇五七〜八］（一九六四、六六年の録音、この番号〔LP〕は廃盤。CD〔ソニー・クラシカル　SRCR一六〇三〜五〕。現在聴けるレコードでは最高だと思うけれど、やはり、たった一度聴いたフィッシャーとマイナルディ、シュナイダーハンの演奏の記憶を消すところまではいかない。ただ、この三人を聴いていて、私は、イストミンというピアニストが実に趣味の良い、教養も高く、知的な音楽家であることを発見して、うれしく思う。それに対し、スターンは、なるほど大ヴァイオリニストには違いないのだが、イストミンのそばに置くと、いやに大味で、乱暴にいえば、「少し頭の中がからっぽなんじゃないか」という気がしてくるのも、おかしい。私はスターンが好きで、ことに彼が大曲を弾くのを聴くと感心することが多い。それが、室内楽ということになると、どうも少しおかしいのである。それでも、目下これ以上の組み合わせは思い当たらないのだから、トリオも衰えたものである。

ピアノを使ったものでは、ほかに《五重奏曲》がある。これも通俗的なくらい有名な曲だから、レコードもたくさんあるだろう。私の手許にも何かがあるはずだが、どんなものだったかよく覚えていない。要するに、私は、この曲では、まだこれといって愛着を感じるレコードを知らないわけである。

3

ブラームスには、これもモーツァルトと同じように、管楽器を交じえた室内楽が何曲もある。ベートーヴェンは、初期を除いては、管と弦を混ぜた室内楽を見捨て、また晩年にはピアノと弦をとりあわせることもやめて、弦だけにしぼるにいたった。その経過は、それがそのまま「室内楽」という種目の昇華あるいは深化につながるわけで、これは誰だって、よく理解できる話ではあるが、しかし、そのために、室内楽が精神化し、むずかしいものになってしまったことも争われない。《ラズモフスキー四重奏曲》以降とくにいわゆる晩年のベートーヴェンのあの諸傑作を前にしては、もう単純な音楽愛好家や素人では、演奏しようにも手が出ないことになる。

私は、もちろん、ベートーヴェンの《弦楽四重奏曲》に文句をつけているわけではない。それどころか、晩年の四重奏曲群は、同じ最後のピアノ・ソナタ群とならんで、私がベートーヴェンの諸傑作の中でも、一番好きな音楽である。もうやたらと大袈裟な身振りで叫んだり喚《わめ》いたりしなくなったベートーヴェンの、深く人間的であって、しかも宗教的な感じの濃厚な音楽が、私にはありがたいのである。

だが、彼ほど偉くない人たち、人類の偉人でも英雄でもない音楽家が、またモーツァルトの室内楽の道に戻り、もっと親しみ深い、と同時に、当たり前の音楽としてのなまの音の暖かみやアクセント、色合いをよりどころにしている室内楽を書いてくれたことは、これもまた、うれしいことだった。

私は、カルル・マリア・フォン・ヴェーバーのフルートやクラリネットの曲とか、シューマンのチェロやクラリネットの小品、それから特にブラームスの管を交じえた室内楽のことをいっているのである。

ブラームスには、この分野では、ヴァイオリンとホルンとピアノのための《三重奏曲》（作品四〇）、それから比較的晩年になってからのクラリネットを使った何曲かの曲がある。その中では、クラリネットと弦との《五重奏曲ロ短調》が一番有名なこと、これはいうまでもない。これは、モーツァルトの同じ編成の曲とならんで、クラリネットを使った室内楽の頂点として一対をなす。しかし、クラリネットとチェロとピアノの《三重奏曲》（作品一一四）。これもおもしろい曲である。あの最晩年の寂寥たる冬の想いと孤独に閉じ込められた《クラリネット五重奏曲》に比べれば、《三重奏曲》のほうには、まだしも、秋の淋しさはあっても、同時に、たとえようもなく妖艶な花のたたずまいを偲ばせるところがある。ブラームスで、私が少し持てあますのは、彼のしつこい短調的ムードである。いつぞやも何かの本で見たが、およそ私たちのよく聴く人たちの中で短調のいちばん多かった音楽家はチャイコフスキーではなくて、ブラームスだとあったくらいだから、それをまったく避けるのは、とりも直さず、ブラームスを否定することになるのだろうが。

この曲のこと、私は長い間忘れていたのだが、先日、クリストフ・エッシェンバッハのピアノにベルリン・フィルのカール・ライスターのクラリネットにドンデラーのチェロという顔ぶれのレコード〔グラモフォン　SMG二一〇〇〕（一九六八年の録音、この番号〔LP〕は廃盤。CD〔POCG二七八四〕）を手に入れ、ふと聴いてみて、思いがけない楽趣を覚えた。エッシェンバッハのピアノは、いかにも若々しく、青春のみがもちうる特殊な優しい強さの部分と、女性的といってもよいような艶冶《えんや》な夢の漂う部分とが入りまじり、まことに美しい。老いゆくゲーテがギリシアの美青年ガニュメデスを歌った詩のことを、ふと思い出した。といっても、ここでやられているのは古典的な音楽ではない。あくまで、ロマンティックな詩の世界での出来事である。チェロも柔らかだし、クラリネットの響きも良い。細かく軽く走る音階など、何ともいえぬ響きの交錯がある。それに、アダージョもきれいだが、そのあとの、アンダンティーノ・グラツィオーソの、ブラームス特有のシンコペーションにのった夢みるようなワルツの、たゆたいがまた、こよなく美しい。こういう音楽なら、気の合った仲間と、秋の夜長を心ゆくばかり合奏して過ごしたいものだと、つくづく憶《おも》う。終楽章で、盛んに変拍子になるのも、仲間と弾いたら、気がもめるような、気持が良いようなおもしろさがあろう。

同じレコードには、さっきふれた《ホルン・トリオ》が入っている。これは、もう書くまでもない有名な曲である。これには、かつて、ブッシュのヴァイオリン、ゼルキンのピアノに、あの不幸にも若死にした天才のデニス・ブレーンの父親オーブリー・ブレーンの立派なホルンを取りあわせた名盤があった。SPの時代、くり返し愛聴したものである。しかし、想い出のために、このレコードのLPに直したものをかけなおしてみると、演奏は昔に変わらぬすばらしさだが、もう悲しいほど、色香のさめた音しか出てこない。ことにヴァイオリンの音が淋しい〔エンジェル　GR二〇三三〕（一九三三年の録音、この番号〔LP〕は廃盤。CD〔EMI　TOCE九三二五〜三七〕）。

先日も、どういう方の文章だったか、ピアノの音はレコードで聴くのが一番好いという一節があった。私は、にわかに賛成しかねるのだが、しかしヴァイオリンの音は、時をへだててレコードで聴いてみると、どうして、こんなに色あせて聴こえるのであろうか？　演奏が見事であればあるほど、残念さが増す。

それに比べると、エッシェンバッハのピアノ、ドロルツのヴァイオリン、ザイフェルトのホルンによる演奏は良い音がする。曲も良いし、何ともいえぬ野の香りがしてくる。ドイツへ何回か足を運んでいるうちに、私もやっとこのヴァルトホルンの響きのうちに森を、田野を、つまりは肌で自然を感じるようになってきた。それにしても私は、ジークフリートのあのホルンのふしよりも、また《魔弾の射手》の序曲のホルンのふしよりも、このブラームスの曲のホルンのほうに親近感を覚える人間である。

先日も思ったのだが、東京というマンモス都市の汚れきった大気の中に閉じ込められて生きている私たちは自分でも気がつかない間に、感受性のうえで不具になっているに違いない。それも思いもかけない深所で犯されているに違いないのである。オリヴィエ・メシアン、オネゲル、バルトーク、こういった人々をひき合いに出すまでもなく、ベートーヴェンにせよブラームスにせよ、ブルックナーにせよマーラーにせよ、みんな創造のうえで自然との接触を終生失うことのなかった人々である。それに、あんなに都会的で、大作曲家の中で、田園の香りが極度に少なかったモーツァルトにも、いくつものセレナーデやディヴェルティメントがあり、そこでは迫ってくる夕闇の黒い影の増すと同時に涼しい風が吹き通ってゆくのが、聴きとれる。そう、私は、モーツァルトの管楽器のための傑作たち、《変ロ長調K三六一》、《変ホ長調K三七五》、《ハ短調K三八八》の三つのセレナードについて、いつか、書いてみよう。管楽器のための音楽は、こんなに古くから変わらない自然の近くにいるものでありながら、ひどくモダーンなものでもあるのだ。

それにしても、エッシェンバッハのピアノというものは非常に細かく考えたもので、頭脳的といわなくとも、実に分析的な検討を経た様式である。こういう室内楽でも、彼がどういうとき歌い、どういうとき低音を強調し、どういうとき伴奏として流して弾いているかを詳しく調べてみると、若い人とは思われないくらい精緻な考慮の裏づけのあることがわかってくる。それはダイナミックスと音色のつきせぬ変化といってもよいかもしれないが、それだけでもないのだ。

ボベスコのブラームス　ヴァイオリン・ソナタ

楽器が違い、奏法が違えば、当然、演奏は変わってくる。そういうとき、演奏の違いのすべてを、とりあげた楽曲に対する演奏家の解釈の問題と、割り切って、その見地からだけ考えていたのでは説明のつきにくい現象もあるわけだ。たしかにどんな技法をとるかは、それぞれの音楽と切り離したところで、選択される問題ではない。技術と音楽は切り離せない。それは真実だが、しかし、芸術では、技法がそれ自体で意味をもつ次元もあるのである。

私が最近聴いたレコードのなかには、これに照射を与えるものが、あった。

ボベスコというヴァイオリニストは、ルーマニア生まれ、パリ音楽院を卒業し、一五歳のときベルギーのイザイ・コンクールで優勝した人だそうだが、この人の弾いたブラームスの《ヴァイオリン・ソナタ第一番》（ほかに《スケルツォ　ハ短調》〔フィリップス　27PC三二）（一九八〇、八一年の録音、この番号〔LP〕は廃盤）のレコードを聴くと――富永壮彦さんのライナー・ノートにあるように――、フランコ・ベルギー楽派の出身のヴァイオリニストの音楽がどんなものか、その一つのサンプルのような演奏を聴くことができる。

私は、ヴァイオリン演奏の技術のこまかい点はよく知らないから、深入りはできない。ただ、彼女の演奏では――おそらく、弓の使い方の特質からくるらしい――、その音の無理のない柔らかさと、音の伸縮、ふくらんだり、縮んだりする呼吸の生起というか交代というかの一種の癖が、すぐ手の届くところにあるような、そんな身近さで伝わってくる。それからまた、一つひとつのフレーズの区切りの短さ、音楽の進む歩幅の狭さといってみることもできよう。

私も、その柔らかさ、小柄で力まない美しさを愛する。しかし、迫力の点でもう一つほしいと思う。これは、アウアー門下のハイフェッツやミルシテインないしは現代のスターンからズッカーマン、パールマンらのヴァイオリンに親しむ機会が多く、またそれによろこびを感じる私たちの現状とも関係するものだろう。

これ以上、具体的に、よく言えなくて残念だが、ボベスコでブラームスを聴いていて、私はひきつけられ、かつ、ほかの人の演奏を思い出してしまうのである。

たとえば、堀米ゆず子。彼女の弾いたブラームスの《第一番、第三番》のソナタのレコード〔グラモフォン　20MG〇一一七〕（一九八〇年の録音、この番号〔LP〕は廃盤）。たしか夏だったろう。このレコードを聴いたとき、私は日本にもこんなにテンペラメントの豊かなヴァイオリニストが出たのかとよろこんだ。そうして、夏から秋にかけて、何度かくり返し、聴いたものである。正直言って、私が、これらブラームスの《ヴァイオリン・ソナタ》のレコードで、いちばん好んで聴くのはズッカーマンとバレンボイムの顔合わせによるセットものだ（〔グラモフォン　MG八一三七〜九〕（一九七四年の録音、この番号〔LP〕は廃盤。CD〔グラモフォン　POCG三三〇三〜四〕も廃盤）ここには、三曲の《ヴァイオリン・ソナタ》のほか、二曲の《ヴィオラ・ソナタ》も入っている）。特にその《一番》のソナタは、私の愛聴盤である。

だが、堀米ゆず子のも悪くない。そのレコードを聴いているころ、ボベスコのレコードが届いたので、これも聴いてみたという次第である。堀米という人は、江藤俊哉の弟子だというから、彼女もまたアウアーの流れを汲むヴァイオリニストといってよかろう。その人が、昨一九八〇年、——イザイ・コンクールの後を引き受けた——エリーザベト王妃国際音楽コンクールの優勝者となったというのも、おもしろい因縁である。偶然といえば偶然だろうが、しかし、フランコ・ベルギー楽派の本拠、お膝もとのコンクールにも、アウアーの孫弟子の、そのまた弟子が優勝するようになった、というのが、世界の実状だと考えると、そこにいろいろなことが考えられてくる。

だから、ボベスコが大切なのだ。彼女の稀少価値が尊いのだ、という考え方——というより、そういう音楽の愛し方があるのは、不思議でも何でもない。それでいいのである。

私が言いたいのは、技法の問題は、あるいは、ひとりの演奏家が、どういう根をもち、どういう流れに属し、どういう出身をもっているかというのは、その人の演奏、その人の「音楽」をきめるうえに、大きな要素となっているということだ。それは、誰が何という曲をどう弾いたか、という点からだけ見ていたのではつかまえきれない、真実の一面を認識するのに役立つ。

といっても、私はときどき、こうも思う。現代のように、世界が狭くなり、世界中の国々から、アメリカへ、ソ連へ、フランスへ、ドイツ・オーストリアへ、イタリアへ、という具合に行きたいところにはどこへでも簡単に行って勉強できるようになった時代、それから東京にいても、楽に世界中の演奏家の演奏が聴ける時代、そういうときには、何々楽派とか、何とかいうものも、そのなかでほかの楽派とのあいだにどんどん交流が行なわれるようになり、かつての特質、特徴を、純粋に保持してゆくのはむずかしくなっているのではなかろうか。世界は、古代におけるヘレニズム文明に比較できるような時代に移りつつある。

くり返すが、そういう時代のなかでのボベスコなのである。

ヴァイオリン・ソナタ第一〜三番

ギドン・クレーメル（ヴァイオリン）
ヴァレリー・アファナシェフ（ピアノ）
CD［グラモフォン　POCG七一三四］

かつてジョージ・セルの指揮でシューマンの《第三交響曲》を聴いたことがある。六〇年代の末のベルリンでの話だ。もちろんオーケストラはベルリン・フィルハーモニー。そのときは本当にすばらしい演奏で、この交響曲でこんなに華やかで、しかも堂々たる手応えを与える大建造物だという感銘を受けたことは、あとにもさきにも、覚えがない。それでいて、第三楽章の「速すぎないように」という表情記号のある歌の音楽は、その華やかさの裏に、何ともいえぬ哀感があって、うっかりすると、これまでしっかりした足取りで進んできた音楽が、一転のうちに崩れてしまい、あとは夢の跡とでもいった虚しさが残るだけではないかと、案じられる瞬間がある。「いかにもシューマンだ。そうして、こういうものを感じさせるセルも、やっぱり大家なのだな」と感じ入ったものだった。

演奏の楽しみというのは、こういうところにまでできたものでないと、本当にはおもしろくない。その証拠に、そうでないものは、たとえ聴いている間は興奮させられ、あすこがおもしろかった、ここがどうだったということは言えても、しばらくすると、何にも残ってない。何を聴いたのかぐらいは言えても、また、おもしろかったかどうかぐらいは言えても、実はその音楽の「魂」は響きとして蘇ってきてはくれないのである。

残る演奏と、その場限りの演奏。それは、必ずしも、良い演奏とつまらない演奏との違いだけでもない。むしろ、その場での興奮がどんなに大きく、ほとんど熱狂状態にまでもってくるような演奏であっても、少しあとになってみると、はかなく消えてしまうのも少なくない。まるで醒めてみると、もうそれがどんな夢だったかさえ思い出せず、ただ重苦しかったとかうれしかったとか、そんなことが、生々しいけれど漠然とした感じでしか残っていない夢に似ている。

それと逆の演奏もある。醒めながら見ている夢のように、興奮は大きくなり、むしろ、いつもより冷静——というより、省察的内省的な気分にさせられながらも、要所要所ではいつまでも忘れられないものとして残る。そういう思い出は、時間がたっても——いつまでも、とまではいえないけれど——色褪せることなく、残っていて、時に応じて鮮かに蘇ってくる。

近日、クレーメルとアファナシェフの二重奏で、「ブラームスのヴァイオリン・ソナタ集」のCD（一九八七年の録音、CD〔グラモフォン　POCG七一三四〕）を聴いたときも、改めて、このことを思った。

といっても、正直言って、私はこんなブラームスのヴァイオリン・ソナタの演奏を聴いたことがないので、初めて聴いたときはとてもびっくりした。

《一番》のソナタは、まあ、普通の演奏より少し遅めではあるけれど、この両人の顔合わせということだったら、これはまだおとなしいほうだぐらいに思って聴いていたのだが、だんだん、進むにつれて、単に「変わった演奏だ」ぐらいではすまなくなる。この二人は、それぞれ別々に演奏したときだって、聴き手を「熱い幸福な心持」にするのとは逆の方向に行きたがる傾向の強い演奏家であることは、今さらことわるまでもない。ここでも、それは変わらない。けれども、第一楽章の提示部が終わりかけるあたりから、*pp* grazioso e teneramente, un poco calando と、響きは洞穴にでも入ったみたいに末細りに弱くなり、暗くなる。そして、展開部でイン・テンポに戻って *p* dolce のついた第一主題が主調で出てくるとともに、音楽はその暗い領域にどんどん深入りしてゆき、sempre dolce, poco a poco più sostenuto では、もう完全に水面下に潜ったかのようなものになってしまう。そのあと *sf* や *f* がないわけではないのだが、それは音の流れの全体にたいして影響するものではない。こんな具合で、展開部の全体は、一口でいうと、海中の潜水状態でくり広げられるのであって、再現部に入るときは、それがさらにもっと深みにいって、まさに海の底に達したときに再現が始まるといってもいいくらいなのである。この間、何一〇小節になるだろうか。だから、せっかく再現部になっても、*p*, dolce, più dolce, un poco calando といった指示がやたら目につき、やっと出た第二主題も、ホ長調という風変わりな調性で、ピアノは三和音のコラールみたいに重厚で安定した響きでヴァイオリンの旋律を下から支えているにもかかわらず、逆に*p*から*pp*に移ってゆくのだから、さっぱり明るくならず、安心感も与えない。言ってみれば、せいぜい海の底で一息つける岩山にたどりついたぐらいのものである。

　彼らは「原作の通り、ブラームスが書いた通りに弾いているのだ」というかもしれないが、この二人の演奏は、それを一〇〇％文字通り実践しているというより、むしろ「一面を誇張している、これは行きすぎだ」といってもいいくらいである。

だが、私は、聴いたあと、しばらくは口がきけないくらい揺さぶられ、強い感銘をうけた。この暗く、かすかな音の小径をゆく間、時々、わずかに明かりのさす瞬間もあって、そんなときは、水中からちょっと首を出して、息を吸うとでもいった趣があり、聴いている私のほうも、思わず大きく呼吸してしまうのだった。

　あとも、大体こんなふうに進む。何もいつも、潜水状態を連想さすというのではないけれど、大きくつかんでいえば、聴き手を内向的で観照的な心の状態に誘導し、心を静かな黙想の手前まで連れてゆくような演奏である点は変わらない。

しかし、この二人の演奏は、こんな小暗い水底の凸凹の面を歩くようなものでありながら、音そのものは実にはっきりしていて、あいまいなところはない。ヴァイオリン・ソナタで、ピアノとヴァイオリンそれぞれの動きが、こんなに独立して、別々にはっきり聴こえてくるのは、むしろ、珍しいくらいだ。少なくとも、私は聴いた覚えがない。二人別々に弾いてるみたい。それくらい、ヴァイオリンだけでなく、ピアノの音にも重点がおいてあり、それだけ、曲全体のテクスチュアが明瞭に、手にとるように、見えてくるのである（そうなると、ブラームスの作曲法が、どんなに、この曲の各楽章ごとというより、全楽章すべてに共通するモチーフを主題として書く手法をとっていることが、改めて強く印象づけられる）。

これはまた、クレーメルのヴァイオリンの音の特異性を特に強く打ち出す演奏にもなっていて、第一楽章では主題だけでなく、そのあとも、実にヴァイオリンの声部は慎重に弾かれ澄みきった響きとなって聴こえるし、第二楽章の主題のダブル・ストップもまるで模範演奏みたいに上と下の声部がそれぞれ鮮やかに浮き彫りにされたように聴こえてくる。

《第二ソナタ》の演奏も、傾向は同じ。Allegro amabile の第一楽章は、誰が弾いても甘く愛くるしい歌の音楽のように聴こえるものだが、この二人では、その遅さにまず驚かされる。それに第二楽章は、ここでは緩徐楽章としての歌の部分と、軽い踊りの部分とが交代に出てくるという、ベートーヴェン以来の二楽章を一楽章にまとめた手法で書かれているのだが、全体に遅いので、その対照と変化は、もちろん、ないわけではないけれど、あんまりはっきりとした印象を与えない。

それより、私としては、第三楽章アレグレット・グラツィオーソで、ピアノの部分が盛んに分散和音として書かれていることの意味について、この演奏くらい、その必然性を強く示しているのは少ないのではないかと思ったということを書いておきたい。

というのも、ブラームスは、――ほかでもそうだが、特に――こういうヴァイオリン・ソナタのような場合、ピアノの和音とヴァイオリンを同時に鳴らすと、どうしてもヴァイオリンが負けてしまって、その音をはっきり出しにくくなる。あるいは、ピアノに負けないよう、無理に大きくしようとすれば、ヴァイオリンの音が汚なく、荒れてしまう。そのために、彼は、二つの楽器を同時に鳴らさせず、リズムを網の目のように細分して、どちらかにシンコペーション的に後打ちさせることになる。だが、それればかりではこういうところが、耳について、一種の癖というか、マナリズム的になってしまう。それを避ける別の方法として、ピアノに和音をいっぺんに押させず、分散和音にするやり方があるわけで、この《第二ソナタ》になると、この二つの手法が《第一ソナタ》に比べて、よりしばしば耳につくようになる。それが、前述のよう

［譜例1］

に、この二人の演奏だと、二つの楽器がまるでポリフォニーの音楽みたいに、それぞれの声部を鮮やかに聴かせるよう考えて弾かれているので、多少わざとらしいように響いてしまう結果になる。

それから、ヴァイオリンとピアノの本質的違いに気づかせられるもう一つの点は、《第三ソナタ》、第一楽章の主題にみつかる。この第三小節と第四小節で、クレーメルのヴァイオリンはびっくりするくらい大きなクレッシェンドとデクレッシェンドをくり返す（このあとでも同じようなことがくり返し出るのだが）［譜例1］。

これも、誰だって、このソナタを弾く人がすることではあるけれど、クレーメルは、まるでそこに表現の急所があるみたいに強調する。それは、今言ったように驚かせはするけれど、悪いとはいえない。だが、同じような音量の増加と減少はピアノのパートにも書き入れてあるのだが、ピアノという楽器は一度音を出してしまったあとでは、それを大きくしたり小さくしたりするわけにいかない。アファナシェフはもちろん、ここでｆからｃに下ったところで力を入れ、つぎの音で力を抜くという具合にしてヴァイオリンに合わせているけれど……（ついでに注意しておくが、この引用楽譜にもブラームスがピアノの上と下の間で二つの声部が同時に重ならないよう書き分けている例が見られる）。

それはともかく、このソナタの演奏もすばらしい。これも全体として遅く、そうして例の水中を潜ってゆくような、暗い小径をゆくような音楽、「幽遠の味わい」と呼びたいような趣はたっぷり味わえる。展開部での潜水ぶりも、《第一ソナタ》にまさるとも劣らないほどである。

それだけに、終楽章で、ダイナミックな音楽が展開されるのを聴くものは、もう一度びっくりする。今までとまるで変わっていて、それまでたまりにたまったエネルギーが一挙に爆発したみたいに弾かれているからだ。だが、よく考えてみると、このソナタでは、ブラームスの記譜に当たっての表情の指定のこまやかさは相当なもので、しかもそれは終楽章になっても減るどころか、むしろ一段と増えるくらいなのである。

第二楽章も、一言一言かみしめながら、じっくりものを言っている人の話を聞いているような気がする。

このソナタを頂点として、このＣＤで聴く演奏は、耳だけでなく、むしろ心に語りかけるものであり、聴いている間から、その感銘が静かにゆっくり心の底に沈んでゆくのがわかる。一時の狂熱、興奮とは逆である。

私は、かつて、——もう何十年前のことになるのだろうか？　——グレン・グールドの弾く《ゴルトベルク変奏曲》を初めて聴いたときのことを思い出してしまった。あのときもまずひどく驚き、やがてそれが静かな感銘——静かな熱狂といってもいいけれど——に変わっていったものだった。そうして、結局、今となって、それから残っているものは興奮ではなく、充実した静けさの中への沈潜ということになるだろう。

（『レコード芸術』一九八九年一月号）

▼付記　私はこれを書いたあと、アファナシェフのピアノ独奏会を初めて聴いた。その時彼は、まるで祭儀をとり行なう祭司みたいなものものしい態度で、演奏していた。だが、演奏そのものは、私を完全には説得しなかった。私は、この人については、自分はまだよくわかってないのだが、と思った。

ヴァイオリン・ソナタ

ゲアハルト・ヘッツェル（ヴァイオリン）
ヘルムート・ドイチュ（ピアノ）
ＣＤ［キャニオン　ＰＣＣＬ〇〇一七五］

最近は実にいろいろなタイプの演奏をする人が増えてきた。たとえ、ベートーヴェン、シューベルトといった種類の、これまでさんざん聴いてきた曲を弾くときでも――あるいは、逆に、すでにあまりにもなじみになった音楽をくり返しくり返し弾くことになったからであるかもしれないが――、ひとと違った弾き方をする。グレン・グールドを皮切りに、ポゴレリッチがそうだし、アファナシェフがそうだし、ウゴルスキ、ラビノヴィチ――数え出したら、きりがない。私は、その全部が嫌いというのではない。嫌いなどころか、そういう弾き方が積極的な意味をもった場合には、むしろ、その行き方を支持したく思う。ポゴレリッチでいえば、数年前彼の弾いたチャイコフスキーの《ピアノ協奏曲》だとか、そうして、何よりも彼が初めて日本に来たときに弾いたシューマンの《交響的練習曲》だとか、びっくりしながらも、心からひきつけられて聴いたことは、今でもはっきり覚えている。最近の例でいえば、ハイドンのソナタの、特に緩徐楽章の装飾音がそのままで思いがけないほど変化に富んだ旋律となるような弾き方とかもおもしろく聴いた。

だが、これとは反対に、何でこんなふうに変わって弾くのか？　よくわからない場合もある。アファナシェフは、おもしろいピアニストだし、時々、まったく予想もつかなかったような品質を作品からひき出してきて、私たちを驚かせると同時に新しい啓示のもつ衝撃の重みということを、思い出させてくれる場合もある。けれども、この人の演奏は、時々、テンポがあまりにも異常なわりに（たいていは、すごく遅いのだが）、音楽としてより豊かになったとも新しいメッセージを伝えているとも思われない場合がある。これも、何カ月か前に聴いたブラームスの晩年のピアノ小品集の中のいくつかなど、私はまだその異常な遅さに特別な意味をつかむことができないでいる。

そのブラームスの《ヴァイオリン・ソナタ》全三曲を入れたＣＤ（一九九二年の録音、ＣＤ〔キャニオン　ＰＣＣＬ〇〇一七五〕）を聴いた。ヴィーン・フィルハーモニーのコンサートマスターをしていたゲアハルト・ヘッツェルとヘルムート・ドイチュの演奏したものである。これは、ちっとも変わったところのない演奏の典型的な例といってもいいようなものだが、とても格式の高いもので、聴けば聴くほど、心がきよめられるような気持になる。といって、窮屈な感じは少しもしない。むしろ、ああこれこそブラームスの真骨頂だなという気がする。甘味も暖かみもたっぷりもった音楽でいながら、形がきちんとしていて、恣意的なことをやったり、やたらといじりまわしたりしないでも、深みのある和声の動きのおもしろさやじわじわと変わってくるテンポの変化が、楽しめる演奏になっているのである。

《第一ソナタ》でいうと、ヘッツェルのヴァイオリンは――私は、ヴァイオリンの技法については詳しくないのだが――弓がたっぷり使われている感じで、第一楽章などいたるところで春の盛りの大気のような厚みのある和やかな暖かみを放散するのだが、第二楽章になると、何か音が軽くなり、前よりもう少し透明な音になり、流麗なものになる。どういうわけでこうなるのだろうか？　第一楽章がト長調で、第二楽章が変ホ長調に変わったというためだけではないことは明らかだ。もともと、この曲は、どんな演奏で聴いても、第二楽章になって、ピアノが最初のesとgとの3度で重なった音を鳴らすのを聴くと、それだけで、音楽の風景が一変したのを感じないわけにいかないようにできている（私個人は、この3度の二重音を聴くと、いつもベートーヴェンの《告別ソナタ》のはじめの和音を思い出させられる。ブラームスはそれを十分心得たうえで、こう書いたに違いない）。それに、ここからアダージョでポコf、エスプレッシヴォの第一主題が開始される。これは、どこまでも3度とか6度とかの重な

[譜例1]

った調性音楽の響きがたっぷり味わえる主題である。ドイチュのピアノはそれをはっきり感じて弾いている。この主題の八小節が終わったところからヴァイオリンが入ってくる。この音が、今書いたように、実にそおっと軽く入ってくるのだ［譜例1］。

そうして、しっとりした味わいで、小さくクレッシェンドし、デクレッシェンドする。このあたり、別にこれといった芸は少しもないようでいて、何ともいえぬ呼吸である。ブラームスの音楽の息遣いが、手にとるように伝わってくる。テンポは正確に刻まれているようでいて、ゆるやかに揺れる。

まったく何という音楽だろう！

このアダージョの楽章は、このあとピウ・アンダンテで短い休止符をはさんだ（あるいは付点音符つきの）歩みに変わるのだが、前の楽段とこの新しい楽段の扱い方の違いも、ほんとにごく控え目であって、ほとんど気がつかないくらいである。だが、やっぱり音楽の動きは違う。それがどう違うかを言葉にするのは、かなり、むずかしい。

この演奏では、すべてが控え目で、謙虚で、芝居気を極力抑えて表される。名人芸的なもの、ヴィルトゥオーゾ的なものは、ほとんどまったくといってよいほど遠ざけられる。ずいぶん昔だが、ミルシテインとホロヴィッツが協演して《第三ソナタ》を入れたレコードがあった。あれは実に華々しいものだった。また、ハイフェッツの名演のレコードもCDになっているはずだ。このヘッツェルとドイチュの二重奏は、そういう「名演」からみると、とても地味なものだ。しかし、ここから響いてくる和声、ここで歌われている歌、それらを支え、運んでいるきっちりしたリズムといったものは、「名演」よりずっと遠くまで届く。私たちの心の底にまで聴こえてくるからである。

三つのソナタは、みんな、どれもこれも、その性格に応じて弾き分けられているけれども、一貫して、どこをとっても、当然のことだがブラームスの音楽であることをやめない。このCDでいうと、その中で、私は《第二番》の演奏がいちばん好きかもしれない。外からみれば地味で、量的にもいちばん小さいけれど、イ長調の陽光を豊かにあび、明るくて、しかも滋味に富んだ甘味をもつ《第二ソナタ》。三曲の中では、いちばんヴィオラで弾くのに適していそうなソナタであるが、それでも、もしロシアのバシュメットのような名人が弾いたら、派手な曲になるか、あるいは思いもかけない深刻なものになってしまうかもしれない。この曲はこんな想像さえしたくなるように書けている。ヘッツェルたちは、ここでも、すごく格式の整った、それでいて少しも角張ったところのない音楽を弾いている。第二楽章の四分の二拍子アンダンテ・トランクイロと三拍手のヴィヴァーチェの交代する楽章など、本当に軽くて、しかもしみじみとした味わいをもっている。それに、くり返すが、とても正確で、塵《ちり》一つないような演奏なのである。

ヘッツェルでは、私は忘れられない思い出がある。たしか一九八七年の九月だったと思うが、用事でヴィーンに行ったとき、たまたまホテルが国立オペラのすぐ近くだったので——着くまでは、そんなこと全然考えてもいなかったのに——急にその日のうちにオペラが聴きたくなった。行ってみたら、出し物は《ラ・ボエーム》で、フレーニがミミを歌っていた。そのとき、オーケストラ・ボックスから、すごくうまいヴァイオリンが聴こえてくる（あのオペラでは、ほかにオーボエとかヴィオラとかのソロで聴こえる個所が少なくない。私はこのとき初めてプッチーニは、うすいオーケストラの音で多くを表現する点で大変な名人だったと知ったのだった）。フレーニの歌もうまいけれど、ヴァイオリンは、時には、その歌よりももっと「風情」に満ちた歌を奏し、ペーソスを盛った音を響かせていた。「うまいな！」と思って、のぞくと——私の席は舞台の袖のボックスで、オーケストラ・ピットの中がよく見えた——、ヘッツェル先生が、いかにも気持よさそうに弾いているのだ。そういうときは、彼は本当にオペラティックに弾く。それも、心からうれしそうに身体をゆすり、ヴァイオリンを持つ左腕を幾分高めに上げて。もちろん、この人は、ブラームスに限らず、ヴィーン・フィルのコンサートマスターとして、あるいは仲間と一緒に室内楽をやるときも、立派な音楽をやっていたのは言うまでもないが、オペラとなると、格段に楽しそうに弾いていた。私としては、いまさらのようにヴィーンとオペラとの間をつなぐ強いきずなを改めて目の前にした思いがしたものだ。

プッチーニをこんなふうに弾くヴァイオリニストが、ブラームスのソナタを弾くと、こんなに格式の整った、一音といえども勝手にいじったり、よけいな表情をつけたりしない音楽をやるのである。

ブラームスの《ヴァイオリン・ソナタ》では、私はいつかアファナシェフとクレーメルの合奏した盤をとりあげたことがある。それから、もっと前はバレンボイムとズッカーマンの演奏のレコード（今はＣＤも出ている）が好きだった。ことに、《第一ソナタ》第一楽章の出だしが素敵だった。格段にゆっくりと弾かれるピアノの和音が柔らかく、深々と響くと、その上に、ヴァイオリンの歌が現れるさまは、歌舞伎なら千両役者の登場と呼ぶほかないような雰囲気だった。アファナシェフ＝クレーメル盤はこのごろはあまり聴かないが、こちらのほうは今も手近かに置いてある。しかし、この出だしの響きは本当に良いのだが、ブラームスが指定していたヴィヴァーチェ・マ・ノン・トロッポという指定に対し、いくら四分の六拍子といっても、少し遅すぎないかしら。こんなに遅く弾けば、こういう深みのある感じが出るのは当然だとしても、果たしてブラームスはこうイメージしていたのだろうか、という疑問が時々頭の中をかすめる。

今度のヘッツェル＝ドイチュ盤では、こんな疑問を感じさせないくらいの速さになっている。一つ一つの和音ががっちり居坐って鳴るというのではなく、付点二分音符の和音が二つずつスラーで結ばれ、一単位をなしつつ、程よいテンポで前に進んでゆくといった具合である。簡単にいえば、ズッカーマンたちよりもう少し速いことになる。*p*でドルチェの和音たちがおもむろに歩いてゆく。ドイチュという人も、大変良いピアノを弾く人で、音がきれいなだけでなく、輪郭がはっきりした――つまり、フレーズの明確な、きっちりした弾き方の上に、音色の変化も適当に加わって、音楽に潤いを与えることを十分に心得ている。それに、いつもヘッツェルと一緒に弾いているのかどうかは知らないが、この合奏では、いわば楷書のスタイルであり、それだけに、各人がそれぞれの流儀で弾いていながら、結果として、何とかうまくまとまっているというのとは違って、はじめから二人の呼吸がぴったり合った上で、ひとつの音楽をつくりあげるという行き方のようで、気持がいい。

要するに、風変わりなところが少しもなくて、とり上げた曲の核心に迫り、その生命を鮮やかに生きかえらせるような演奏ができるのだ。楽譜の通り弾いているように見えても、ヘッツェルのような演奏はヴィーンの音楽的伝統の中で長い間活躍している人にとっても、ブラームスを弾くのにわざとらしいことをする必要は何もないということにもなるのだろう。

それにしても、ヘッツェルは一九九二年ザルツブルク近郊の山登りをしていて、事故で急逝したという。五二歳だったそうだが、惜しい人を亡くした。こういう人は、そう簡単にまた出てくるというものではなかろう。

ヴィオラ・ソナタ第一、二番、他

今井信子（ヴィオラ）
ロジャー・ヴィニョールズ（ピアノ）
CD［シャンドス　DMS四］（廃盤）

今井信子が優秀なヴィオラ奏者であることは、ずっと前から、みんな知っている。それは、彼女がずっと前、桐朋学園の生徒だったころから、関係者の間には、広く知れわたっていたことだし、学校を出て、ヨーロッパにさらに勉強を続けにいったあと、何年かしたところで、こんどはコンクールに入賞したとか優勝したとかいった事実でも裏書きされていた。

それに、もちろん、彼女は時折り日本に帰ってきて、演奏する。それを聴いても、ただ良い音楽を聴く喜びが味わえるだけでなく、音楽家として堅実にのびている彼女の姿に接するという頼もしさを覚える楽しさが加わっていたのだった。

最近私は、今井信子がヴィニョールズというピアニストと一緒にブラームスの最晩年の作品である作品一二〇の二曲《ヴィオラとピアノのためのソナタ》を両方とも弾いたCD（一九八七年の録音、CD〔シャンドス　DMS四〕廃）を聴いたのだが、これも本当にすばらしい演奏だった。

このごろは、日本からもすぐれた演奏家がつぎつぎ出てくるようになったのは、いまさら書くまでもないけれど、このブラームスの《ヴィオラ・ソナタ》のCDのようなものを聴くと、やっぱり驚かずにいられない。

驚きといってよいかどうか知らないが、ここには、本当に成熟した音楽家の演奏があるのである。若々しい演奏、さきが楽しみな演奏というのは、日本の音楽家でこれまでもなかったわけではない。それどころか、このごろは、活発でにぎやかな演奏、才気に富んだおもしろい演奏も聴かれるようになった。日本人らしい繊細な神経の行き届いた演奏さえ、時には、聴かれることもある。

けれども、今度の今井信子のブラームスは、言ってみれば、生きる上での経験も十分に積み、しかも、働きざかりの活力を十分に具えた人の人間の年輪の厚みを感じさせる演奏になっているのである。技術がうまいだけでなく、音楽性の成熟も合わせて、にじみ出てくるような演奏である。

ブラームスの作品一二〇のソナタ二曲は、周知のように、この大作曲家最晩年の創作である。多楽章のソナタという形のものは、たしか、これが最後となったはずだ。それこのあと、ブラームスの手からはピアノ独奏用の小品が発表されただけだった。それらは、みんな人生の黄昏に立った人間の精神を反映した、いかにも老成、老熟の結実としての音楽である。この二曲のソナタも、それに劣らぬ渋い味わいをもつ音楽になっている。それにブラームスは最初この曲をクラリネットとピアノのためのソナタとして書いたのだが、出版の時だったか、あるいはその前友人にすすめられてのことだったか、忘れたが、ヴィオラでも演奏できるようにしたのだった。こういう生い立ちのせいで、この一対のソナタは、枯れた音色で弾かれたって不思議ではない。

しかし、今井信子の演奏は、そういった枯淡の境地に入った人のそれではない。そうではなくて、さきに言ったように、むしろ働きざかりの、いわば人生という峠の頂点に向って、どんどん迫ってきつつある人の演奏というにふさわしい。音色のとり方、リズムとダイナミズムの扱い、旋律の歌わせ方、レガートと、スタッカートその他の軽く弾力に富んだ弓の扱いとの対比、こういったすべてにおける「音感」の充実、それを内から支えるしっとりした情感の流れ、それを外側できっちり統御している形成感、構成感、こういったものが安定したバランスを保った演奏になっているのである。

その意味では、音楽をつくる上での、いろいろな要素の中で、どれが特別強く出ているとか、どこに特徴があるとか、ちょっと言いにくい演奏だということもできよう。

だが、それでいいのだ。それに彼女はそれぞれの曲のもつ性格は十分に弾きわけているのだから。

CDでは、この二曲のソナタのうち、作品一二〇の二の変ホ長調が先に出ているが、この曲は、最初がアレグロ・アマービレ、つぎがアレグロ・アパッショナータのソナタ形式、そうして三番目にくる終楽章がアンダンテ・コン・モートの変奏曲という具合にできていて、劇的な部分はあっても、全体としては、むしろ抒情的な味わいが優先する音楽である。そういうとき、彼女は最初の「甘美な旋律」による主題を、たっぷりときれいに弾いて、出発しながら、第二楽章にかけて、次第に盛り上がり、急迫するように構成してゆく。

これに対し、作品一二〇の一のへ短調の曲のほうはアレグロ・アパッショナータの第一楽章とアンダンテ・ウン・ポコ・アダージョの第二楽章がへ短調だが、第三楽章アレグレット・グラツィオーソの、ややメヌエット風の擬古典主義的な匂いのする音楽は変イ長調に移り、そうして終楽章のヴィヴァーチェはへ長調で、暗く渋く出発した全曲を明るい解決で結ぶように書かれている。こういう音楽の流れを彼女は、本当にうまく弾く。自然な気持の流れと周到な知的な用意とが、ちっともわざとらしくなく、かといって、ただ感情に流されるというのでもなく、音楽を誘導してゆくのである。

老境に達したブラームスが、小品でなく、もう一度、こういった大規模な設計にもとづく多楽章の音楽を書き上げる決心をしたとき、いや、書いている最中、もしかしたら、自分の心の疲労を感じて、筆をとめて、このさきをまだ書き続けるかどうか、思いあぐんだ瞬間があったのではないか。この二曲のソナタ——特に《第一番へ短調》を聴いているとき（クラリネットの演奏であれ、ヴィオラの演奏であれ）、——ふっと、そんな思いが影のように走ってゆくことがある。

だが、今井信子の演奏からは、そういう疲労感は感じとれない。むしろ、音楽は堅実に前進し、確実にその目標に達する。これはこれで良いのだろう。私が時に感ずることがあるようなものを出すのは、まだ、もっとずっと先になってからでいいのだと思う。それに、私が感じるという「影」のようなものは、実は、この音楽の中にあるのではなくて、これを聴いている私自身の中にあるものの投影でしかないかもしれないのだ。

まして、作品一二〇の二のほうで、第一楽章があの甘美な旋律で始まるのを聴いていると、ブラームスという人は、いくつになっても、このロマンティックな憧れに満ちた甘い歌を、心の中にもち続けてはいたのだな、と思わないわけにいかない。ただし、この旋律は、甘く始まるが、それだけで終わるというのでなく、だんだんに細かなリズムに分化してゆき、最後に第一〇小節で一六分音符の分散和音で下から上に、一気に三オクターヴ近く駆け上っていった末、一段落する。胸にたまっていた想いが、ある時抑えがたくなり、何度か出たり入ったり、往ったり戻ったりしながら、ついに、一気に流れ出したとでもいったように［譜例1］。

この主題を弾くとき、私だったら、どう表情をつけるか、どうやってリズムを速めながら、音楽をクレッシェンドしてゆくか。私は何度も考え、何度もやり直しながら、つくってゆくだろう。今井信子も、もちろん、そうしたに違いない。だが、その結果、最後に彼女が採用したもの——つまり、私たちがこのCDで聴くもの——は、さっきから私がくり返し書いてきたように、本当に申し分のないバランスのとれた表情の歌である。付点音符はちゃんとその長さをとって、たっぷり聴かせ、アクセントをしっかりつけ、しかもくり返すたびに、だんだん音楽が高まる。九小節で三連符の連続に入る前、いったん、小さくテンポをゆるめておいて、さらに *più p* をしっかりつけて、三連符の連鎖を弾く。そうして、つぎのドルチェは、むしろ、あんまり気ばらずに、自然に流しておいて、最高音のCからBに落ち着くとき、リタルダンドする。

このあとも、このリタルダンドは、何回かくり返されるのだが、そのたび、彼女は2度の下降にていねいに表情をつける［譜例2］。

そうして、ここで、ピアノに三小節主導権を渡しておいて、再び、主題の旋律の頭の音型をとり戻しながら、先に進む。

サラッとしているようで、やるべきことは十分にやっている。たっぷりヴィブラートを加え、ポルタメントを付けて弾いているのだが、決して、行きすぎない。

[譜例 1]

[譜例 2]

私はこのていねいで、しかも局部的なものに拘泥せずバランスのよくとれた弾き方に好感をもつ。

私は、仮にもし、自分も楽器が弾けたとしたら、ここで、もっといろんなことがやりたくなるかもしれない。それは、老年になって、人生の中で――「いつも」とはいえないが――「この時刻は、もう二度とくりかえされないのだな」と気がつくと、簡単に手放したくなくなることが、次第に多くなるようなものではないかと想像する。老人の感傷というべきものである。人はよく、若いときは情感がありあまるほどあるので、感傷的になりやすい、しかし、老年になると、心の中が渇いてしまい、感情の動きも鈍化してくる結果、感傷とは反対の、枯れた、脂気のないものになると考えている。多分、そこにも真実があるのだろう。このふしだけとっても、すでに、疲労のあとがみられるという人だっているかもしれない。だが、老人になるにつれ、たとえみずみずしさが消えてしまっていても、まだ、感傷は残るということもあるのである。いや、「人生よ、お前は美しかった。そんなに駆け足ですぎていかないで、少しでいいから、立ちどまっていてはくれまいか」と言いたくなるのは、老人になってからのほうが痛切なのだと考えてもいいのではないか。

ブラームスのこのヴィオラ・ソナタの《第二番》の出だしのふしが、どういうものか。

それを考えとり、音楽にしっかり生かすのが演奏というものだ。そうして、これまで長々と書いてきたように、今井信子は、彼女のたっぷりと美しいヴィオラの音でもって、この歌を、かくも見事に弾くのである。

同じCDには、ブラームスの二曲の中間に、シューマンの作品一一三の《Märchenbilder》（おとぎ話の絵）がはさまっている。これも、ほかに類の少ない佳作である。いや、晩年のシューマンにしか書けない曲だというべきだろう。ことに最後の〈おそく、憂鬱な表情をもって〉という小品は《子供の情景》の中の〈トロイメライ〉のもつ、あの簡素な外見と、簡単に要約できない心情の複雑との不思議な熔合に比べたくなるようなところがある。この曲の演奏もとても良い。簡単なふしを少しずつ変えながらくり返し弾くのを聴きながら、今井という人のヴィオラのもつ多彩な表情と音色の変化をたっぷり楽しむこともできる。そうして、ここにも、心の昂揚と、言うに言われぬ疲労感が一体になっているのに、彼女の演奏は、それを消極的なものとしてでなく、むしろ、人生のたっぷりした味わいとして感じさす。

このCDはシャンドスという商標のものだが、近年はこういった、いわゆるマイナー・マークの商品にもすぐれた演奏が聴かれるものが少なくないのはうれしいことだ。

ヴィオラ・ソナタ第一、二番、ヴィオラ三重奏曲

ユリ・バシュメト（ヴィオラ）
ミハイル・ムンチャン（ピアノ）
ヴァレンチン・ベルリンスキー（チェロ）
CD［ビクターMK VDC一三三五］

秋は室内楽に親しむ季節——と、きまったわけでもないけれど、ちょうど秋を「燈火親しむの時」と呼ぶことの中に、やっぱりもっともなところがあり、伝統があるように、秋の夜を室内楽を聴いて過ごすのは、音楽が与えてくれる愉楽の中でも、特に欠かせないものに属する。

その秋に聴く室内楽では、昔からブラームスがふさわしい。これは私一個の趣味というだけでもなかろう。ブラームスの音楽のあの苦味の混じった甘さ、一口食べると思わず「これはうまい」と舌鼓をうつような味わいではなくとも、じっくり味わっていると、いつまでも口の中に香りのように味わいが残る料理のような作風そのものが、黄金色の時の移ろいから果しなく続く紫色の夜を過ごすような秋の夜長にうってつけなのである。

それにうってつけのCDを聴く機会があり、とっくりと秋の一夜を楽しむことができた。

ユリ・バシュメトのヴィオラで聴く、ブラームスの晩年の作品三つを入れたものである（一九八四年の録音、CD〔ビクターMK VDC一三三五〕）。

バシュメトといえば、まず、いつかスヴィァトスラフ・リヒテルと一緒に弾いていたショスタコーヴィチの最後の名作《ヴィオラ・ソナタ》の演奏を思い出すのは私だけではないだろうが、このCDでもそれにまさるとも劣らぬ名演が聴かれる。曲はブラームスの作品一二〇の一と二（ヴィオラ・ソナタ第一番、第二番）と作品一一四（ヴィオラ三重奏曲）の三曲。いうまでもなく、この三曲は、作品一一五の《クラリネットと弦楽のための五重奏曲》ロ短調と合わせて、「もう新しく作曲する力がなくなった」と自分に言いきかせながら、遺品を整理したり、遺言状を認《したた》めたりしたブラームスが、たまたまマイニンゲンの宮廷管弦楽団でクラリネットの名手に出会ったところから、彼の名人ぶりに再び創作欲をそそられて作曲した、どれもクラリネットを中心とした室内楽として書かれたものである。ただ、クラリネットのかわりに、ヴィオラで演奏してもよいということになっていて、特にソナタの方は、ヴィオラとピアノの二重奏としてもよく演奏会にもとりあげられている。私が、ここで今井信子のヴィオラ演奏のCDをとりあげたのも、そんなに前のことではない。

しかし、作品一一四の《三重奏曲》のほうは、あんまり、聴かれないのではないか。ソナタと違い、こちらはチェロが一つ増えているだけ、なかなか理想的な組み合わせが見つけにくいということもあるのかもしれない。しかし、それだけでなくて、クラリネットと違い、ヴィオラだと、音色の上で――特にチェロの高音域の音とヴィオラの音とがあまりによく溶けあってしまって、区別がつきにくいといった事情もあるからかもしれない。別の言い方をすれば、それだけ変化に乏しく単調というか、灰色の中間色の音楽になりやすいということになる。

ところで、バシュメトという人のヴィオラは、音の美しさで断然特徴がある。その美しさたるや、並々のものではない。まるで十九世紀フランス印象派――そう、ルノワールかモネの絵みたいな、艶々としたあでやかさをもっているのである。それに――これは私の想像だが――バシュメトは弓で弦に与える圧力がかなり強いのではなかろうか。それでいて、音がつぶれてしまうのでなくて、逆に音量的にも豊かな音が出る。そのほか、ヴィオラ特有のあの「鼻にかかったような」ちょっと「しわがれた」ような響きのほかに、一種の「刺すような」刺激的な味がつけ加わって、聴こえるときがあるのである。

こんなふうに書いて、読者にうまく伝わるといいのだが、私はヴィオラ演奏のテクニックに詳しくないので、残念ながら、これ以上、技術的分析的に記述する力がない。

とにかく、今言ったような特徴のある輝かしく豊かな音でもって、作品一二〇のこの変ホ長調（第二番）のソナタの第一主題が高らかに聴こえてくるのを聴いたとき、その美しさに、私は、ドキッとした。

これは例のブラームス流の、思いきった嘆きの歌である。音響的な美しさプラス表情の痛いほどの切実さプラス悲嘆の深さ。私はまるで、文楽を見にいって、まだ、舞台の上では何にも始まっていないのに、いきなり音楽の方から、「さるほどに……」云々と悲しみの一声を浴びせかけられたような戦慄を覚えた。

といっても、前に言ったように、バシュメトのヴィオラは、普通のヴィオラのような――そうして文楽の音楽のような――塩辛い響きではなくて、あくまでも脂のよく乗った艶のある音なのである。あのブラームスが一生を作曲に捧げたのち、もうこれ以上は書けないといって筆をおいた嘆きのあと、突然ぶつかったクラリネットの名手のたてる音に驚き喜ばされて、まるで青春がもう一度蘇ってきたかのような胸のときめきにうながされて、再び創作のペンをとりあげた――その姿を目の前に見るような、第一声が、ここにあるのである。

といっても、その主題は色鮮やかな抒情の歌ではあるけれど、いつまでもその調子が続くわけではない。曲は、そのあと、どうかすると、いつものブラームスの翳の多い音楽に傾こうとする。それと、このバシュメトの華麗な音との間で一種の綱引きみたいな緊張状態が生まれる。

作品一一四の《三重奏曲》の演奏には、また、別の意味の不思議が待っていて、聴くものの驚きを誘う。

この三重奏の最初の主題はチェロが高らかに弾き出し、そのあとをクラリネットが引き受けて、ひとつの終わりにもってゆく。しかし、それが、このCDみたいにクラリネットでなくてヴィオラで弾かれていると、チェロとヴィオラは対比というよりも、両者はとかく一つの音の響きの中にとけあい、弦の二重奏の調和の楽しみが正面に出てきてしまう。特にこの曲の第一楽章の場合のように、二つの楽器が、非常に緊密に結ばれ一緒に流れたり、カノンか何かのようにお互いに相手のやったことを引き継いだり、模倣して先にのばしてゆくように書かれた部分が多い場合、これは演奏するものにとって、ただ「よく合えばよい」というだけではすまされない課題を提出する。

このCDでは、チェロはヴァレンチン・ベルリンスキー（Valentin Berlinsky）が、そうしてピアノはミハイル・ムンチャン（Mikhail Muntyan）が受け持っている。前者はボロディン四重奏団でチェロを弾いている人、後者はバシュメトの先生のドルジーニンの友人で、小石忠男さんのライナーノーツによると、例のショスタコーヴィチの《ヴィオラ・ソナタ》はこの二人に献呈されていたのだそうである。

ベルリンスキーのチェロも見事なもので、今言った冒頭の主題など、実に堂々と高らかに歌い上げていて、長年弦楽四重奏団の緊密極まりない合奏になれてきた人というより、独奏者として立派なキャリアを背負っている人のような弾き方である。だから、彼のあとをバシュメトのヴィオラがひきとって、ヴィオラとは思えないような美しさで弾き続けていっても、それは前座と真打ちの違いではなくて、まるで兄弟の対話のように聴こえる。

それだけに、この二つの楽器が声を揃えて——3度とかその他の音程で——一緒に流れてゆくときの響きの豊かさと恰幅のよい、たっぷりした姿の良さには格別の魅力がある。すでに一人一人が見事な姿をしているのに、それが二人も揃って歩く光景を見るようなものである。

そこにまたピアノが加わるわけだが、このピアノがまた良い。ブラームスだからといって、あんまりベトつかない、キリッとした筋肉質の弾き方なのだが、要所要所では、テンポもダイナミックも加減して、余韻たっぷりの弾き方をする。楽章の終わりで、カデンツをアルペッジョで柔らかく弾き流すときなど、実に印象的である。

この三人の演奏を聴いていると、ブラームス最晩年の作品を三つ集めたとはいえ、聴いたあとで、しばらく、気が滅入って何もする気がしなくなるというのとは反対に、また、何か新しいことに手をつけてみたいような望みが湧いてくるのである。

「若々しい」といったら間違いだが、とにかくある種の勇気を与える演奏といっていいだろう。一口に、ソ連の音楽家といってもいろいろなのは当然だが、この人たちはブラームスを弾いても、あんまりねばらない。むしろ、そうならないよう弾いている。

　実は、今月は、ヴィーン・フィルハーモニーのクラリネット奏者アルフレート・プリンツ（ピアノは夫人のマリア・プリンツ）が同じブラームスの《クラリネット・ソナタ》を二曲入れているCD（一九八八年の録音、CD〔フォンテック　FOCD二五三三〕）も聴いた。これも悪くない。しかし、こちらはヴィーンの伝統をふまえた実に地味なブラームスで、落ち着いた味をじっくり楽しむことができる。バシュメトたちのそれは、これと逆だ。あるいは、逆とまではいえないにせよ、少なくとも方向は逆のほうを向いている。

　ついでに書けば、何年か前にピアニストのシフとヴィーン八重奏団の人たちとの合奏で、ブラームスのこの《三重奏曲》と、作品四〇の《ホルン三重奏曲》を入れたCD（一九八二年の録音、CD〔ロンドン　F35L五〇三三九〕㊮）があった。あれはシュミドル（Peter Schmidl）のクラリネットが音色がきれいで、しかも深味も感じられておもしろかった。それから、いつぞやベルリン・フィルに採用されるとき、カラヤンは強力に推すのに、団員の中からは反対があるというわけで、楽団内部だけでなくジャーナリズムまでいろいろ騒がせた女性クラリネット奏者のザビーネ・マイヤー（Sabine Meyer）がチェリストのシフ（Heinrich Schiff）とピアニストのブーフビンダー（Rudolf

Buchbinder）と組んで入れた作品一一四のCD（一九八三年の録音、CD［エンジェル　CC33－三六三九］廃）もあり、これも私は時々出してきては聴いたものである。三人ともたいした年ではなく、むしろ若い世代に属するのに、ブラームスの何たるかをよく知っている演奏だった。

バシュメトの盤は、クラリネットでなくてヴィオラなのだから、並べて比較するのははじめから無理にきまっているけれども、それを超えて、曲のつかみ方と、その結果生まれてくるものがまるで違う点が魅力である。

バシュメトは天性のソリストだろうが、ヴィオラの協奏曲はそう多くない。残念である。

ピアノ・ソナタ第一、二番、他

アナトール・ウゴルスキ（ピアノ）
CD［グラモフォン　POCG一九九九］

ブラームスのピアノ・ソナタといえば、《第三番》こそ、演奏会でもよくとりあげられるけれど、《第一番》、《第二番》のソナタは、あんまり聴かれない。たしかに出来栄えは《第三番》がいちばんいいのかもしれないが、《一番》、《二番》だって、それなりの濃厚なペーソスをもった、印象深い音楽を含んでいるのだから、もう少し聴かれていいはずである。といっても、実はこの三曲のソナタには全部共通の性格があり、それは一口で言って、「あふれんばかりの悲愴感と若さ」とでもいったものであり、この三曲が、それぞれにこの道を通って上りつめていった頂点に、あの巨大な《第一ピアノ協奏曲》があるといっていいのだろう。別の言い方をすれば、この三曲のソナタは、それぞれの道をたどるようにみえて、実はその道は三つが三つとも、とどのつまりは、《第一ピアノ協奏曲》という一つの大きな山の頂点を目指して上ってゆくものだったのだといってもいい。

　三曲のソナタはすべて、若いブラームスの三つの噴火の跡という言い方も、あるいは、できなくはないだろうが、この三つには強い共通性があるのは、誰の目にも明らかだろう。とすれば、その中でいちばん出来の良い《第三ソナタ》があれば、それ以前の二曲はなくてもいいようなものだという見方だって、あながち理屈がないわけでもないということにもなり、そうなると、話は堂々めぐりの末、また、もとに戻った形になる。

　こんなことをいうのも、ブラームスという人は、二〇歳になるやならずの若さで、青春の情熱の爆発のような曲を書いても、それは、すでにソナタという名称に示されているように、ある形式感の裏打ちと切りはなしてはあり得ないような性格になっていたというような音楽家だったのだ。

　ハ長調の《第一ソナタ》の出発点が、ベートーヴェンのほかならぬ《ハンマークラヴィーア・ソナタ》の冒頭からインスパイアされたものとして書かれているといった思い切ったものであり、それに従って、音楽は主題の歩みを論理的に展開させながら前進するように見えながらも、それが《ハンマークラヴィーア・ソナタ》とは比べものにならない単純さというか、生一本の道を走るようになっているのは、単に作曲者がまだ若いからというためだけではあるまい。対位法的な技術が随所に応用されているといっても、どちらかといえば、ごくわかりやすいカノンのようなものに集約されるというところにみられるように、これは、作曲者が若いなりにすでにある種のアカデミズムへのよりかかりを強く意識していたことの現れではなかったろうか。

　ブラームスが中年以降ヴィーンに定住するようになり、作曲だけでなく、ピアニストとして、そのうえ合唱団の指揮者として、活発な演奏活動を展開していたことはよく知られている。それとともに、ヴィーンはヨーロッパの一つの中枢的音楽都市としての存在を、揺るぎのないがっしりしたものにしていったわけだ。が、その過程の中で、ブラームスと彼のまわりに集まった人々は、十八世紀以来のヨーロッパの音楽的伝統の、いわば本尊を守るという使命感に目覚めていったのではあるまいか。よくいわれるようなブラームス対ヴァーグナー、リストの対立というのも、実はこういった意識に裏づけられたアカデミズムが生まれていたから、一層烈しいものになったのではあるまいか。そのアカデミズムの守り神に祭り上げられたのがブラームスだったのだ。

　今度ウゴルスキがブラームスの《第一、第二ソナタ》を弾いているCD（一九九六年の録音、CD〔グラモフォン　POCG一九九九〕）を聴きながら、私は改めて、このことを思った。

　あのウゴルスキが、ここでは、ずいぶんと「行儀よく」弾いている。《第一ソナタ》

のはじめの主題とそのあとの展開を聴いているうちは、どうして、この人がこの二曲を選んだのかしらと、考えてみたくなるほどだった。

ブラームスの《第一ソナタ》というと、私はかつてツィメルマンの演奏したCDを聴いたときのことを思い出す。私の記憶違いでなければ、確かあれは七〇年代末、ツィメルマンがまだ気鋭の青年ピアニストとしてバリバリ弾いていたころのものだったはずである。少なくとも、私にそういう記憶が残っているのは、彼がこのソナタを実にキッチリ、まさにそうあるべきテンポと音色とスタイルで弾いていたからである。

そのツィメルマンを思い出すくらい、ウゴルスキも、珍しく、キチンと弾いている。テンポもまことに穏当で、かつて《ディアベッリ変奏曲》で登場したころのことを思えば、隔世の感がある。いや、最近、小曲ばかり集めたCDで、ベートーヴェンの《エリーゼのために》をすごく遅いテンポで弾き出していたのを思うと、ここでのウゴルスキはひとが変わったみたい。

だが、《第一ソナタ》の第一主題とそれに続くものが一段落して、つぎの楽段に入り、イ短調の小さな歌が始まると、テンポをぐっと落として、しみじみとした「心の歌」になってゆく。もちろん、どんなピアニストも、ここでは前行したものとは一つ違った味わいの音楽にする。これは当り前のことである。

だが、ウゴルスキは、もしかしたら、以前だったら、ここでまるで違った音楽を聴かせたかもしれないのに、今度のCDでは、先行するものの続きであって、しかも新しい歌として弾いているのである。このあとのポコ・リテヌート、*pp*、ウナ・コルダの歌もそうである。より遅く、よりピアノに弾いていて、聴くものの心に深く泌みこんでくる歌にしているのだが、かつてのように、エクセントリックには聴こえない。たしかにハッとはさせるのだが、それ以上に、驚かせるというより、じっくり聴かせるのである。

ここで思い返せば、第一主題の展開のときも、昔なら強く烈しいストレッタのようにして弾いたかもしれないのに、イン・テンポを守って弾いていたのだった。

それにイ短調の*pp*の歌を弾く間も、右手の旋律の下で絶えず鳴らされるｅの音の響かせ方も、実にキッチリしたものである。まるで鐘が鳴るように、はっきりと聴こえる。

以下、ずっとこの調子で続く。再現部でも第二主題（ハ短調になっている）の歌も、とてもきれいに弾いていて、しかも正真正銘の「歌」であることを止めない。この主題は*pp*でウナ・コルダで弾くのだから、誰が弾いても、それまでのものと音楽の表情が一変するように弾くのは当然だが、その歌が、聴くものの心のどこまで響いてくるか、である。心の深いところまで届き、じっくり沁み通ってくるかどうか、それが問題なのだ。

ウゴルスキはそれを見事に処理している。こういうものを聴きながら、私ははじめに書いたような、若いブラームスの中にすでに強く根を張っていたであろうアカデミズムの「核」を思ったのだった。つまり、文句なく良い音楽になっているのだが、どこかで飼いならされた動物のようなところがあって、少々坐り心地が悪いのである。《第二ソナタ》でも、こういう点は変わらない。

たとえば、スケルツォ楽章でのトリオの弾き方。ここはポコ・ピウ・モデラートと指定してあるのだから、どんな人だって、それまでのロ短調八分の六拍子のスケルツォの主要部のテンポに比べて、テンポを落とし、モデラート、ニ長調のドルチェで弾くにきまっている。だが、ウゴルスキは、恐らくどんな人が聴いていても、オヤッ？と思うくらい遅く弾く。私も、そう思って、デビュー以来のウゴルスキでなじみのあの遅いテンポが顔を出したな、と考えた。でも、実は、昔ならもっと遅く弾いたのではないか。これは仮定だから違うかもしれない。私にはそういう気がする。

でも、ここでは、そのことより、実は、その普通の人より遅く弾いている（と思われる）テンポで聴かせる「音楽」の中味、内容こそ問題なのだ。

ウゴルスキが、その遅いテンポで弾いていると、（後半になってますます表面に出てくる）ブラームスの「ワルツ趣味」が、ここですでに顔を出しているみたいに聴こえるのである。「ワルツ」ではなくて、「雅びな十八世紀的舞曲」の趣を思慕している

「懐古典的舞曲」と呼ぶのが、正確な言い方なのかもしれない。とにかく、このトリオは、スケルツォの主要部に対し、バランスを逸しかねないほど、重要なものになっている。

　そのかわり、スケルツォに戻ってから、改めて右手の長いトリラーをもったコーダがつけ加えられていて、スケルツォとしてはずいぶん思いきった新機軸が聴かれる。これが起動力になったのだろうか、スケルツォに続くフィナーレでは、頭に改めて幻想的なイントロダクションがあり、それに照応して、フィナーレの主要部が終わったあとでも、また幻想曲風のコーダがつけ加えられるという構造になっている。

　この全部が、スケルツォのあのトリオのせいだというのは少し乱暴な意見かもしれない。私も、そこまで言い切る勇気はないのだが、全部を聴き終わってみると、この《第二ソナタ》では、はじめの第一、第二楽章が《第一ソナタ》と似たような構成だったのに、後半の二つの楽章は、ずっとロマンティックな幻想曲風のソナタになっているという事実を、確認しないわけにいかなくなるのである。

　ただ残念ながら、このフィナーレの主要部はあんまり出来がよくないような気がするのだが、これは私の聴き方が悪いせいだろうか。

　このCDには、もう一曲。バッハの無伴奏ヴァイオリンのための《シャコンヌ》を、ブラームスが左手のためのピアノ独奏用に編曲したものが入っている。

これを聴いて、昔、これを両手で弾いて、遊んだのを思い出した。もちろん、両手で弾いたって私には、とてもこんなふうに弾けはしなかったとつけ加えるまでもないけれど。

ウゴルスキは、デビューのときもスクリアービンの左手のための曲を弾いていたと覚えているが、彼は左手だけの曲が得意なのだろうか？　それとも、ある時期、よくピアニストが罹《かか》るように、右手の筋肉をいためるか何かして、左手ばかりさらっていた経験でもあるのだろうか？

いずれにしろ、この《シャコンヌ》もおもしろい。けれども、何といっても左手だけ。高い方の音がないから、全体としてはどうしても地味になるのはやむを得ない話である。

●解説――

評伝小説を読むような吉田秀和のブラームス論

近藤憲一

吉田秀和（一九一三～二〇一二）は、単騎で荒野を突き進む勇将のような評論家であった。彼は孤峰的存在の音楽評論家として畏敬されたが、本人は文芸・美術評論家でもあり、大好きだった相撲の〝評論家〟も自認していたように思われる。そして、七十年にも及ぶ文筆活動において、自身の生き方を映すように、膨大な量の言葉を綴り、かつ語った。

本書は、ドイツにおけるロマン派音楽の後期に、偉大な足跡を残したブラームス（一八三三～一八九七）についての論考をまとめたものである。特に読み応えがあるのは、巻頭の小論「ブラームスと私たち」と、それに続く、総頁の半分近くを占める「ブラームス――He aged fast but died slowly――」と題された論考である。一九七四年に音楽雑誌の連載として書かれたもので、還暦を迎えた吉田秀和が広範な知見で醸成させた洞察力を全開させ、円熟の筆致でブラームスの人と音楽について詳述したものだが、ブラームスへの共感を随所に示しながら、内容の充実したすこぶる興味深い読み物になっている。

熟読するうちに、アメリカの音楽批評家ハロルド・ショーンバーグ（一九一五〜二〇〇三）が書いたブラームス論が思い返された。吉田より二歳年下のショーンバーグは、二十四歳でレコード批評家として世に出て、一九五〇年から八〇年まで『ニューヨーク・タイムズ』の音楽批評欄を担当（六〇年から主筆）、的確明晰、超辛辣な批評は一流演奏家をさえ恐れさせた。六九年から長く『朝日新聞』の演奏会批評を担当した吉田秀和（没年まで「音楽展望」を執筆）が音楽批評の東の横綱であったのに対して、ショーンバーグは西（アメリカ）の横綱として知られた。

ショーンバーグの評論書の代表作とされる『大作曲家の生涯』（亀井旭、玉木裕共訳、共同通信社刊）の「ブラームス」の項と、前述した吉田秀和の「ブラームス」を合わせて読むと、両者の認識は底のところで一致、共鳴している。一例として――（以下の引用は、筆者なりの構成）。ショーンバーグのブラームス論は、その生涯と作品に関して、記録に残されたさまざまなエピソードを散りばめて、ユーモアとアイロニーを加味した論調で展開され、こう結論づける。「ブラームスは意識的な古典主義者で、十九世紀前半におけるメンデルスゾーンと同じ役割を、十九世紀後半において果たした。――ブラームスの音楽は、生涯をかけて追究した誠実さと、ベートーヴェンおよびシューマンの精神、ならびに、一連の絶対音楽を最善の形で創造することにのみ関心を抱いた、純粋かつ真面目な音楽家の姿勢を、代表し続けたのだ。〝理解しにくい作曲家〟、〝音の哲学者〟と呼ばれた彼の作品の多くは、今日にいたるも演奏会演目に不可欠の存在である」と結論づける。

一方、吉田秀和のブラームス論は、多種多様な文献を読み解き、精緻にきめ濃やかに記された評伝小説のようである。巻頭の「ブラームスと私たち」に記された、「ブラームスの創作は、春の激情から夏の充溢、そうして、そのあと秋が深まり冬に変わってゆくように、憂愁、悲哀、諦観といった経緯をたどってゆく」が、吉田の論考における通奏低音のように提示される。続く「ブラームス」では、少年ブラームスの生い立ちは音楽家として世に出るまでのエピソード（北ドイツ・ハンブルクの貧しい家庭から出て、その厳しい環境のなかで忍耐と勤勉を課したなど）に触れながら、二十一歳のときに書かれた、作曲創造の一里塚となったピアノ独奏曲《バラード集作品一〇》から、《交響曲第一番》を完成させた一八七六年（四十三歳）までが、恩人ロベルト・シューマンへの敬意とクララ・シューマンへの愛慕ゆえに狂おしく葛藤した（ふたりの手紙による愛の交歓は、クララの亡くなる前年まで続いた）ブラームスの創造のクライマックスであったのでは、と考察する。

《バラード集作品一〇》から始まるブラームスの作品論に関しても、《ピアノ協奏曲第一番》や《交響曲第一番・第二番》における譜例を駆使したアナリーゼ（楽理的分析）は吉田の独壇場である。なかで「一八七七年に完成された交響曲第二番以降、一八八〇年代半ばまでの安定期に生み出された快活で豊麗で美しい音楽に、ブラームスの優れた独特の性質を典型的に現している」は、すべてのブラームス愛好家が賛同するだろう。この「ブラームス」では、彼の人生に関わりをもった人々のほとんどについても言及しながら、巻頭の「ブラームスと私たち」にも記されているように、「知的に潔癖で、自己批判に厳しく、論理と良心にかなわない頁は一頁たりと残すまいという創作態度を持ち続けながら、（略）そこにはいつも『愛の歌』あるいは『愛の憧れ』が秘められていた」ことへの心情的な共感が強調されている。そして、それゆえに「作品の多くは、今でも生き続け、世界中でさかんに演奏されている」というのが吉田の基本的なブラームス評価である。

後半は、ブラームスの主要作品の解説と、指揮者、ピアニスト、弦楽器奏者たちのレコードやCDを素材に、国内外での実演体験を交えて、ブラームス演奏表現の変遷を語った、吉田秀和流儀の名曲名演論になっている。取り上げられているのは四つの交響曲、変形交響曲といえるピアノ協奏曲の第二番とヴァイオリン協奏曲が中心で、指揮者はシューリヒト、ジュリーニ、ミュンシュ、ヴァント、ピアニストはバックハウス、アラウ、ヴァイオリニストはミルシテイン、ボベスコなど、二十世紀の中盤から後半にかけて全盛を誇った名演奏家たちが取り上げられている。彼らのほとんどが吉田の同世代なのが、ドイツ語圏の芸術からも多くの知見を得た文明評論家・吉田の〝嗜好〟であろうか。それでも、指揮のアバド、ヴァイオリンのクレーメル、ヴィオラのバシュメト、ピアノのワッツやウゴルスキなど新世代の、少々異端性を秘めた演奏家たちを、鋭敏な受信機と送信機と多彩な表現の引き出しを駆使して正しく評価している。このように、自身の嗜好を客観化した文章で綴った「芸術家人間論」であるのも吉田の真骨頂と言えよう。

吉田秀和は、九十八年の長寿を全うし、その間、日本のみならず、世界中で素晴らしい音楽と演奏を誰よりも多く聴き、芸術全般の果実を味わいながら、交わった多くの人々から畏敬される人生を送って、卒然と世を去った。幸せな生涯であったと言えるだろう。

（音楽評論家）

◉初出・出典一覧――

「ブラームスと私たち」(『朝日新聞』一九八三年五月二十三日/『神の選んだ音楽』講談社、一九八五年四月)
「ブラームス」(『ステレオ芸術』一九七四年四―十二月号/『吉田秀和作曲家論集・5　ブラームス』音楽之友社、二〇〇二年四月。以下同)
「交響曲第一番」(『新女苑』別冊附録「世界の音楽」より一九四八年?)
「シューリヒトのブラームス　交響曲第三番」(『レコード芸術』一九九〇年十月号)
「ミュンシュのブラームス　交響曲第一、二、四番　悲劇的序曲」(『レコード芸術』一九九八年七月号)
「ジュリーニ/交響曲全集、他　フィルハーモニア管弦楽団」(『レコード芸術』一九九〇年四月号)
「ヴァントのブラームス　交響曲第一、二、三番」(『レコード芸術』一九九七年十一月号)
「ホルスト・シュタインのブラームス」(『朝日新聞』一九九八年十一月四日)
「アバド/交響曲第四番　ベルリン・フィルハーモニー管弦楽団」(『レコード芸術』一九九二年三月号)
「第二ピアノ協奏曲」(『レコード芸術』一九六九年六月号)
「バックハウスのブラームス」(LP「ロンドン　SLC六〇五二」ライナーノーツ、キングレコード、一九七三年)
「ピアノ協奏曲第二番、他　アックス/ハイティンク/ボストン交響楽団」(『レコード芸術』一九九九年十月号)
「ヴァイオリン協奏曲」(『藝術新潮』一九七四年六月号)
「ミルシテインの二面性　構造美にこだわる冷静さとこみ上げる精神の炎が衝突」(『朝日新聞』一九九三年一月二十一日)
「ヴァイオリン協奏曲　ズッカーマン/バレンボイム/パリ管弦楽団」(『ステレオ芸術』一九八〇年十一月号)
「今夜はブラームスの室内楽でも聴こう」(『レコード芸術』一九六九年十月号)
「ボベスコのブラームス　ヴァイオリン・ソナタ」(『レコード芸術』一九八二年一月号　アンドラーシュ・シフの部分を削除)
「ヴァイオリン・ソナタ第一~三番　クレーメル/アファナシェフ」(『音楽の時間*CD25選』新潮社、一九八九年十二月)
「ヴァイオリン・ソナタ　ヘッツェル/ドイチュ」(『レコード芸術』一九九三年六月号)
「ヴィオラ・ソナタ第一、二番、他　今井信子/ロジャー・ヴィニョールズ」(『レコード芸術』一九八八年四月号)

「ヴィオラ・ソナタ第一、二番、ヴィオラ三重奏曲　バシュメト／ムンチャン／ベルリンスキー」（『レコード芸術』一九八八年十二月号）
「ピアノ・ソナタ第一、二番、他　アナトール・ウゴルスキ」（『レコード芸術』一九九七年一月号）

＊本書の各文章は、「ブラームスと私たち」を除き『吉田秀和作曲家論集・5　ブラームス』（音楽之友社、二〇〇二年四月）にも収録されています。また、本文中に記載のレコード、CD等の番号、及び廃盤といった情報は当時のものなので、現況はネットやCD店他でご確認下さい。

ブラームス

二〇一九年一二月一〇日　初版印刷
二〇一九年一二月二〇日　初版発行

著　者　吉田《よしだ》秀和《ひでかず》
発行者　小野寺優
発行所　株式会社河出書房新社
〒一五一－〇〇五一
東京都渋谷区千駄ヶ谷二－三二－二
電話〇三－三四〇四－八六一一（編集）
〇三－三四〇四－一二〇一（営業）
http://www.kawade.co.jp/

ロゴ・表紙デザイン　粟津潔
本文フォーマット　佐々木暁
本文組版　株式会社ステラ
印刷・製本　中央精版印刷株式会社

Printed in Japan ISBN978-4-309-41723-3

マーラー

吉田秀和　41068-5

マーラー生誕百五十年から没後百年へ。マーラーを戦前から体験してきた著者が、その魅力をあまさずまとめた全一冊。ヴァルターからシノーポリまで、演奏解釈、ライヴ評ＣＤ評も充実。

フルトヴェングラー

吉田秀和　41119-4

フルトヴェングラー生誕百二十五年。吉田秀和が最も傾倒した指揮者に関する文章を初めて一冊に収攬。死の前年のパリの実演の印象から、シュナイダーハンとのヴァイオリン協奏曲まで。

バッハ

吉田秀和　41669-4

バッハについて書かれたさまざまな文章を一冊に集める。マタイ受難曲、ロ短調ミサ曲、管弦楽組曲、平均律クラヴィーア、ゴルトベルク、無伴奏チェロ……。リヒターからグールドまで。

グレン・グールド

吉田秀和　41683-0

評価の低かったグールドの意義と魅力を定め広めた貢献者の、グールド論集。『ゴルトベルク』に始まるバッハの他、モーツァルト、ベートーヴェンなど、多角的に論じる文庫オリジナル。

音楽を語る

W・フルトヴェングラー　門馬直美〔訳〕　46364-3

ドイツ古典派・ロマン派の交響曲、ワーグナーの楽劇に真骨頂を発揮した巨匠が追求した、音楽の神髄を克明に綴る。今なお指揮者の最高峰であり続ける演奏の理念。

西洋音楽史

パウル・ベッカー　河上徹太郎〔訳〕　46365-0

ギリシャ時代から二十世紀まで、雄大なる歴史を描き出した音楽史の名著。「形式」と「変容」を二大キーワードとして展開する議論は、今なお画期的かつ新鮮。クラシックファン必携の一冊。

聴いておきたい クラシック音楽50の名曲

中川右介 41233-7

クラシック音楽を気軽に楽しむなら、誰のどの曲を聴けばいいのか。作曲家の数奇な人生や、楽曲をめぐる興味津々のエピソードを交えながら、初心者でもすんなりと魅力に触れることができる五十曲を紹介。

中世音楽の精神史

金澤正剛 41352-5

祈りの表現から誕生・発展したポリフォニー音楽、聖歌伝播のために進められた理論構築と音楽教育、楽譜の創造……キリスト教と密接に結び付きながら発展してきた中世音楽の謎に迫る。

レクィエムの歴史

井上太郎 41211-5

死者のためのミサ曲として生まれ、時代の死生観を鏡のように映しながら、魂の救済を祈り続けてきた音楽、レクィエム。中世ヨーロッパから現代日本まで、千年を超えるその歴史を初めて網羅した画期的名著。

増補完全版　ビートルズ　上

ハンター・デイヴィス　小笠原豊樹／中田耕治〔訳〕 46335-3

ビートルズの全面的な協力のもと、彼らと関係者に直接取材して書かれた唯一の評伝。どんな子どもで、どうやってバンド活動を始め、いかに成功したか。長い序文と詳細な附録をつけた完全版！

増補完全版　ビートルズ　下

ハンター・デイヴィス　小笠原豊樹／中田耕治〔訳〕 46336-0

世界中を魅了し、今なお愛され続けるビートルズ。歴史を変えたバンドの一生を詳細に追う。友人として四人と長くつきあってきた著者だからこそ知りえたビートルズの素顔を伝えた大傑作！

ビートルズ原論

和久井光司 41169-9

ビートルズ、デビュー50周年！　イギリスの片隅の若者たちが全世界で愛されるグループになり得た理由とは。音楽と文化を一変させた彼らの全てを紐解く探究書。カバーは浦沢直樹の描き下ろし！

ユングのサウンドトラック
菊地成孔　41403-4

気鋭のジャズ・ミュージシャンによる映画と映画音楽批評集。すべての松本人志映画作品の批評を試みるほか、町山智浩氏との論争の発端となった「セッション」評までを収録したディレクターズカット決定版！

憂鬱と官能を教えた学校 上 【バークリー・メソッド】によって俯瞰される20世紀商業音楽史　調律、調性および旋律・和声
菊地成孔／大谷能生　41016-6

二十世紀中盤、ポピュラー音楽家たちに普及した音楽理論「バークリー・メソッド」とは何か。音楽家兼批評家＝菊地成孔＋大谷能生が刺激的な講義を展開。上巻はメロディとコード進行に迫る。

憂鬱と官能を教えた学校 下 【バークリー・メソッド】によって俯瞰される20世紀商業音楽史　旋律・和声および律動
菊地成孔／大谷能生　41017-3

音楽家兼批評家＝菊地成孔＋大谷能生が、世界で最もメジャーな音楽理論を鋭く論じたベストセラー。下巻はリズム構造にメスが入る！　文庫版補講対談も収録。音楽理論の新たなる古典が誕生！

服は何故音楽を必要とするのか？
菊地成孔　41192-7

パリ、ミラノ、トウキョウのファッション・ショーを、各メゾンのショーで流れる音楽＝「ウォーキング・ミュージック」の観点から構造分析する、まったく新しいファッション批評。文庫化に際し増補。

M／D 上　マイルス・デューイ・デイヴィスⅢ世研究
菊地成孔／大谷能生　41096-8

『憂鬱と官能』のコンビがジャズの帝王＝マイルス・デイヴィスに挑む！東京大学における伝説の講義、ついに文庫化。上巻は誕生からエレクトリック期前夜まで。文庫オリジナル座談会には中山康樹氏も参戦！

M／D 下　マイルス・デューイ・デイヴィスⅢ世研究
菊地成孔／大谷能生　41106-4

最盛期マイルス・デイヴィスの活動から沈黙の六年、そして晩年まで——『憂鬱と官能』コンビによる東京大学講義はいよいよ熱気を帯びる。没後二十年を迎えるジャズ界最大の人物に迫る名著。

恋と退屈

峯田和伸　41001-2

日本中の若者から絶大な人気を誇るロックバンド・銀杏ＢＯＹＺの峯田和伸。初の単行本。自身のブログで公開していた日記から厳選した百五十話のストーリーを収録。

ポップ中毒者の手記（約10年分）

川勝正幸　41194-1

昨年、急逝したポップ・カルチャーの牽引者の全貌を刻印する主著３冊を没後一年めに文庫化。86年から96年までのコラムを集成した本書は「渋谷系」生成の現場をとらえる稀有の名著。解説・小泉今日子

ポップ中毒者の手記２（その後の約5年分）

川勝正幸　41203-0

川勝正幸のライフワーク「ポップ中毒者」第二弾。一九九七年から二〇〇一年までのカルチャーコラムを集成。時代をつくりだした類例なき異才だけが書けた時代の証言。解説対談・横山剣×下井草秀

21世紀のポップ中毒者

川勝正幸　41217-7

９・11以降、二〇〇〇年代を覆った閉塞感の中で、パリやバンコクへと飛び、国内では菊地成孔のジャズや宮藤官九郎のドラマを追い続けたポップ中毒者シリーズ最終作。

十年ゴム消し

忌野清志郎　40972-6

十年や二十年なんて、ゴム消しさ！　永遠のブルース・マンが贈る詩と日記による私小説。自筆オリジナル・イラストも多数収録。忌野清志郎という生き方がよくわかる不滅の名著！

ヒップホップ・ドリーム

漢 a.k.a. GAMI　41695-3

マイク１本で頂点を競うヒップホップの精神とそれを裏切るシーンの陰惨なる現実。日本語ラップを牽引するラッパーが描く自伝的「ヒップホップ哲学」に増補を加え、待望の文庫化！

死してなお踊れ

栗原康　41686-1

行くぜ極楽、何度でも。家も土地も財産も、奥さんも子どもも、ぜんぶ捨てて一遍はなぜ踊り狂ったのか。他力の極みを生きた信仰の軌跡を踊りはねる文体で蘇らせて、未来をひらく絶後の評伝。

青春デンデケデケデケ

芦原すなお　40352-6

一九六五年の夏休み、ラジオから流れるベンチャーズのギターがぼくを変えた。“やーっぱりロックでなけらいかん”――誰もが通過する青春の輝かしい季節を描いた痛快小説。文藝賞・直木賞受賞。映画化原作。

歌え！多摩川高校合唱部

本田有明　41693-9

「先輩が作詞した課題曲を歌いたい」と願う弱小の合唱部に元気だけが取り柄の新入生が入ってきた――。ＮＨＫ全国学校音楽コンクールで初の全国大会の出場を果たした県立高校合唱部の奇跡の青春感動物語。

KUHANA!

秦建日子　41677-9

１年後に廃校になることが決まった小学校。学校生活最後の記念というタテマエで、退屈な毎日から逃げ出したい子供たちは廃校までだけ赴任した元ジャズプレイヤーの先生とビッグバンドを作り大会を目指す！

永遠をさがしに

原田マハ　41435-5

世界的な指揮者の父とふたりで暮らす、和音十六歳。そこへ型破りな“新しい母”がやってきて――。親子の葛藤と和解、友情と愛情。そしてある奇跡が起こる……。音楽を通して描く感動物語。

ブラザー・サン　シスター・ムーン

恩田陸　41150-7

本と映画と音楽……それさえあれば幸せだった奇蹟のような時間。「大学」という特別な空間を初めて著者が描いた、青春小説決定版！　単行本未収録・本編のスピンオフ「糾える縄のごとく」＆特別対談収録。

カルテット！

鬼塚忠　41118-7

バイオリニストとして将来が有望視される中学生の開だが、その家族は崩壊寸前。そんな中、家族カルテットで演奏することになって……。家族、初恋、音楽を描いた、涙と感動の青春＆家族物語。映画化！

忘れられたワルツ

絲山秋子　41587-1

預言者のおばさんが鉄塔に投げた音符で作られた暗く濁ったメロディは「国民保護サイレン」だった……ふつうがなくなってしまった震災後の世界で、不穏に揺らぎ輝く七つの"生"。傑作短篇集、待望の文庫化

思考の紋章学

澁澤龍彥　40837-8

ヨーロッパの文学や芸術作品を紹介してきた著者が、迷宮、幻鳥、大地母神などのテーマに通底する心的パターンを鮮やかに描き出す。後にフィクションへと向かう著者の創作活動を暗示する画期的エッセイ！

幻想の肖像

澁澤龍彥　40169-0

幻想芸術を論じて当代一流のエッセイストであった著者が、ルネサンスからシュルレアリスムに至る名画三十六篇を選び出し、その肖像にこめられた女性の美と魔性を語り尽すロマネスクな美術エッセイ。

ヨーロッパの乳房

澁澤龍彥　41548-2

ボマルツォの怪物庭園、プラハの怪しい幻影、ノイシュヴァンシュタイン城、骸骨寺、パリの奇怪な偶像、イランのモスクなど、初めての欧州旅行で収穫したエッセイ。没後30年を機に新装版で再登場。

滞欧日記

澁澤龍彥　巖谷國士〔編〕　40601-5

澁澤龍彥の四度にわたるヨーロッパ旅行の記録を数々の旅の写真や絵ハガキとともに全て収録。編者による詳細な註と案内、解説を付し、わかりやすい〈ヨーロッパ・ガイド〉として編集。

澁澤龍彦 日本芸術論集成

澁澤龍彦 40974-0

地獄絵や浮世絵、仏教建築などの古典美術から、現代美術の池田満寿夫、人形の四谷シモン、舞踏の土方巽、状況劇場の唐十郎など、日本の芸術について澁澤龍彦が書いたエッセイをすべて収録した決定版！

澁澤龍彦 西欧芸術論集成 上

澁澤龍彦 41011-1

ルネサンスのボッティチェリからギュスターヴ・モローなどの象徴主義、クリムトなどの世紀末芸術を経て、澁澤龍彦の本領である二十世紀シュルレアリスムに至る西欧芸術論を一挙に収録した集成。

中世幻想世界への招待

池上俊一 41172-9

奇想天外、荒唐無稽な伝説や物語に満ちた中世ヨーロッパの世界。なぜ当時の人々は、これらの文学に熱狂したのか。狼男、妖精、聖人伝説など……その豊穣なイメージの世界への扉を開く。

どつぼ超然

町田康 41534-5

余という一人称には、すべてを乗りこえていて問題にしない感じがある。これでいこう——爆発する自意識。海辺の温泉町を舞台に、人間として、超然者として「成長してゆく」余の姿を活写した傑作長編。

ニューヨークより不思議

四方田犬彦 41386-0

1987年と2015年、27年の時を経たニューヨークへの旅。どこにも帰属できない者たちが集まる都市の歓喜と幻滅。みずみずしさと情動にあふれた文体でつづる長編エッセイ。

HOSONO百景

細野晴臣　中矢俊一郎〔編〕 41564-2

沖縄、ＬＡ、ロンドン、パリ、東京、フクシマ。世界各地の人や音、訪れたことなきあこがれの楽園。記憶の糸が道しるべ、ちょっと変わった世界旅行記。新規語りおろしも入ってついに文庫化！

著訳者名の後の数字はISBNコードです。頭に「978-4-309」を付け、お近くの書店にてご注文下さい。